Karl-Heinz Mihr
Solidarität gegen Globalisierung

W0180418

Karl-Heinz Mihr, geboren 1935 in Gudensberg/Hessen, war von 1972 bis 1992 Betriebsratsvorsitzender des VW-Werkes in Kassel-Baunatal und Mitglied des Gesamt- und Konzernbetriebsrats von VW. Von 1980 bis 1994 war er für die SPD Mitglied des Europäischen Parlaments.

Klaus Zwickel ist 1. Vorsitzender der Industriegewerkschaft Metall.

Karl-Heinz Mihr
Solidarität gegen Globalisierung
Erfahrungen eines Betriebsratsvorsitzenden

Mit einem Vorwort von Klaus Zwickel

VSA-Verlag Hamburg

Für meine Frau,
die mir durch ihren Verzicht auf eine mögliche eigene berufliche Lebens-
planung den Weg ebnete für ein solches Engagement und Erleben.

Abkürzungen

AKP	Afrikanisch-Karibisch-Pazifisches Paktabkommen der EU
ANC	African National Congress
CCOO	Commissiones Obreras
CKD	Completely Karched Down
COSATU	Congress of South Africa Trade Union
CUSA	Concil of Union of South Africa
EMB	Europäischer Metallarbeiterbund
FOSATU	Federation of South Africa Trade Union
GBA	Gesamtbetriebsausschuss
GBR	Gesamtbetriebsrat
IMB	Internationaler Metallarbeiterbund
MIT	Massachusetts Institut of Technologie
NAAWU	National Allied Automobile Workers Union
NUMI	New United Motor Manufacturing Ing.
PSOE	Partido Socialista Obrero Español
	(Sozialistische Arbeiterpartei Spaniens)
SATURN	Coop. Automobiles General Motors
TAS	Trornica Automobila Sarajevo
UAW	Union Auto Workers of America
UDF	United Democratic Front
UGT	Unión General de Trabajadores
	(den spanischen Sozialisten [PSOE] nahestehende Gewerkschaft)
UNIS	United Industrie Sarajevo

www.vsa-verlag.de

© VSA-Verlag 2001, St. Georgs Kirchhof 6, 20099 Hamburg
Alle Rechte vorbehalten
Druck- und Buchbindearbeiten: Druckerei Runge, Cloppenburg
Umschlagfoto: Streikende Arbeiterin vor dem VW-Werk in Mexiko im August 2000
(REUTERS/Andrew Winning)
Die anderen Fotos stammen aus dem Archiv des Autors
ISBN 3-87975-839-5

Inhalt

Der Beginn der Zusammenarbeit mit der neuen VW-Fertigungsstätte (USA 1976): 13 Eindrücke von drastischen Gegensätzen (Brasilien): 22 Standort-Erkundung in Brüssel (Belgien 1977): 31 (Ent-)täuschungen in Jugoslawien: Arbeiterselbstverwaltung und Multikultur: 32

Rationalisierungspotenziale: Begegnung mit dem japanischen Fabriksystem 1979: 35 Über Hongkong in die Volksrepublik China: 42

1982: Das erste Mal in Südafrika: 53 Zwischenstationen: Frankfurt, Nordfrankreich, München: 65 Desolate Zustände (Nigeria 1983): 67 Verschärfung der Situation (Südafrika 1984): 75 Unruhen, Massaker und doch ein wenig Hoffnung (Südafrika 1985): 79 Überreste deutscher Kolonialgeschichte (Namibia): 96

Vorwort

Das Abwägen von Chancen und Risiken prägt seit den 90er Jahren ebenso das Verständnis des Schlagwortes »Globalisierung«, wie zuletzt der Vandalismus von Globalisierungsgegnern.

Mit den grauenhaften Attentaten fundamentalistischer Selbstmordterroristen vom 11. September 2001, mit ihren Drohungen und Rechtfertigungen, geriet die Globalisierung mit ins Fadenkreuz kritischer Überlegungen. Sind Ungleichheit und Ungerechtigkeit ihr ursächlich anzulasten? Hat sie die Entfaltung des fundamentalistischen Terrors als desperate Antwort auf einen angeblich arroganten Anspruch sogenannter westlicher Lebensformen begünstigt?

Nicht nur die Machtbalance zwischen Kapital und Arbeit scheint aus den Fugen zu geraten. Plötzlich verwirbelt sie angeblich auch das Nebeneinander und Miteinander von Kulturen und Zivilisationen, so dass Menschenrechte und Demokratie als universelle Maßstäbe in den Hintergrund zu geraten drohen.

Den unabweisbaren sozialen Regelungsbedarf der Weltwirtschaft reklamieren die Gewerkschaften seit Jahren. Es bedurfte nicht fragwürdiger Rechtfertigungsversuche, wie sie im Angesicht des Schreckens ad hoc bemüht werden. Das barbarische Fanal sollte zusätzlich Anlass geben, die Agenda der WTO ausgewogen anzulegen. Den Kampf gegen den Terrorismus würde das stärken.

Dramatisierende Vereinfachungen helfen aber selten weiter. Sie verdecken, dass schon seit vielen Jahrzehnten große Unternehmen sich internationalisieren. Sie verdecken ebenso, dass Politik, die vermehrt an nationale Gestaltungsgrenzen stößt, sich seit Jahren weltweit bemüht, um wettbewerbliche, soziale, ökologische und sonstige Mindeststandards durchzusetzen. Sie verdeckt, dass Gewerkschaften und Betriebsräte seit Jahrzehnten nicht nur national, sondern auch europa- und weltweit darum ringen, gestaltend in die unternehmerischen Entscheidungsprozesse einzugreifen. Am Anfang stand häufig die Solidarität mit jungen Gewerkschaften, die von autoritären Regimen unterdrückt wurden.

Inzwischen ist man weiter. Arbeitsfähige und zum Teil durch Gesetz und Vertrag abgesicherte Strukturen, wie Euro- und Weltbetriebsräte bahnen sich schrittweise ihren Weg, um der scheinbaren wirtschaftlichen Allmacht demokratisch legitimierte Grenzen zu setzen.

Es lohnt sich, diese Wege historisch nachzuzeichnen, nicht nur um sie gegen einen oberflächlichen Ohnmachtglauben zu schützen, sondern um all jene zu ermutigen, die dieses Engagement weiter vorantreiben. Der Betriebsrat der VW AG spielte bei diesen Auseinandersetzungen der letzten Jahrzehnte eine herausragende Rolle. Der Verfasser dieses Buches stand dabei immer mit in vorderster Linie.

Es bleibt bei Chancen und Risiken aber anders als im geschäftlichen Alltag. Die Risiken sind da, ob man sie will oder nicht. Wer seine Chancen nicht wahrnimmt, versinkt in den sich ausbreitenden Risiken.

Frankfurt, den 17. Oktober 2001   Klaus Zwickel

Die sozialen Folgen der »Globalisierung« oder »Internationalisierung«

Die unaufhaltsame Entwicklung vieler deutscher Unternehmen zu »Multinationalen Konzernen« forderte bereits in den 60er Jahren von den deutschen Gewerkschaften eine Verstärkung ihrer internationalen Arbeit. Die Politik der »inneren Reformen und der äußeren Entspannung« unter Bundeskanzler Willy Brandt zu Beginn der 70er Jahre, eingebettet in ein gesamtgesellschaftliches Reformklima, erwies sich für die Forderung der Gewerkschaften nach Ausweitung der Unternehmensmitbestimmung als ein Glücksfall. Eine Reihe von gewerkschaftlichen Forderungen wurden in jenen Jahren auf den Weg gebracht und in Gesetze gegossen.

Die Reform der deutschen Betriebsverfassung von 1972 brachte den Betriebsräten nicht nur mehr Mitbestimmung vor Ort, sondern erstmals Handlungsfähigkeit und Vollmachten, detaillierte Informationen über die Gesamtplanung eines Unternehmens zu erzwingen. Und dies so frühzeitig wie möglich, um auf neue Entwicklungen im Interesse der Belegschaften Einfluss zu nehmen. Gewerkschaften und Betriebsräten ging es vor allem um die soziale Kontrolle der unternehmerischen Planungen und Entscheidungen, damit die sozialen und personellen Belange der Arbeitnehmer – zunächst in den deutschen Fabriken, später aber auch an allen anderen Standorten in der Welt – frühzeitig und wirksam berücksichtigt und mit den wirtschaftlichen und finanziellen Gesichtspunkten abgewogen wurden. Für meine Kolleginnen und Kollegen wie für mich galt: »Geschriebenes Recht ist die eine Seite – es mit Leben zu erfüllen, die andere.« Wir waren stets bemüht, das geschriebene Recht mit Leben zu erfüllen.

Für uns war »unser« Unternehmen keinesfalls ein Ort, um durch die Beschäftigten einen möglichst hohen Gewinn für die Aktionäre zu erwirtschaften. Für uns waren die Fabrikhallen und Büros auch immer ein sozialer Verbund, in dem die Interessen der Beschäftigten mindestens gleichrangige Bedeutung hatten und daher immer mehrere Zwecke verfolgt werden mussten.

Die deutsche Mitbestimmung hat den Beweis erbracht, dass sie keinesfalls das sogenannte freie Unternehmertum oder den wirtschaftlichen Er-

folg beschnitten hätte. Das Gegenteil ist der Fall. Eine ganze Reihe heute weltweit agierender großer deutscher Konzerne sind ausreichende Beispiele für die konstruktive Mitwirkung von Belegschaften und deren Interessenvertretungen.

Wir hatten so gesehen das Glück, unsere Funktionen gerade in dem Zeitraum des Jahrhunderts auszuüben, in dem erneut wichtige Schritte auf dem Wege der sozialen Sicherung in Deutschland vorangetrieben wurden.

Die Gewerkschaften waren nach dem Ende des vor allen von den Deutschen verschuldeten Zweiten Weltkrieg längst wieder in den Kreis der internationalen Gewerkschaftsbewegung aufgenommen worden und beteiligten sich an der Schulungs-und Aufbauarbeit nationaler Gewerkschaften in der Dritten Welt. Dabei standen sowohl der Organisationsaufbau wie auch die Fragen der Tarifgestaltung im Mittelpunkt. Eine Anerkennung dieser deutschen Bemühungen war zweifellos die Tatsache, dass im Jahr 1977 – nach 64 Jahren – wieder ein Internationaler Metallgewerkschaftskongress in Deutschland, in München, stattfand. Der dort neu gewählte Präsident des Internationalen Metallarbeiterbundes, der Vorsitzende der deutschen IG Metall, Eugen Loderer, umriss unsere Vorstellungen:»Wir wollen gemeinsam dafür sorgen, dass die Zukunft der Menschen eine Zukunft des sozialen Fortschritts, der gesellschaftlichen Freiheit und der gewerkschaftlichen Unabhängigkeit in der Welt bleibt«.

Diese damalige Zielsetzung sollte sich für die Gewerkschaften als richtungsweisendes Bollwerk im Kampf um geordnete, menschenwürdige Arbeits- und Lebensbedingungen erweisen. Es galt, mit den Möglichkeiten der deutschen Mitbestimmung in den Konzernen eine internationale Zusammenarbeit der Betriebsräte zu organisieren. Aus Gesprächen mit Delegierten der verschiedensten Länder wussten wir, dass für ein solches Unterfangen der persönliche Kontakt zu den Kolleginnen und Kollegen in den Fabriken der inzwischen weltweit agierenden Konzerne nötig war. Diesem Ziel galt unsere Aufmerksamkeit, und wir waren mehr als optimistisch!

Die seit 1972 zwingend vom Gesetzgeber vorgeschriebene Bildung von Gesamtbetriebsräten im Rahmen einer erheblich verbesserten Betriebsverfassung hatte den Betriebsräten eine deutliche Stärkung ihres Selbstbewusstseins gebracht. Aber nicht nur nach innen, gegenüber den Vorständen, kam dies zum Ausdruck. Spätestens in der Phase der Entwicklung vieler nationaler Unternehmen zu»Multinationalen« forderten die Betriebsräte den gleichen Informationsstand wie alle anderen Entscheidungsträger in den Konzernen, um bei anstehenden Entscheidungen über internationale Investitionen an den verschiedensten Standorten dieser Welt mitreden zu können. Um dies auch nur annähernd sicherzustellen, verlangte die Arbeitnehmerbank im VW-Aufsichtsrat die gleichen Informationsmöglichkeiten, wie sie den meisten der Vorstandsmitglieder oder auch den Vertretern der Anteilseigner gewährt werden, die in ihren Funktionen als Banker oder Manager großer Kapitalgesellschaften ohnehin viel in der Welt herumkamen und gerade vor wichtigen Investitionsentscheidungen dieses auch nutzten. Wir haben letztendlich durchsetzen können, dass auch Betriebsräte einen internationalen Erfahrungsaustausch organisieren können und haben davon reichlich im Interesse unserer Kolleginnen und Kollegen Gebrauch gemacht. Insofern geht es in diesem Buch auch um Reisen, Reisen allerdings, die vorrangig dazu dienten, die internationale Solidarität gegen die aufkommende »Globalisierung« aufzubauen.

Die unter dem Begriff »Globalisierung« neu entstandene weltweite, vor allem aber in Europa konzentrierte wirtschaftliche Macht erfordert zwingend eine Neubelebung der Diskussion um die Ausweitung der Mitbestimmung über die nationalen Grenzen hinaus. Die von uns mit auf den Weg gebrachten »Europäischen Betriebsräte« waren ein zeitgemäßer Schritt. Jetzt müssen weitere folgen! Zum Beispiel neue europaweite Gewerkschaften, sie sind längst überfällig.

12

Weltweite Investitionen und ihre Auswirkungen auf die deutschen Standorte
USA – Brasilien – Belgien – Jugoslawien

Der Beginn der Zusammenarbeit mit der neuen VW-Fertigungsstätte (USA 1976)

Da es für unsere Vorstellung der gewerkschaftlichen Kontrolle und Gestaltung eines internationalen Konzerns kaum eine rechtliche Handhabe gab, hatten wir uns auf einen längeren Weg eingerichtet. Um so überraschender kam es aber dann doch sehr schnell zu einer Vereinbarung über eine erste Reise des Betriebsrates in die USA und von da aus weiter nach Brasilien. Die Vereinbarung über diese Reise kam allerdings erst zustande, nachdem die Entscheidung für die Errichtung einer eigenen Fertigungsstätte von Volkswagen in den USA bereits gefallen war.

Erstmals hatte es erheblichen Widerstand der Arbeitnehmerbank im Aufsichtsrat gegen eine solche Auslandsinvestition gegeben, und die Zustimmung der Arbeitnehmervertreter erfolgte erst, nachdem Garantien für die deutschen Standorte ausgehandelt waren. Es wurden sowohl das Verbot jeglichen Reimports aus den USA nach Europa vereinbart, darüber hinaus erreichten wir, dass Entlassungen in der Bundesrepublik aus wirtschaftlichen Gründen ausgeschlossen wurden. Vielleicht war aber gerade deshalb diese Reise so besonders wichtig!

Wir haben uns später oft gefragt: War es tatsächlich unternehmerischer Weitblick von Männern wie Toni Schmücker (dem damaligen Vorstandsvorsitzenden von VW), der aus der Montanmitbestimmung kam, oder Peter Frerk, dem Arbeitsdirektor, der die Mitbestimmung als einen wichtigen gesellschaftspolitischen Schritt verstand, dass sie den Betriebsräten in einem sich immer mehr zum Multi entwickelnden Konzern internationale Erfahrungen zubilligten? Oder war es nur ein weiterer Schachzug des Vorstandsvorsitzenden – nachdem es ihm endlich gelungen war, dem Aufsichtsrat die Zustimmung für den Bau einer eigenen Fertigungsstätte in den USA abzuringen –, nun die Betriebsräte zu einer Reise in die USA einzuladen, um mit ihrer Hilfe bei den damals noch starken US-Gewerkschaften ein gutes Klima für das VW-Vorhaben zu erreichen? Wir waren natürlich die kompetenteren Gesprächspartner für die amerikanische Autogewerkschafter. Was auch immer die Motive gewesen sein mögen, die Ergebnisse der Reise bestätigten im Nachhinein für beide Seiten die Nützlichkeit dieses Schrittes.

Wir waren von Anfang an auch Anfeindungen ausgesetzt, die von ideologisch Bornierten sowohl auf der einen wie auf der anderen Seite vorgetragen wurden. Was viele der Kritiker nicht wissen konnten: Wir stürzten uns natürlich nicht blind in ein solches Abenteuer. Jede unserer Reisen war gut vorbereitet. Die politische Situation des jeweiligen Landes wurde ebenso vorher analysiert wie die eigenen Ziele und Interessen abgesteckt. Wir wollten über den Tellerrand des eigenen Konzerns hinausschauen, und die gewerkschaftlichen Zielsetzungen waren stets abgestimmt mit dem Vorstand der IG Metall. Unterstützt wurden wir in Regel durch die Sozialattachés der deutschen Botschaften. Besonders hervorheben möchte ich die Unterstützung durch die Vertreter der Friedrich-Ebert-Stiftung, die wir in den meisten Ländern in Anspruch nahmen. Ihre Informationen und ihr Datenmaterial waren ein hervorragender Background für viele unserer Gespräche und Verhandlungen.

Unsere vorrangigen Gesprächspartner waren stets unsere Gewerkschaftskolleginnen und -kollegen, aber genauso das jeweilige Management. Gespräche mit Vertretern der nationalen Gewerkschaften, der Wirtschaft, der Politik, der Wissenschaft – in Südafrika auch mit den Kirchen – machten die Reisen für die Teilnehmer nicht nur zu unvergessenen Erlebnissen, sondern auch zu unentbehrlichen Hilfen für die Entscheidungsfindung, die ihnen daheim in ihren Mitbestimmungsfunktionen abverlangt wurden. Es waren immer häufiger Entscheidungen zu fällen, deren Folgen weit über die nationalen Grenzen hinausgingen.

Für die meisten von uns kam die erste Reise völlig überraschend, so schnell hatte keiner damit gerechnet. Nachdem wir uns vom ersten Schreck erholt hatten, begannen wir zügig mit den Vorbereitungen. Informationen über Land und Leute, die politischen Strukturen der USA und Brasiliens sowie über ihre Gewerkschaften und die Wirtschaft wurden ebenso diskutiert wie über die zu erwartenden Strapazen. Eine erste Weltreise und dann noch gleich über zwei Kontinente – das war für die meisten von uns ein Abenteuer, waren wir doch bisher über die Strecke Hannover-Berlin-Hannover nicht hinausgekommen. Was war da für eine Erwartung, welche innere Spannung, bis es endlich so weit war!

Wir – das waren die Kollegen des VW-Gesamtbetriebsratsausschusses, in unserer Begleitung der Leiter der internationalen Abteilung beim Vor-

14

stand der IG Metall und der Arbeitsdirektor des Unternehmens mit zwei seiner Mitarbeiter – trafen uns zum Abflug auf dem Rhein-Main-Flughafen in Frankfurt am Main. Wir flogen mit einer DC 10 der Lufthansa. Für einige von uns war es der erste Flug mit einem Großraumflugzeug! An eine der vorbei hetzenden Stewardessen stellte ein Kollege die naive Frage nach dem Namen der unter uns liegenden Insel und erhielt die verblüffende Antwort, diesen wisse sie nicht, sie habe nur selten Gelegenheit, aus dem Fenster zu schauen! Das Kabinenpersonal hat sich wohl längst vom romantischen Bild der Fliegerei verabschiedet, in Wirklichkeit ist auch dies ein knochenharter Job.

Nach der Landung und nachdem wir alle Kontrollen hinter uns gebracht hatten, trafen wir auf unsere Kollegen der amerikanischen VW-Niederlassung, die sich während des gesamten USA-Aufenthalts um uns kümmerten. Mit einem gecharterten Bus ging es nach New York City.

Was für eine Stadt! Riesige, mehrspurige Straßen, gewaltige Häuserschluchten mit überdimensionalen Gebäuden. Überall Menschen, Menschen, Menschen – eine unbeschreibliche Hektik. Wir waren im selben Hotel abgestiegen, in dem einige Monate zuvor Franz Josef Strauß, einem in Deutschland populären wie umstrittenen Politiker, die Brieftasche abhanden gekommen war. Das Hotel war ein riesiger Kasten mit einer Eingangshalle so groß wie ein Großstadtbahnhof. Nach dem Einchecken noch ein Bummel durch den Central-Park, der direkt vor der Tür lag. Es war noch früher Abend, für unsere innere Uhr war es jedoch bereits Nacht, die Zeitverschiebung machte uns erheblich zu schaffen. Es gab nur wenig Schlaf an diesem ersten Tag in der Neuen Welt.

Am nächsten Morgen ging es sofort zur Sache. Wir begannen unsere Stadtrundfahrt mit dem Besuch des UNO-Gebäudes, einem nicht besonders schönen, aber eindrucksvollen Bauwerk. In der großen Vorhalle wird eine ständige Ausstellung über die Aktivitäten der Weltorganisation gezeigt. Man gab uns während einer allgemein für Touristen stattfindenden Informationsveranstaltung zwar einen gewissen Überblick, aber eine Diskussion, wie wir sie uns vorgestellt hatten, war leider nicht möglich. Vom UNO-Gebäude in Manhattan ging es weiter in verschiedene andere Stadtteile – Brooklyn, Greenwich Village, Lower East Side, um nur einige zu nennen. Wir kamen durch annehmbare Wohngegenden, fanden allerdings überall dort, wo die Farbigen lebten, einen krassen Abfall der Wohnqualität vor. Teilweise staunten wir über die katastrophalen Verhältnisse, so deutlich sichtbar trat der Unterschied zwischen »Arm und Reich« im Straßenbild hervor. Auf der einen Seite z.T. Ruinen und ärmlich gekleidete Bewohner in Brooklyn, auf der anderen Seite die Wallstreet, zwar auch eine einzige Häuserschlucht, aber welch ein »gepflegtes« Straßenbild, man spürte förmlich die Steifheit der vorübereilenden Geldleute. Dagegen wirkt die kleine, fast verloren erscheinende Kirche am Ende der Straße wie ein Überbleibsel aus vergangenen Tagen. Von dort aus ging es zum Broadway, bekannt durch sein reichhaltiges Angebot an kultureller Unterhaltung, besonders eindrucksvoll am Times Square, einem wunderschönen Platz, der inzwischen allerdings von überdimensionierter Lichtwerbung dominiert wird.

Der Höhepunkt im wahrsten Sinne des Wortes und der Abschluss der Stadtrundfahrt zugleich war der Besuch des World Trade Center. Die beiden Türme gehörten bis zu den verbrecherischen Attentaten des 11. September 2001 zu den höchsten Bauwerken der Welt. Im Dachrestaurant feierten wir den Geburtstag von Walter Hiller, dem späteren niedersächsischen Sozialminister, der uns als Fachreferent des Gesamtbetriebsrats begleitete. Trotz regnerischen Wetters – die Wolken sausten nur so vorbei – riss immer wieder einmal die Wolkendecke auf und wir hatten einen phantastischen Blick auf Manhattan auf der einen und – etwas entfernt – auf die Freiheitsstatue auf der anderen Seite – ein unvergesslicher Eindruck!

Auf der Rückfahrt zum Hotel besuchten wir eines der großen Einkaufszentren mit Namen »Sears«. Eine für uns noch völlig ungewohnte Art des Einkaufes: alles unter einem Dach, viele kleine Läden mit Restaurants und Unterhaltungseinrichtungen. Am Abend ging es dann noch einmal in die Stadt. In einem gemütlichen Lokal am Times Square, mit dem Blick auf den hell erleuchteten Platz, gerieten die Probleme dieser imposanten Stadt und dieses Landes zu jener Zeit leicht in Vergessenheit.

Das, was uns beim ersten Kennenlernen am meisten zu schaffen gemacht hatte, waren die Gegensätze zwischen Schwarz und Weiß. Von den täglichen Auseinandersetzungen, wie sie damals an der Tagesordnung waren, waren wir zwar verschont geblieben, aber nur, weil eine geschickte Regie durchsetzte, dass wir in einige der Problemstadtteile – zum Beispiel in die Bronx oder nach Harlem – erst gar nicht hineinkamen. Aber wir waren ja nicht wegen der touristischen Ziele oder gar zum Kampf gegen Menschenrechtsverletzungen in dieses Land gekommen. Wir hatten ein volles Programm, und das sollte am nächsten Tag beginnen.

Der offizielle Teil unserer Reise begann mit dem Besuch des VW-Vertriebszentrums in Engelwood Cliffs. Mit dem Bus fuhren wir über die George-Washington-Bridge nach New Jersey, entlang der Hudson Bay, vorbei an den Villen reicher Amerikaner. Man erzählte uns, hier hätten sich viele Mafiosi niedergelassen. Das Ganze machte einen überaus gepflegten Eindruck.

Nach einem freundlichen Empfang eine erste Präsentation deutscher VW-Modelle auf amerikanisch getrimmt: himmelblaue Innenverkleidung mit kitschigem Velours. Dies solle, so die Vertriebsstrategen, verlorengegangene Käuferschichten in den USA zurückbringen und den Absatz wieder beleben. Unsere kritischen Fragen nach dem bisherigen Kaufverhalten der Amerikaner – man hatte uns über Jahre erklärt, dass »Made in Germany« der entscheidende Faktor in den USA sei – wurden beiseite geschoben. Dieser Qualitätsnachweis sei nicht mehr ausreichend und auch der Geschmack habe sich grundlegend geändert. Wer wollte schon denen widersprechen, die über Jahre mit dem Verkauf des Käfers große Erfolge gehabt hatten. Aber nur ein wenig später mussten wir erleben, dass dies alles dummes Zeug gewesen war! Die Verkäufe in den USA fielen noch tiefer in den Keller.

In all den Jahren danach erlebten wir immer wieder, dass man sich eben nicht nach den Käuferwünschen richtete; die Marketingstrategen gaben stets vor, wie der Geschmack zu sein hatte. Dass sie damit auch Erfolg hatten, will ich keinesfalls verschweigen. Aber im Falle der USA war es damals fast tödlich. Der Bau einer eigenen Fertigungsstätte in den Staaten wurde von den Vertriebsleuten ausdrücklich begrüßt; sie versprachen sich für ihr Verkaufsgeschäft einen erheblichen Aufschwung. Mit den besten Wünschen für die Zukunft verabschiedeten wir uns von ihnen.

Die erste Begegnung mit Vertretern der UAW – der Vereinigten Automobilarbeitergewerkschaft – fand in einem ihrer wunderschönen Schulungs- und Erholungszentren statt, am Black Lake im nördlichsten Zipfel Michigans an der kanadischen Grenze. Von einem kleinen Flugplatz in New Jersey flogen wir am Morgen los. Nach nur kurzer Zeit lag unter uns der Eriesee, dann ausgedehnte Wälder, so weit das Auge reichte. Wir landeten auf einem noch kleineren Flugplatz in der Nähe des Schulungszentrums. Auf diesem Flugfeld war einige Zeit vorher der legendäre Vorsitzende der UAW, Walter Reuter, tödlich verunglückt. Ich erwähne es deshalb, weil der Schatten Reuters noch überall gegenwärtig war.

Wir wurden mit einem Bus abgeholt und durchquerten auf unserem Wege in die Gewerkschaftsschule ein großes Waldgebiet. Der »Indian Summer« hatte gerade begonnen. Die riesigen Ahornwälder mit ihrem rotgefärbten Laub boten eine wunderschöne Kulisse. Dann kam auf einem Gelände, dessen Ausmaße ebenfalls gewaltig waren, mitten im Buschwerk unter alten Bäumen das weitverzweigte Erholungszentrum in den Blick – mit Campingplätzen und Sportstätten für die ganze Familie. Die Schulungs- und Tagungsstätte war in gefälliger Bauweise an die Natur angepasst. Unsere amerikanischen Kollegen hatten das verwirklicht, was auch

Der Schatten Walter Reuters war noch allgegenwärtig

wir in Deutschland immer wieder diskutierten: Schulungsangebote unter Beteiligung der ganzen Familie.

Der Empfang durch den stellvertretenden Vorsitzenden der UAW war herzlich. Gerade an VW habe man schon immer ein großes Interesse gehabt und deswegen begrüße die UAW ausdrücklich das Vorhaben von Volkswagen, in Westmoreland/Pennsylvania zu investieren. Unsere in Deutschland ausgehandelten Vorbedingungen für die Zustimmung zu dieser Investition fanden nicht nur ihre Unterstützung, sondern sie bewunderten die Stärke der deutschen Mitbestimmung. Wir waren uns schnell einig. Diese UAW war in ihren Grundauffassungen den unseren sehr nahe, daher war es keine Frage, dass unsere weitere Zusammenarbeit auf diesem schönen Fleckchen Erde besiegelt wurde.

In einer Fertigungsstätte von Volkswagen in den USA würden vergleichbare gewerkschaftliche Verhältnisse herrschen wie in Deutschland – ob es nun Toni Schmücker gewollt hatte oder nicht – wir wollten es auf jeden Fall. Alle Gespräche in den nächsten Tagen drehten sich um dieses Thema! Dabei ging es uns vor allem darum, sicherzustellen, dass bereits mit den ersten Einstellungen für die neue Fabrik möglichst viele gewerkschaftliche Sympathisanten eingestellt wurden, da nach dem amerikanischen Arbeitsgesetz erst nach Anlauf einer Fabrik die Beschäftigten darüber entschieden, ob und welche Gewerkschaft in die neue Fabrik einziehen konnte.

Nach der Verabschiedung durch unsere Kollegen der UAW am nächsten Morgen flogen wir Richtung Westmoreland/Pennsylvania, wo wir den vorgesehenen Fabrikstandort, eine von der Firma Chrysler gekaufte leere Fabrikhalle anschauen und zugleich in Gesprächen mit den örtlichen Gewerkschaften Vertrauen aufbauen wollten. Bei einem notwendigen Zwischenstopp in Youngstown/Ohio – es war ein Sonntag – konnten wir uns von der erstaunlichen Improvisierfähigkeit der Amerikaner überzeugen. In Ohio wurde noch immer sonntags kein Alkohol ausgeschenkt. Auf unsere ketzerischen Bemerkungen, gerade heute hätten wir aber feiern wollen, wurde umgehend reagiert: Man gründete einfach einen Club, zwei Zimmer in dem Hotel, in dem wir wohnten, wurden als Bar ausstaffiert – und schon gab es alles, was das Herz begehrte, oder besser, was sonst sonntags verboten war.

Am nächsten Morgen fuhren wir mit einem gemieteten Bus durch das Land, überquerten die Staatsgrenze zwischen Ohio und Pennsylvania und sahen viele kleine Ortschaften, deren Strukturen völlig anders waren als bei uns: Die gepflegteren Wohngebiete befanden sich in der Ortsmitte, die Randbereiche waren für die ärmeren Schichten der Bevölkerung bestimmt. Dann erreichten wir die alte »Stahlstadt« Pittsburgh, zu jener Zeit noch eines der Stahlzentren der USA. Damals war Pittsburgh eine völlig verdreckte Stadt, die ich allerdings einige Jahre später bei einem erneuten Besuch kaum wiedererkannte, so viel hatte sich inzwischen zum Besseren verändert.

Wir waren in einem Hotel untergebracht, das direkt am Zusammenfluss des Allegheny River und des Ohio erbaut war, mitten in einer parkähnlich angelegten Flußlandschaft. Auf der gegenüberliegenden Seite lag eine fast europäisch anmutende Kleinstadt mit romantischen kleinen Häusern auf einem Hügel. Es handelte sich um einen der vielen Vororte Pittsburghs. Am Abend kehrten wir in einem als Weinstube deklarierten Gebäude ein und waren angenehm überrascht über das reichhaltige Angebot. Entsetzt waren allerdings die Weintrinker unter uns, als der Wirt in eine »Auslese« Eiswürfel versenkte.

Am Morgen des nächsten Tages ging es zeitig nach New Stanton, einer typisch amerikanischen Straßenkreuzungssiedlung. Zu ihr gehörte der Fabrikstandort Westmoreland. Die »Fabrikanlagen« – eine einzige große Halle – waren leer, nur die Außenhaut stand, um und in der Fabrik nichts als

Die erste VW-Fabrik in den USA: Westmoreland

Die alte »Stahlstadt« Pittsburgh

Dreck. Eine eilig herbeigerufene kommunale Delegation empfing uns, wobei ich noch heute den Verdacht nicht loswerde, dass es sich bei dieser »Delegation« ebenfalls um die bereits einmal kennengelernte amerikanische Improvisationskunst handelte. Dafür waren ihre Teilnehmer aber nicht ungeschickt, sie warben um eine gute Zusammenarbeit, indem sie insbesondere die Probleme der gesamten Region mit Arbeitslosenzahlen von weit über 10% darstellten.

Von Westmoreland aus fuhren wir weiter nach Lordstown. Dort sollten wir Gelegenheit erhalten, etwas mehr über die spezifisch amerikanischen Beziehungen zwischen Arbeitgeber und Arbeitnehmern zu erfahren. In der dort ansässigen GM-Fabrik wurden wir bereits erwartet. Bei der Fabrik handelte es sich um ein typisches amerikanisches PKW-Montagewerk mit geringer Fertigungstiefe, in dem ca. 6.300 Menschen beschäftigt waren. An fünf Tagen in der Woche, einschichtig in täglich zehn Stunden Arbeitszeit wurde dort ein – für amerikanische Verhältnisse – Kleinwagen mit Namen Vega (er hatte aber eher die Größe eines Passat) und ein Bully gefertigt. Die Belegschaft war zu 100% in der UAW organisiert. Lohn und Leistung waren wie bei uns in Tarifverträgen geregelt, deren Einhaltung durch die Vertrauensleute im Betrieb überwacht wurde. Nach übereinstimmender Aussage von Management und UAW waren ständige Kontakte zwischen ihnen im Betrieb selbstverständlich. Die Vertrauensleute hatten einmal in der Woche eine gemeinsame Sitzung. Der örtliche UAW-Verantwortliche war hauptamtlich und von den Mitgliedern gewählt. Mit drei Sekretärinnen und einem 43 Kollegen starken ehrenamtlichen Kreis leitete er die regionale Gewerkschaftszentrale.

Wir wurden im Gewerkschaftshaus in Lordstown begrüßt und waren beeindruckt von dem politischen Engagement des dortigen UAW-Vorsitzenden. Er kandidierte für das Amt des Sheriffs in der Stadt. Aber nicht nur kommunale Wahlen fanden zu dem Zeitpunkt statt. Die Präsidentschaftswahlen standen vor der Tür, überall war Wahlkampf. Die UAW hatte sich überraschend deutlich mit 70% ihrer Mitglieder auf einem Kongress für Jimmy Carter ausgesprochen, der dann später auch die Wahl gewann.

In Lordstown herrschte ein überaus freundliches Klima gegenüber uns Deutschen. Einige der Kollegen hatten bereits internationale Erfahrungen gesammelt und waren auf Gewerkschaftskongressen in Deutschland gewesen. Sie kannten unsere Tarifverträge und glaubten, durch eine VW-Fabrik vor Ort an den von uns erkämpften Erfolgen partizipieren zu können. Sie freuten sich nicht nur auf VW, sie wollten alles dazu beitragen, dass die UAW in der neuen Fabrik Einzug hielt. Bei der Abreise aus Lordstown sahen wir das erste Mal eine Wohnsiedlung auf Rädern, in der auch viele der Automobilarbeiter der GM-Fabrik wohnten. Für deutsche Verhältnisse – damals zumindest – unvorstellbar.

Dieser erste Teil unserer Reise war für alle Beteiligten ein voller Erfolg, sowohl für Toni Schmücker, vor allem aber für uns. Wir konnten daran mitwirken, dass die UAW in den Betrieb hineinkam; sie sorgte über all die Jahre für stabile gewerkschaftliche Verhältnisse und für eine gute Zusammenarbeit mit uns. Eine damals begonnene Freundschaft hielt bis zuletzt, bis zum bitteren Aus für diesen Standort.

Eindrücke von drastischen Gegensätzen (Brasilien 1976)

Unser Besuch in den USA war damit beendet und wir flogen wie vorgesehen weiter nach Brasilien. Dort wollten wir ebenfalls die Fabrikstandorte von Volkswagen besichtigen. Es ging auch hier um anstehende Investitionsentscheidungen, den Ausbau und die Schaffung neuer Fertigungsstätten und deren Auswirkungen auf die deutschen Standorte. Aber auch hier ging es wieder um den Versuch, mit brasilianischen Kolleginnen und Kollegen, mit brasilianischen Gewerkschaften Kontakt aufzunehmen.

Nach mehr als zwei Jahrzehnten Abstand klingt das alles so, als wären wir damals erfahrene Weltreisende gewesen, die mal eben in das nächste Flugzeug steigen, um einen phantastischen Sonnenaufgang über dem Amazonas zu erleben. Mit welch staunenden Augen wir die Natur-Schönheiten dieser Welt erlebten, kann man kaum beschreiben. Vielleicht war es aber auch unsere Unbekümmertheit, die diese erste Reise so eindrucksvoll werden ließ. Zumindest versetzte sie uns in die Lage, auch vor dem Elend dieser Welt die Augen nicht zu verschließen: Die Elendsviertel in den Städten Brasiliens waren und sind eine Schande für die Menschheit!

Und doch hatte man damals noch den Eindruck: Es geht aufwärts! Eine gewaltige Industrialisierungswelle hatte die Gegend um São Paulo erfasst. Große soziale Projekte liefen an. Die später in die Schlagzeilen geratene deutsche »Neue Heimat International« plante und baute an großen Wohnungsbauprojekten, die sehr vielversprechend waren. São Paulo war schon damals ein riesiger Moloch von Gegensätzlichkeiten, die man kaum beschreiben kann. Prachtbauten auf der einen Seite, elende Baracken auf der anderen, aus allen möglichen Materialien zusammengesetzt, ohne jegliche Kanalisation, Wasser und elektrisches Licht. Es gab riesige Prachtstraßen mit großen Geschäften und einem tollen Warenangebot, das allerdings nur für einen kleinen Teil der Bevölkerung überhaupt zugänglich

Eine Barackensiedlung (Favela) zwischen Sao Paulo und San Benardo

und erschwinglich war. Für die große Mehrheit blieb das alles nur ein
Traum. Die Antworten der politisch Verantwortlichen, z.b. des brasilianischen Arbeitsministers, auf unsere Fragen danach, warum das trotz der
Industrialisierungswelle im Land noch immer so sei, blieben dürftig. Mit
der Floskel »Mañana, morgen«, der man in Südamerika ständig begegnete, wurden notwendige Reformen in die Zukunft verschoben. Die Erfolge
der beginnenden Industrialisierung seien leider durch die weltweite Ölkrise ins Stocken geraten und man brauche einfach Zeit. Die wenigen vorgetragenen Argumente – z.b. der infolge der Industrialisierung ständige Zu-
strom von arbeitslosen Landarbeitern in die Ballungszentren der großen
Städte, die eine Ausdehnung der Barackensiedlung (Favelas) am Rande
von São Paulo zur Folge hatte – waren für uns nachvollziehbar. Der Zu-
strom erfolgte – man konnte es beinahe mit den eigenen Augen sehen – in
einer Geschwindigkeit, die es den Städten fast unmöglich machte, die Versorgung mit Wasser, Abwasseranlagen und Strom sicherzustellen, von einer entwickelten Infrastruktur ganz zu schweigen.

Bei einem Empfang der deutsch-brasilianischen Handelskammer in São
Paulo fragten wir nach potentiellen Lösungsmodellen von Seiten der im
Becken von San Bernardo investierenden europäischen Multis. Es wurden
Pläne zum Ausbau der Infrastruktur vorgetragen, die sich sehr verheißungs-

Die Kathedrale, das Wahrzeichen der Hauptstadt Brasilia

voll anhörten. Dabei spielte der Mietwohnungsbau eine besondere Rolle. Alle diese Pläne wurden jedoch mit Blick auf die Unterstützung der Behörden wieder mit dem berühmten »mañana« bedacht und es wird niemanden wundern, dass sie – wie ich einige Jahre später feststellen musste – nicht realisiert wurden.

Einer der faszinierenden deutschen Manager in Brasilien zu jener Zeit war zweifellos der Chef von Volkswagen, Wolfgang Sauer, ein Bosch-Mann, den VW abgeworben hatte. Zwar eher ein Django-Typ, dem aber eine gewisse soziale Verpflichtung noch nicht abhanden gekommen war. Er schwärmte von der positiven Zukunft dieses Landes, und er hatte ausgezeichnete Verbindungen zur brasilianischen Regierung. Und wie er hatten viele einen unerschütterlichen Glauben an einen ungebrochenen wirtschaftlichen Boom und an eine glänzende Zukunft Brasiliens, in deren Folge dann wohl auch die sozialen Fragen gelöst werden würden. Dass sich dies alles als eine große Seifenblase herausstellen sollte, musste ich leider elf Jahre später bei einem weiteren Besuch feststellen.

1976 jedoch herrschte der Eindruck einer Aufwärtsbewegung für das ganze Land vor. Dieser Eindruck wurde bei einem Besuch in der Deutschen Botschaft in der damals noch fast brandneuen Hauptstadt Brasilia ausdrücklich bestätigt. Brasilien befinde sich in der Rolle einer der führenden Dritte-Welt-Staaten, so der Vertreter der Bundesrepublik in Brasilia. Diese neue Hauptstadt, mitten im Busch aus der Erde gestampft, war schon eine faszinierende und zutiefst widersprüchliche Sache: Modernste Bauten, eine kreuzungsfreie Verkehrsplanung und an den Rändern der Stadt noch überall imposante Termitenhügel in rotbrauner Erde, dahinter gleich der Urwald. Die Bevölkerung: Auf der einen Seite moderne, modisch gekleidete Menschen, daneben gerade aus dem Landesinneren gekommene Familien, denen man ihr bisheriges Leben in armseliger Umgebung noch ansah. Wir besuchten das neue Parlament und einige Ministerien. Die Gesprächsmöglichkeiten mit Abgeordneten und Ministern drehten sich immer wieder um ihre Sorge vor einer zunehmend starken Verschuldung Brasiliens, die, wie wir heute wissen, tatsächlich das Land mehrmals an den Rand der Zahlungsunfähigkeit führte. Uns interessierten im Arbeitsministerium Fragen zum möglichen Abschluss von Kollektivverträgen für die VW-Beschäftigten. Kollektivverträge wurden mit dem Hinweis auf eine angebliche Überprivilegierung der VW-Beschäftigten abgelehnt. Bei Lichte betrachtet war die eigentliche Ursache für die Ablehnung wohl eher die Sorge der Verantwortlichen, ihren bisherigen zentralistischen Zugriff bei VW zu verlieren.

Am nächsten Morgen begannen die Fabrikbesichtigungen. VW do Brasil hatte drei Standorte, die wir hintereinander besuchten. Der interessanteste war die Fabrik in San Bernardo, ca. 30 Autominuten von São Paulo entfernt. Nicht nur die Größe war imponierend, sondern vor allem die Lage: eine VW-Fabrik an einem Hang, mit einem Höhenunterschied von 70 Metern vom Eingang bis zum höchsten Punkt. Oben ein Wachturm, von dem aus die abgestellten Neufahrzeuge bewacht wurden – ein deutlicher Hinweis auf die damals schon hohe Kriminalitätsrate, die, wie wir heute wissen, in all den Jahren als eine der Folgen der großen Armut ständig zugenommen hat. In der Fabrik wurden der legendäre »Käfer« sowie das Modell »Brasilia«, ein nachgebautes Modell 411 bzw. 412, gefertigt. Die Fabrik machte – mit Ausnahme der Gießerei, deren Abgas und Lärmbelästigungen für die Arbeiter nicht akzeptabel waren – einen guten Eindruck. Die Zustände in der Gießerei zu verändern, war eine der Forderungen, die wir nach unserer Rückkehr an den VW-Vorstand stellten. In relativ kurzer Zeit kam es dann auch zu größeren Umbaumaßnahmen mit erheblichen Verbesserungen für die Beschäftigten.

Für brasilianische Verhältnisse ungewöhnlich, gab es ein Ausbildungszentrum mit einem qualifizierten Lernangebot und einem tüchtigen Leiter, Rudi Gleiß, der vordem in Kassel in gleicher Funktion tätig gewesen

Käfer-Fertigung 1976 in San Bernardo

war. Auch die Sozialeinrichtungen, mit Küchen und Kantinen, konnten sich sehen lassen. Und es existierten ein großes Einkaufszentrum und Freizeiteinrichtungen in der Nähe der Fabrik, die von der Belegschaft auch angenommen wurden. Deren Nutzung war allerdings an die Zugehörigkeit zu VW do Brasil geknüpft; eine Öffnung für die gesamte Bevölkerung war eine der Forderungen unserer Kollegen in der Fabrik.

Das zweite Werk war eine Fabrik im Stadtgebiet von São Paulo, die VW durch die Übernahme der Auto-Union in Deutschland zugefallen war. In dieser Fabrik wurde gerade ein zentrales Ersatzteilelager eingerichtet, man war noch mitten in der Umgestaltung. Der verantwortliche Manager war der spätere langjähriger Leiter des Zentralen Ersatzteile-Zentrums in Kassel, Norwin Neuhäuser.

Der dritte Standort war das Werk Taupateh, ungefähr zwei Autostunden in Richtung Rio entfernt, ebenfalls in einer hügeligen Landschaft gelegen, in einem Gebiet, in dem früher große Kaffeeplantagen angesiedelt waren. Diese neue Fabrik vermittelte den Eindruck der üblichen VW-Gigantomanie: viel zu groß und vor allem zu jenem Zeitpunkt, an dem auch Brasilien durch die weltweite Ölkrise große wirtschaftliche Schwierigkeiten durchlebte, völlig fehl am Platz. Eine Investition, die bezogen auf die Marktchancen und Absatzmöglichkeiten zu groß geraten war. Den hier Beschäftigten konnte man nur wünschen, dass dies gut ging. An allen drei Standorten waren immerhin 39.000 Menschen beschäftigt. Natürlich waren die Arbeitsbedingungen, die Entlohnung und die Sozialleistungen nicht vergleichbar mit denen bei uns in der Bundesrepublik, aber eine Ahnung vom »Volkswagen-Klima«, das wir von zu Hause kannten, war schon zu spüren. Dies bestätigten uns auch bei aller Kritik unsere Gewerkschaftskollegen in allen Gesprächen, die wir in diesen Tagen mit ihnen führten.

Um deren Situation ein wenig verständlicher zu machen, eine Beschreibung ihrer damaligen Möglichkeiten: In Brasilien gab es damals keine Kollektivverträge zwischen den Gewerkschaften und Arbeitgebern, Löhne und Gehälter, Urlaubstage, Krankengeld waren durch Gesetz geregelt. Ein Streikrecht gab es zwar, aber es durfte nur wahrgenommen werden, wenn ein Arbeitgeber den Lohn nicht rechtzeitig zahlte. Sogar der Termin für die Lohnzahlung wurde durch Gesetz vorgeschrieben und nicht etwa durch innerbetriebliche Vereinbarungen. Sich politisch zu betätigen, war den betrieblichen Gewerkschaftsvertretern absolut verboten! Wer im Betrieb politisch agierte, verlor seinen Arbeitsplatz. Noch nicht einmal Bekanntmachungstafeln der Gewerkschaften durften im Betrieb aufgehängt werden.

Dies zu wissen, war auch für uns sehr wichtig, denn alle Gespräche, die wir mit unseren Gewerkschaftskollegen in den nächsten Tagen innerhalb des Betriebes führten, drehten sich fast ausschließlich um Fragen, die in Deutschland durch die Vertrauensleute im Betrieb ohne Beteiligung der Betriebsräte geregelt werden. In Vermittlungsgesprächen mit Herrn Sauer und den Gewerkschaftskollegen konnten wir eine ganze Reihe von Problemen in Bewegung bringen. Ein großes Hindernis war – darauf wies Herr Sauer mehrfach hin –, dass die Regierung und immer wieder die Regierung dieses nicht und jenes nicht wünsche und Volkswagen sich als Gast in diesem Land nicht gegen die Gepflogenheiten des Landes stellen wolle. Wir waren mithin mit einem Grundproblem konfrontiert: Es existierte entweder ein nur vorgetäuschtes oder ein tatsächliches (diese Frage war damals nicht abschließend zu klären) starkes Hineinregieren der staatlichen Stellen in die Betriebe. Mit diesem Problem wurden wir allerdings auch bei Reisen in ähnliche Länder wie Brasilien immer wieder konfrontiert. Der Verdacht, dass es sich dabei um eine willkommene Rechtfertigung der Zustände handelt, drängte sich schon auf.

Ein bereits in den USA mit den dortigen Automobilgewerkschaftskollegen vereinbartes »Welt-Automobiltreffen Volkswagen« wurde auch unseren brasilianischen Kollegen vorgeschlagen. Obwohl sie der Idee eher reserviert gegenüber standen, haben sie im Laufe der Jahre wiederholt an solchen Treffen teilgenommen. Der Kontakt jedoch und die Freundschaft, wie wir sie mit den meisten unserer Kollegen an den anderen VW-Standorten dieser Welt hatten, kam mit den brasilianischen Kolleginnen und Kollegen nie zustande. Eine Erklärung dafür könnte sein, dass die Gegensätze in der Auffassung über die gewerkschaftlichen Aufgabenfelder zu groß waren. Aber vielleicht brachten wir für ihre Situation auch zu wenig Verständnis auf. In Brasilien konnte man damals überhaupt nur über das gewerkschaftliche Mittel Streik etwas bewegen. Deswegen verstanden sie unter gewerkschaftlichen Aktivitäten vor allem politischen Kampf. Sie wollten alle Probleme des Landes aus dem Betrieb heraus lösen. Es war ihre Reaktion auf das Verhalten der Regierenden; statt demokratische Entwicklungen zu fördern, wurden die Menschen mit Administration und Druck bis in die Betriebe hinein kontrolliert. Es war noch nicht allzu lange her, dass Streiks in den Betrieben unter Zuhilfenahme des Militärs beendet wurden, auch bei VW.

Einer unserer Gesprächspartner in diesen Tagen war der spätere mehrmalige Präsidentschaftskandidat der Linken in Brasilien, Lula – unser Kollege Luiz Inacio da Silva. Er war zu jener Zeit noch der Sekretär der Metallgewerkschaften in San Benardo.

Eine Begegnung während unseres Brasilienaufenthaltes möchte ich keinesfalls unerwähnt lassen, weil sie wie kaum ein anderes Ereignis die Gegensätze in diesem Lande widerspiegelte. Die Familie M. – Mitbesitzer von VW do Brasil, mit einen Aktienpaket von 10% (später sogar 20%) – hatte uns eingeladen. Ihr Privathaus, ein schlossähnliches Gebäude in einer Parkanlage, hielt jedem Vergleich mit den Anwesen der europäischen Aristokratie stand. Die Familie M. war aber nicht nur bei Volkswagen beteiligt, was der Spitzname des Seniorchefs,»Mister 10%«, unterstreicht. Sie gab sich uns gegenüber ausgesprochen jovial, der Empfang für uns wurde mit großem Pomp inszeniert. Allerdings mochte sie dennoch von ihrem Hierarchieverständnis nicht lassen: Die Mitglieder des Aufsichtsrats saßen zusammen an einem Tisch, und die, die ihm nicht angehörten, wurden an anderen Tischen platziert.

Eine weitere Merkwürdigkeit bei diesem Empfang bestand darin, dass nahezu die gesamte Führungsriege der ehemaligen portugiesischen Regierung, die durch die»Nelkenrevolution« 1974 davongejagt worden war, anwesend war. Fast alle hatten in diesem Industrie- und Finanzimperium Unterschlupf gefunden. Es gab sie also noch immer, die alten Verbindungen zur früheren Kolonialmacht Portugal. Die Herren waren unsere Tischnachbarn, in meinem Falle der frühere Außenminister, der sich große Sorgen um seine Besitzungen in Portugal machte und keine Hemmungen hatte, mich aufzufordern, bei meinem Parteifreund Willy Brandt zu intervenieren, um ihm zu helfen, seine Besitztümer zurückzubekommen. Die Speisen und Getränke wurden aufgetragen von Dienern mit weißen Handschuhen – ein Ambiente, wie man heute auf Neudeutsch zu sagen pflegt, das jedem First-Class-Hotel zur Ehre gereicht hätte. Die gesamte Inszenierung des Abends trug dazu bei, dass wir die Gegensätze dieses Landes noch bewusster sahen.

Selbstverständlich haben wir diesen Besuch in Brasilien auch genutzt, um uns einen Eindruck von Land und Leuten zu verschaffen. Nach dem bereits erwähnten Besuch in der Hauptstadt Brasilia, der uns schon die Weite des Landes erahnen ließ, nutzten wir das Wochenende zu einem Flug an die Wasserfälle Iguacu im Dreiländereck Brasilien/Argentinien/Paraguay. Für mich selbst begann die Reise etwas beschwerlich. Ein verdammter Backenzahn, der mich bereits zu Hause geärgert hatte, quälte mich derart, dass ich schon befürchtete, die Reise zu den Wasserfällen nicht mitmachen zu können. Einen Zahnarztbesuch in der Stadt lehnte ich ab, ich wollte, wie jeder andere Werksangehörige in der Fabrik auch, den werksärztlichen Dienst in Anspruch nehmen, den man uns tags zuvor gezeigt hatte. Für deutsche Verhältnisse ungewöhnlich, gehörte der Zahnarzt dazu. Nichts gegen die Heilkunst der brasilianischen Zahnärzte, die Gerätschaften allerdings sahen aus, als hätten sie die Portugiesen bei der Besiedelung des Landes schon mitgebracht. Trotzdem: Mir wurde geholfen – der Backenzahn blieb allerdings auf der Strecke. Ständige leichte Betäubung mit »Caipirinia«, einem brasilianischen Zaubergetränk aus Zuckerrohrschnaps und Limonen – über die gesunde Hälfte des Gebisses genossen – half dabei, über die Zeit zu kommen.

Der Flug mit einer kleinen Propellermaschine ohne Druckluftkabine begann bei schönstem Wetter ab São Paulo. Nach etwa einer Stunde Flugzeit tat sich allerdings eine gewaltige Wetterfront vor uns auf. Die Hinweise des Kopiloten auf die gute Flugzeugführerqualität ließ Schlimmeres ahnen. Es wurde schlimm! Wer noch nie Gelegenheit hatte, ein tropisches Gewitter in einer Propellermaschine zu erleben, die nur eine vorgeschriebene Höhe fliegen durfte (spätestens jetzt war uns klar, was es mit dem Hinweis auf die fehlende Druckkabine auf sich hatte), sollte einen solchen Flug buchen. Für uns war es jedenfalls mehr als ein Abenteuer. Nicht zu unserer Beruhigung trug die Tatsache bei, dass unser Arbeitsdirektor, Dr. Frerk, gemeinsam mit dem Piloten mittels einer Straßenkarte versuchte, die Flugroute abzustecken. Den Zustand der Passagiere nach dem zweistündigen Flug kann sich jeder selbst ausmalen. Ich jedenfalls brauchte nach der Landung in der Nähe der Wasserfälle einige Minuten, um das Gleichgewicht wiederzufinden.

Aber für all das wurden wir auf das Beste entschädigt. Nach einer Überquerung des Parana, eines ebenso breiten wie tiefen Flusses, eröffnete sich ein Naturpanorama wie aus dem Bilderbuch: Herrlichste Blumen, die uns sonst nur aus den Gewächshäusern Europas bekannt waren, Orchideen auf Bäumen, die mir wie mehrstöckige Häuser vorkamen. Eine atemberaubende Vogelwelt, ganze Trauben von Kolibris in der Nähe der Wasserfälle. Die Wasserfälle selbst präsentierten sich als ein gigantisches Naturschauspiel.

Für die Rückreise nach São Paulo war noch ein Zwischenstopp in einer Siedlung Schweizer Aussiedler geplant. Obwohl uns dort ein Ochse am Spieß in Aussicht gestellt wurde, lehnten wir wegen der Erfahrungen mit der Hinreise einen Halt ab, zumal uns der Pilot keine Garantie dafür geben wollte, dass wir ohne weiteres dort wieder wegkommen würden – die gewaltigen Regenmassen der letzten Tage hatten den Boden durchweicht.

Der Rückflug verlief problemlos, und wir bereiteten uns auf den letzten Teil unserer Reise vor, der Rio de Janeiro hieß – eine der schönsten Städte der Welt. Aber auch hier zeigten sich, vielleicht besonders drastisch, die Gegensätze des Landes in aller Schärfe: Schöne Menschen, Frauen wie Männer, in einer phantastischen Umgebung, daneben das blanke Elend, bettelnde Kinder und verkrüppelte Alte. Favelas, elende Hütten an den Hängen, den Hügeln um Rio, und das alles in einer Vegetation, die zumindest den Hunger der Menschen ausschließen sollte. Aber die Realität sprach eine andere Sprache; eine Erfahrung, die wir auch bei späteren Reisen in vergleichbare Länder immer wieder machen sollten. Vielleicht war der Abschluss der Reise tatsächlich den Realitäten in diesem Land am nächsten gekommen. Auf jeden Fall verhalfen uns diese Erfahrungen im Laufe der Jahre zu einer nüchternen Betrachtung, wenn es im Konzern um Fragen Brasiliens ging. Mindestens ebenso hilfreich waren die Eindrücke für die politische Einschätzung über die weitere Entwicklung dieses Landes.

Nach der Rückkehr nach Deutschland beschäftigten uns die Ergebnisse dieser Reise bis zum Frühjahr des nächsten Jahres. Es gelang tatsächlich, in Abstimmung mit der IG Metall und dem Internationalen Metallarbeiterbund in Genf, einen Weltautomobilausschuss Volkswagen auf den Weg zu bringen. Aber bis das so weit war, ging noch einige Zeit ins Land.

Im neuen Jahr standen turnusgemäß die im Vier-Jahres-Rythmus stattfindenden Aufsichtsratswahlen an, die in einem solch großen Konzern einen erheblichen Zeitaufwand bedeuteten, so dass an andere größere Projekte kaum zu denken war. Hinzu kam ein sich ständig steigerndes Zerwürfnis zwischen Arbeitsdirektor und Gesamtbetriebsratsvorsitzenden, das nicht nur das Klima zwischen Personalabteilung und Betriebsrat belastete, sondern letztlich zum Bruch führte. Dr. Frerk übernahm eine neue Aufgabe im VW-Vorstand und machte damit den Weg frei für einen Wechsel im Personalressort. Zu Beginn des Jahres 1978 wurde in der Aprilsitzung des Aufsichtsrates Karl-Heinz Briam, bis dahin Arbeitsdirektor der Friedrich Krupp Hüttenwerke Bochum, den die meisten von uns aus seiner früheren Tätigkeit bei der IG Metall kannten, zum neuen Arbeitsdirektor von VW bestellt.

Trotz dieser Turbulenzen wurde aber unsere Konsultationsstrategie zu weiteren VW-Standorten fortgesetzt, wegen der besagten Gründe zunächst nur in Europa.

Standort-Erkundung in Brüssel (Belgien 1977)

Bereits Mitte der 70er Jahre, nach der Gründung des Gesamtbetriebsrats, hatten wir zu den Kollegen der Brüsseler VW-Niederlassung erste Kontakte aufgenommen. Es handelte sich bis dahin eigentlich nur um eine Montagestätte des belgischen Generalimporteurs. Jetzt sollten Investitionen größeren Ausmaßes dort stattfinden. Die Frage, zu wessen Lasten, stand im Raum. Es war also wichtig, die Kontakte zu vertiefen. Daher reisten wir noch 1977 zum Standort der späteren VW-Fabrik in Brüssel. Bei dieser Begegnung sollte sowohl der Standort erkundet als auch der Kontakt zum dortigen Betriebsrat vertieft werden. Bei diesem handelte es sich um eine etwas seltsame Konstruktion, der Werksleiter war gleichzeitig Vorsitzender des Betriebsrats. Bei näherem Hinsehen wurde sehr schnell deutlich: Die eigentliche Arbeitnehmervertretung waren die im Betrieb vertretenen Gewerkschaften, der Betriebsrat war nicht mehr als ein Konsultationsorgan zwischen den Betriebsparteien.

Wir begannen unsere Gespräche in einer älteren Montagehalle, die in einem Brüsseler Vorort liegt. Die Zufahrtsstraße war mit großen Basaltsteinen gepflastert, die Halle mit einer veralteten Technik ausstaffiert, die wir noch aus den deutschen Fabriken der Vergangenheit kannten. Nur wenige Jahre später sollte sich das Ganze zu einer modernen Fabrik mausern. Damals jedoch steckte alles noch in den Kinderschuhen.

Wir wollten wissen: Welche Voraussetzungen waren vorhanden, nicht nur bezogen auf die Fertigungstechnik, sondern vor allem hinsichtlich der Arbeitsbedingungen der Menschen, die dort arbeiteten? In Gesprächen mit dem Management und dem Betriebsrat, denen sich eine Besichtigung der Betriebsstätte anschloss, verschafften wir uns einen ersten Überblick. Die sich anschließenden Konsultationen mit den im Betrieb vertretenen Gewerkschaften gestalteten sich recht schwierig. Uns wurde erstmals deutlich, welchen gewaltigen Fortschritt die Einrichtung der deutschen Einheitsgewerkschaft bei uns gebracht hatte. Wir mussten ständig mit vier verschiedenen Gruppen reden, ein fast unmögliches Unterfangen! Und dennoch: Diese ersten Gespräche legten den Grundstein für die gerade mit den belgischen Kollegen bis in die Gegenwart andauernde ausgezeichnete Zusammenarbeit. Vielleicht half auch eine Einladung von Günther Köpke, dem Generalsekretär des Europäischen Metallarbeiterbundes, der vor nicht allzu langer Zeit gegründet worden war; er lud uns in die wunderschöne Brüsseler Altstadt ein, wo wir mit den belgischen Kollegen Freundschaft schlossen. Es war mein erster Brüssel-Aufenthalt, und ich ahnte zu diesem Zeitpunkt nicht, dass ich nur wenige Jahre später – und das 15 Jahre lang – jeden Monat in dieser Stadt sein würde.

(Ent-)täuschungen in Jugoslawien: Arbeiterselbstverwaltung und Multikultur

Aber noch ein weiterer Standort in Europa machte damals von sich reden. In einer der Jugoslawischen Teilrepubliken, in Bosnien-Herzogowina, war VW in einer Kleinstadt mit dem Namen Vogosca, nur wenige Kilometer von der Landeshauptstadt Sarajevo entfernt, an einer Montagefabrik der »Tas« mit 49% beteiligt.»Tas« war Teil der staatlichen Holding »Unis«. Von diesem Standort ging keine Konkurrenz für die deutschen Standorte aus, eher das Gegenteil war der Fall. Die ständige Devisenknappheit des Landes bedrohte die dortige Fertigung, da alle Teile für die montierten Autos aus Deutschland eingeführt werden mussten und mit teuren Devisen zu bezahlen waren. Sowohl der»Golf« als auch der»Caddy«, ein Kleintransporter auf Golfbasis, wurden dort zusammengebaut.

Für uns war mit Jugoslawien eine besondere Herausforderung verbunden: die sogenannte Arbeiterselbstverwaltung, ein Wirtschaftsmodell, das in der Bundesrepublik – auch in den Gewerkschaften – als mögliche Alternative zum Kapitalismus westlicher Prägung, aber auch zum Staatssozialismus osteuropäischer Prägung diskutiert wurde.

Um es klar zu sagen: Für die meisten von uns war das Ganze eine herbe Enttäuschung. Schon während unseres ersten Besuchs im Herbst 1978 wurde uns sehr schnell klar, dass diese Form von Arbeiterselbstverwaltung

Sarajewo im Jahr 1978

an den vielen Sachzwängen, die vor allem von außen kamen, ersticken musste: Es existierten vorgeschriebene Kontingente der zu produzierenden Einheiten pro Jahr, und auch auch der Preis für das Auto wurde in Belgrad festgelegt. Man orientierte sich nicht an den Käuferwünschen – die Produktion war meistens schon im Januar für das ganze Jahr im Vorfeld verkauft –, sondern daran, was die Herren in Belgrad vorausgeplant hatten.

Die Devisenbeschaffung war für die jugoslawische Wirtschaft ein großes Problem, vor allem der Devisenausgleich. Exporterlöse waren meist nur über landwirtschaftliche Produkte möglich. Der jugoslawische Außenhandel war unentwickelt, die Unterstützung aus dem Westen mangelhaft. Die Europäische Gemeinschaft hat sich während der Phase des Abnabelns Jugoslawiens vom Ostblock nicht gerade mit Ruhm bekleckert. Löhne und Gehälter wurden staatlich festgelegt und zwar nicht etwa orientiert an den Erträgen des Unternehmens, wie es in den Schriften der Arbeiterselbstverwaltung nachzulesen war, die eine Verteilung durch den Arbeiterrat vorsahen. Es gab selten etwas zu verteilen, wenn das Jahr um war. Die Folge war eine miese Arbeitsmoral, Abwesenheitsraten nicht selten zwischen 30 und 40% waren in dem Werk normal. Man verdiente auf dem schwarzen Arbeitsmarkt mehr als in der Fabrik.

Und doch herrschte Ende der 70er Jahre noch immer viel Enthusiasmus. Die gemeinsame Klammer Jugoslawien, vor allem verkörpert durch den Präsidenten Tito, hielt die Teilrepubliken zusammen. Die Anerkennung des Landes als eines der »Führungsländer in der Dritten Welt« erfüllte die Menschen sichtbar mit Genugtuung und stärkte ihr Selbstbewusstsein. Mit großem Engagement wurden uns nach Beendigung der offiziellen Gespräche die Wahrzeichen des neuen Jugoslawien gezeigt: Baudenkmäler unterschiedlichster Herkunft, aber auch die Reste des Partisanenkrieges, wie zum Beispiel die Brücke über die Neretna, die nach erfolgter Überquerung gesprengt wurde. Man sprach dabei stets von den »Faschisten« als Gegnern, nie nannte man uns Deutsche beim Namen. Wir besichtigten die alten Kulturstätten des Landes, sahen Moscheen, christliche Kirchen und alte türkische Häuser, die als Museen eingerichtet waren, und natürlich die wunderschöne Altstadt Sarajevos mit ihren fast exotischen Einkaufsmöglichkeiten.

Bei allen Begegnungen (auch in den folgenden Jahren, fast bis zum Zusammenbruch des Vielvölkerstaates), wurden ethnische Probleme – für uns zumindest – nicht sichtbar, eher das Gegenteil. Für meine Begriffe war gerade Sarajevo ein Parade-Beispiel für ein harmonisches multikulturelles Zusammenleben; nicht nur in der Fabrik, sondern auch in der Dachgesellschaft »Unis« sowie in den Gewerkschaften traf man Muslime, Kroaten und Serben in Führungsfunktionen.

Wir setzten unsere Reise von Sarajevo aus in Richtung Mostar und Dubrovnik fort. Eine wunderschöne Landschaft, zwischen Bergen und Schluchten gelegen, erstreckte sich entlang der Neretna. Auch an einer uralten, von Künstlern wieder restaurierten Ansiedlung kamen wir vorbei. Und dann: Mostar – eingehüllt in den Hauch des Orients, mit der weltberühmten vierhundertjährigen, von Türken erbauten Bogenbrücke, dem Wahrzeichen der Stadt. Am Abend promenierten Hunderte von Menschen in gemeinsamen Gesprächen durch die Straßen der Stadt, etwas, was wir aus unseren Kindheitserinnerungen noch kannten. Heute möchte man fast sagen unglaublich, waren das doch die selben Menschen, die 14 Jahre später gegeneinander Krieg führen sollten!

Diese erste Begegnung war der Auftakt einer über Jahre andauernden Freundschaft mit den unterschiedlichsten Menschen in der Fabrik, die besonders durch den Kasseler Betriebsrat gepflegt wurde. Wir wurden später offiziell vom Gesamtbetriebsrat mit der Betreuung beauftragt.

»Das japanische Wunder« und ein Blick in eine bisher verschlossene Welt
Japan – China

In Wolfsburg war inzwischen mit Karl-Heinz Briam, der ein ausgezeichnetes Verhältnis zu uns allen, insbesondere zu unserem Vorsitzenden Siegfried Ehlers, aufbaute, ein neuer Arbeitsstil zwischen Gesamtbetriebsrat und Vorstand entstanden. Gemeinsam mit Toni Schmücker, der aus der Montanmitbestimmung gekommen war, redete man nicht nur über Mitbestimmung, sondern praktizierte sie auch. Und dies eben nicht nur in den sozialen Fragen, sondern in allen Belangen des Unternehmens.

In den monatlichen Sitzungen wurde neben den Wirtschafts- und Finanzdaten auch kontinuierlich die Absatzlage des Konzerns beobachtet und diskutiert. Einer der Mitbewerber am Weltmarkt, die japanischen Konzerne, verkauften ihre Autos in immer größeren Umfängen und zu erheblich billigeren Preisen in Europa. Man erzählte sich Wunderdinge über ihre Fabriken in Japan. Die meisten europäischen Hersteller schickten ihre Manager auf Erkundungsreise nach Japan, so auch Volkswagen. Da es nicht nur um neue Fertigungstechniken ging, sondern ständig auch von einer angeblich höheren Leistungsbereitschaft der Belegschaften berichtet wurde, verbunden mit den unsinnigsten Forderungen an uns, kam es fast zwangsläufig zu der Überlegung, ob es nicht sinnvoll sei, mit einer gemischten Gruppe aus Vertretern des Personalwesens und des Betriebsrates nach Japan zu reisen.

Rationalisierungspotenziale: Begegnung mit dem japanischen Fabriksystem 1979

Mit einer relativ großen Delegation aus Vertretern des Personalwesens und des Gesamtbetriebsausschusses flogen wir im April 1979 nach Japan. Erstmals stand die Reise unter der Leitung von Karl-Heinz Briam und auf unserer Seite Rudi Blank, dem stellvertretenden Gesamtbetriebsrats-Vorsitzenden, der den aus Gesundheitsgründen nicht teilnehmenden Siegfried Ehlers vertrat.

35

Eine Pagode in Kyoto

Der Flug mit einer Zwischenlandung in Anchorage/Alaska war schon an sich ein Erlebnis. Nach 18 Stunden landeten wir in Japan. Der Flughafen Narita, weit draußen vor Tokio, war noch fast neu. Er war vor allem während seiner Bauzeit durch tägliche Demonstrationen der Bauern wegen der Landnahme ins Gerede gekommen. Jetzt erlebten wir die Beschäftigten des Flughafens bei gemeinsamen Gymnastikübungen auf dem Flugfeld, ein für uns ungewöhnliches Bild. Wir flogen weiter nach Osaka, wo uns bereits die Repräsentanten von Volkswagen in Japan erwarteten. Wir sollten, so erklärten sie, bevor wir die ersten Begegnungen in den Autofabriken haben würden, etwas von Land und Leuten gesehen haben, um die Mentalität der Japaner besser zu verstehen.

Zunächst ging es in die Stadt Kyoto, eines der Kulturdenkmäler Japans: Kunstvolle Holzbauwerke, mehrstöckige Pagoden aus vergangenen Zeiten, heilige Schreine, Zeugen der uralten Geschichte des Landes. Der rege Besuch der Japaner an vielen dieser alten Kultstätten zeigte die noch immer starke Verbundenheit der Bevölkerung mit den zwei dominierenden Religionen des Landes, dem Schintoismus und dem Buddhismus. Kyoto zeichnet sich aber mindestens ebenso durch seine herrlichen Gartenanlagen aus. Nicht nur die legendäre japanische Kirschblüte erfreute uns, sondern auch die Gärten mit den berühmten Bonsai-Anlagen, die sich mit wunderschönen Teichlandschaften abwechselten, in denen im Sommer die Lotusblumen blühen. Zum Besuchtsprogramm in Kyoto gehörte schließlich noch der Besuch in einem traditionellen Geisha-Lokal, eine eigenartige Welt, mit fremdartiger Musik.

Nach der Übernachtung in Kyoto fuhren wir am nächsten Morgen weiter in die alte Kaiserstadt Nara. Sie spiegelte wie kaum eine andere Stadt das alte geheimnisvolle Japan wieder: riesige Baudenkmäler, alle aus Holz gefertigt, große Abbildungen von Alltagsszenen, die Einblicke in die frühere traditionelle Lebensform der Japaner gaben. Wir trafen auf Tausende von Schulkindern in Uniformen, deren Kopfbedeckung – so sagte man uns – Aufschluss über die Herkunft der einzelnen Schulklassen gab – an der Spitze jeweils eine Begleitperson mit einem Fähnchen.

Dann ging es weiter nach Nagoya, eine der großen Städte Japans, mit einem ebenfalls sehr schönen historischen Stadtteil. Unser Hotel lag gegenüber einer großen alten Burganlage, im Burggraben schwammen buntschillernde Fische, wie wir sie bei uns nur aus Aquarien kennen. Ganz in der Nähe von Nagoya lag das Zentrum von Toyota, und hier sollte unsere industrielle Besichtigungstour beginnen.

Der erste Besuch in der Zentrale dieses schon damals größten Autokonzerns Japans verlief etwas unterkühlt, erst in späteren Jahren sollte sich

Zum Besuchtsprogramm gehörte auch der Besuch in einem Geisha-Lokal

das ändern. Der Besuch entsprach jedoch, insbesondere was den Informationswert anbetraf, unseren Erwartungen. Wir wurden zunächst mit einem unerschütterlichen Glauben an eine stetige Expansion konfrontiert, und dies sowohl beim Management als auch bei den Gewerkschaftsvertretern. Dies konnten wir dann später auch bei allen weiteren Firmen feststellen. Das syndikalistische Gewerkschaftssystem verstellte den Aktivisten den Blick über den Betrieb hinaus. Jeder war nur auf die eigene Firma bzw. auf den eigenen Konzern fixiert. Dass dies auch Vorteile hatte, war nicht von der Hand zu weisen. Von der Wiege bis zur Bahre – alles war für die gesamte Familie geregelt: Kindergarten, Schule, Ausbildung, Wohnung. Man musste allerdings dazugehören. In den Fabriken arbeiteten auch Beschäftigte von allen möglichen Zulieferfirmen, die u.a. als Bereitsteller an den Bändern tätig waren. Sie gehörten eben nicht dazu. Sie wurden nicht nur schlechter bezahlt, sondern hatten auch keinen Zutritt zum System der sozialen Sicherung der Stamm-Belegschaften.

Die Fabriken hatten einen technischen Standard erreicht, der das Herz der deutschen Manager, die gerade zu jener Zeit zu Hunderten nach Japan pilgerten, höher schlagen ließ. Die Folge für uns: eine Mechanisierungs- und Rationalisierungswelle ungeahnten Ausmaßes mit gravierenden Eingriffen in die Arbeitsorganisation. Heute wissen wir, dass gerade wir Betriebsräte damals entscheidende Fehler gemacht haben: Anstatt uns ebenfalls die modernste Technik mit den zugegeben riesigen Rationalisierungseffekten vorführen zu lassen, hätten wir uns lieber die Arbeitsorganisation genauer anschauen sollen. Teamarbeit und Gruppenarbeit waren dort gerade mit großem Erfolg eingeführt worden. Auch die deutschen Gewerkschaften forderten diese neue Arbeitsorganisation unter dem Gesichtspunkt der Humanisierung und gegen die Monotonie am Arbeitsplatz. In Japan allerdings dominierten andere Gesichtspunkten: riesige Produktivitätsfortschritte standen im Mittelpunkt der Veränderungen, die eine motivierte Belegschaft zu bringen bereit sei, wie man uns gegenüber freimütig bekannte. Man habe erkannt, je mehr Verantwortung auf die Arbeiter delegiert würde, um so höher wäre die Bereitschaft für Leistung und Qualität. Aber die deutsche Technik-Fortschrittsgläubigkeit verstellte uns noch den Blick für solche Argumente.

Neben mehreren Fabrikstandorten der Firma Toyota besuchten wir Fertigungsstätten des Autobauers Honda, und natürlich die von Nissan, mit denen Volkswagen etwas später einen Vertrag über den Bau des VW Modells »Santana« in Japan abschloss. In den meisten Fabriken existierten hochmechanisierte Fertigungen mit den überall gleichen Verhaltensmustern von Management und Gewerkschaften. Unsere Hinweise auf die

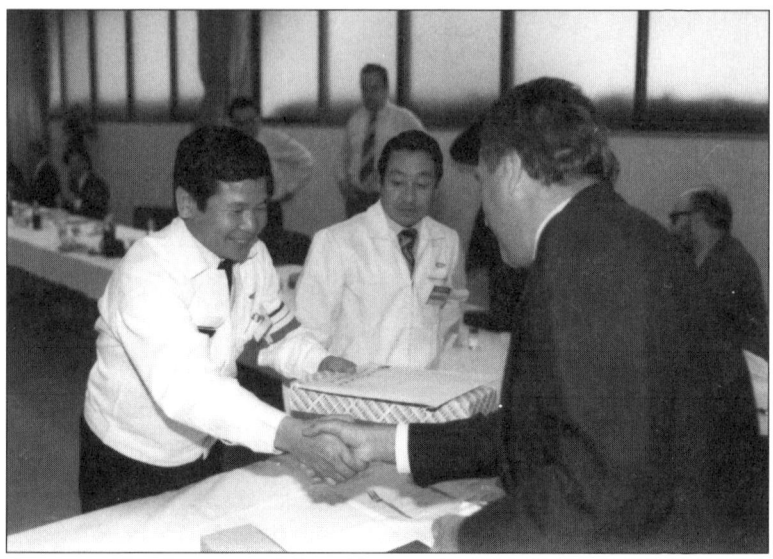

Zu Gast bei den Gewerkschaftskollegen von Honda

Gefahren einer zu hohen Exportabhängigkeit und eines möglichen Protektionismus der Europäer wurden meist ungläubig zur Kenntnis genommen. Auf unserer Weiterfahrt nach Tokio, durch fast überall ineinandergewachsene Städte, mit einer für uns kaum vorstellbaren Verkehrsdichte, beobachteten wir eine sehr angenehme Verhaltensweise der Verkehrsteilnehmer: Fahrgeschwindigkeiten von 40 km pro Stunde in den Ortschaften und Städten, und 80 km, teilweise nur 70 km auf den Landstraßen waren selbstverständlich und es regte sich niemand darüber auf.

Die Fahrt in das Stadtzentrum von Tokio bestätigte alles, was wir über die Gigantomanie dieser Stadt gehört hatten. Es waren Straßensysteme entstanden, mehrstöckig, in einer Verkehrsdichte, die uns damals ahnen ließ, was auf die Städte Europas noch zukommen würde. Und trotzdem herrschte einer ungeheure Sauberkeit, gerade in Tokios Innenstadt.

Während unseres Aufenthalts in Tokio erhielten wir eine Einladung in die Zentrale des asiatischen Teils des Internationalen Metallarbeiterbundes (IMB), sie befand sich in einer Stadt am Fuße des Fudschijama. Nach kurzer Beratung nahmen wir die Einladung an. Zuvor hatten wir jedoch noch eine offizielle Verpflichtung für Volkswagen zu absolvieren. Wir besuchten die Jubiläumsfeier des VW-Großimporteurs in Japan, die Firma Yanase. Dieses Unternehmen war inzwischen eher ein Vertriebsimperium,

40

Diskussion mit Honda-Gewerkschaftern

das auch eine ganzen Reihe weiterer ausländischer Automarken im Programm hatte. Yanase kontrollierte die gesamten japanischen Autoeinfuhren. Der Seniorchef, ein drahtiger älterer Herr, sollte in späteren Jahren VW noch erhebliche Schwierigkeiten bereiten. Karl-Heinz Briam hielt eine Rede und überreichte ein Geschenk von Volkswagen. Etwas Gutes hatte diese Veranstaltung: Man traf viele deutschsprachige Japaner, die sehr offen und völlig ungeniert über die Einfuhrpraktiken ihres Landes plauderten. Sie bestätigten ungewollt unsere Vermutung über die raffinierten Einfuhrbeschränkungen der Japaner.

Nach dieser – immer im dunklen Anzug überstandenen – Strapaze fuhren wir am nächsten Morgen nach Haakone, zur Gewerkschaftsschule des IMB. Haakone ist ein wunderschöner Ort, umgeben von heißen Quellen. Wir bezogen ein Hotel etwas außerhalb der Stadt. Ein modernes, nicht allzu großes Haus, ein raffinierter Rundbau mit zwei Wohntürmen, am Ashi-See gelegen, direkt am Fudschijama. Hier bot sich uns die Möglichkeit zu einer kurzen Verschnaufpause.

Diese war dringend nötig geworden, war es doch inzwischen zu erheblichen Spannungen in der viel zu großen Reisegruppe gekommen. Der Konflikt eskalierte erstmals am Nachmittag, während des Besuchs im Schulungszentrum des asiatischen Ablegers des IMB. Rudi Blank verweigerte

41

den Unternehmensvertretern die Teilnahme an den Gesprächen mit den japanischen Gewerkschaften. Dies war natürlich für den ehemaligen Gewerkschafter Briam schwer zu ertragen. In den Gesprächen wurde die schwierige Situation der japanischen Gewerkschaftsbewegung sichtbar: 70.000 Betriebsgewerkschaften, vier Dachverbände und dazwischen noch Branchendachverbände (in unserem Falle die Autogewerkschaften); die Betriebsgewerkschaften waren zwar in ihm vereint, gehörten aber gleichzeitig noch unterschiedlichen Dachverbänden (ähnlich dem DGB) an. In unseren Gesprächen mit den Vertretern des IMB wurde deutlich, dass dieses Betriebsgewerkschaftssystem eine sehr betriebsbezogene, egoistische Verhaltensweise und mangelnde Solidarität innerhalb der japanischen Gewerkschaften fördert. Das führte nicht selten zur Inaktivität außerhalb der Betriebe, insbesondere gegenüber den politischen Parteien, was von den Kollegen beklagt wurde. Sie bejahten demgegenüber das deutsche Einheitsgewerkschaftsprinzip, was nach meiner Auffassung keineswegs eine bloße Höflichkeitsfloskel gegenüber den deutschen Gästen war, sondern tiefster Überzeugung entsprang. Den Aufenthalt in Haakone nutzte die Integrationsfigur Karl-Heinz Briam zur Aussöhnung, er verstand es wieder einmal, die Wogen zu glätten.

Wir mussten Gerd Kühl, unseren hauptamtlichen IG Metall-Kollegen aus der Vorstandsverwaltung in Frankfurt, der uns auf dieser Reise begleitete, am Ende der Japanreise mit starken Gesundheitsproblemen in einem japanischen Krankenhaus zurücklassen. Er wurde von den VW-Vertretern in Japan betreut. Seine Magen- und Darmprobleme entwickelten sich derart dramatisch, dass eine Überführung nach Deutschland notwendig wurde. In einer russischen Linienmaschine flog er nach Frankfurt und wurde dort sofort in die Isolierstation einer Spezialklinik eingeliefert. Auch wir mussten bis zum Schluss der Reise befürchten, bei der Rückkehr in Frankfurt ebenfalls in Quarantäne genommen zu werden.

Über Hongkong in die Volksrepublik China

Erst nach eingehender Beratung über diese Bedrohung konnten wir unsere Reise fortsetzen. Die aufregende Stadt – einige behaupteten sogar, sie sei die aufregendste der Welt – Hongkong war unser nächstes Ziel. Besonders beeindruckt hat uns die totale Übervölkerung, die unheimlichen Menschenmassen. Alles in allem eine faszinierende, für uns bis dahin fremde Welt. Neben den mondänen Wohngegenden existierten auch in Hongkong etliche Elendsviertel, vor allem auf den Inseln, die diese Stadt umgaben. Beim

Besuch auf einer dieser Inseln mit ca. 60.000 Einwohnern trafen wir auf Lebens- und Arbeitsformen, die wir in Europa längst überwunden haben. Überall existierten kleinere Produktionsstätten, Ableger europäischer Textilunternehmer, die damals auf der Suche nach Lohnbilligländern vor allem Hongkong bevorzugten. Vieles erinnerte an frühkapitalistische Ausbeutungsformen – für unsere Begriffe beschämend.

Die Fahrt mit einer Dschunke, deren Eigner deutsche Stahlverkäufer waren – ein Kontakt aus Karl-Heinz Briams früherer Tätigkeit bei Krupp –, eröffnete uns die Möglichkeit, ein wenig mehr zu sehen als die normalen Hongkong-Besucher. Die Silhouette der Stadt – von See aus gesehen – war besonders eindrucksvoll. Der Besuch vieler der kleinen Inseln bot darüber hinaus einen Einblick in die Lebensformen der einfachen Menschen.

Der weitere Teil der Reise ermöglichte uns einen Blick in eine bisher fast verschlossene Welt. Kanton in der Volksrepublik China hatte sich erst seit kurzem wieder durch seine Messen in Erinnerung gebracht. Und zu einer dieser Messen hatten wir eine Einladung erhalten. Auch hier hatten die Stahlverkäufer geholfen. Die Einreise in die Volksrepublik gestaltete sich völlig unkompliziert, wenn man einmal von den ausgedehnten Grenzformalitäten absah. Ich habe nie wieder so viele Stempel in meinen Pass bekommen wie bei diesem Grenzübertritt, wobei jeder Eintrag von den unterschiedlichsten Menschen ausgeführt wurde.

Kanton hatte damals bereits ca. 4 Millionen Einwohner und war durch seine räumliche Nähe zu Hongkong, vor allem aber durch seine Frühjahrs- und Herbstmessen das Eingangstor nach China. Hua Kuo Feng, der Nachfolger Mao tse Tungs, grüßte von allen Wänden. Das, was uns Insider angekündigt hatten, fanden wir bestätigt. Kanton bot nicht nur die Möglichkeit für die Europäer, von Hongkong aus einen Einblick in das Innenleben der Chinesen zu bekommen, von hier aus wurde auch der Handel mit China forciert. Die Messe selbst war ein Spiegelbild der chinesischen Wirtschaft, eine vielfältige Darstellung chinesischen Lebens. Die unterschiedlichsten Landschaften des riesigen Landes waren in großen Abbildungen dargestellt, einschließlich der Landwirtschaft mit ihren Produkten sowie die kulturelle Vielfalt des Landes.

Wir erhielten durch die Vermittlung Dritter die Gelegenheit, eine Maschinenfabrik zu besichtigen. Man produzierte Zentrifugen aller Art und Größe. Solch ein Besuch war damals noch eine Besonderheit. Die Fabrik hatte ca. 6.000 Mitarbeiter, ein eigenes Krankenhaus und einen Kindergarten. Eine eigens für uns improvisierte Folklore-Veranstaltung, vorgetragen von den Kindern der Beschäftigten, zeigte die bunte Vielfalt des

Lebens in China. Natürlich war vieles für unsere westlichen Begriffe primitiv. Und doch akzeptierten wir sehr schnell die Erklärungen unserer Begleiter, die zu Recht darauf hinwiesen, dass noch vor wenigen Jahren Tausende von Chinesen jährlich den Hungertod gestorben waren. Man habe zunächst einmal den Hunger besiegt und brauche einfach noch Zeit, um die Situation im Lande weiter zu verbessern.

Das beherrschende Verkehrsmittel war das Fahrrad, mit dem insbesondere zum Feierabend Tausende von Menschen unterwegs waren. Sogar Fahrrad-Staus waren keine Seltenheit. Die relativ wenigen Autos, die wir sahen, waren ausschließlich japanischer Herkunft. Das Schlimmste für unsere Wolfsburger Kollegen war die Tatsache, dass man VW noch nicht einmal kannte.

Ein gern gehegtes Vorurteil von Besuchern aus dem Westen – die vermeintliche Uniformiertheit der Menschen in der Volksrepublik China – erwies sich bei genauerem Hinsehen als falsch. Die Farbschattierungen der olivgrünen Tuche in der Kleidung der Funktionäre spiegelten nicht nur den Rang, sondern auch die Qualität der Informationen wider.

Als Fazit unserer Reise nach Japan und China lässt sich festhalten: Viele unserer Entscheidungen in den nächsten Jahren wurden durch die Eindrücke und Informationen beeinflusst, die wir auf dieser Reise sammeln und verarbeiten konnten. Eine Japan-Studie, die der VW-Vorstand bald darauf vorgelegte, sah einen bedingungslosen Mechanisierungswettlauf als Alternative gegen den Vormarsch der Japaner auf den Automobilmärkten vor. Von der Halle 54 in Wolfsburg bis zur Wellenfertigung in Kassel wurde diese Maxime in den nächsten Jahren dann auch durchgezogen – stets mit Zustimmung der Betriebsräte. Erst sehr viel später, Mitte der 80er Jahre, wurde uns klar, dass dies so ausschließlich nicht richtig sein konnte.

»Gefahren für den weltweiten VW-Lieferverbund«
Mexico 1980

Das neue Jahr begann zumindest für mich mit einer Überraschung. Eugen Loderer, der IG Metall-Vorsitzende, hatte nach nur wenigen Monaten sein Mandat als Abgeordneter im Europäischen Parlament zur Verfügung gestellt, und ich als sein Stellvertreter wurde aufgefordert, an seine Stelle zu treten. Dies traf mich völlig unvorbereitet. Nach Abstimmung mit meiner Familie und den engeren Freunden im Betriebsrat sowie mit allen Mitbestimmungsgremien im Betrieb, nahm ich das Mandat an. Das bedeutete ab sofort einen erheblichen zeitlichen Mehraufwand. Für die inzwischen zu einem Teil meiner Arbeit gewordenen internationalen Aktivitäten blieb nun wohl kaum noch Spielraum. Und doch wäre es widersinnig gewesen, die Vertretung nicht zu anzunehmen. Gerade die Möglichkeiten der Doppelfunktion – Mitglied im Europäischen Parlament und Betriebsrat – sollten sich bei einer Reihe von Begegnungen der nächsten Jahre als besonders positiv herausstellen.

Doch zunächst ging es erst einmal nach Mexico, wo Volkswagen bereits seit 1964 eine Fabrik in der Stadt Puebla besaß. Sie war in den letzten Monaten häufig Beratungsgegenstand im Aufsichtsrat wie in den Sitzungen des Gesamtbetriebsrats gewesen. Das Betriebsklima in der Fabrik sei schlecht, und Auseinandersetzungen mit der Betriebsgewerkschaft seien auf der Tagesordnung, so der VW-Vorstand. Der Dollarverfall und die mexikanische Währungskrise belasteten ebenfalls das soziale Klima. Der VW-Finanzchef und zuständiges Vorstandsmitglied für Mexico wollte wiederholt die Fabrik verkaufen. Auch wegen des starken Lieferverbunds mit den deutschen Fabriken – Kassel lieferte zum Beispiel alle Getriebe und Salzgitter die Motoren – war uns solch ein Vorhaben nicht gleichgültig.

Eben noch war von Verkauf die Rede, jetzt standen plötzlich wieder umfangreiche Investitionen zur Diskussion, man wollte unter anderem durch eine Erhöhung der eigenen Fertigungstiefe kostengünstiger produzieren, um von den hohen Verbundpreisen herunterzukommen. Negative Auswirkungen auf die zuliefernden deutschen Standorte waren auch in diesem Fall nicht auszuschließen. Grund genug für eine Information vor Ort. In

Absprache mit der IG Metall sollte zudem der Versuch unternommen werden, die Betriebsgewerkschaft zu bewegen, Mitglied der nationalen Dachgewerkschaft zu werden, die ihrerseits Mitglied im »Internationalen Metallarbeiterbund« war. Das gelang während dieser Begegnung ebensowenig, wie in vielen weiteren Begegnungen danach. Die in Deutschland gern geäußerte Kritik, die deutschen VW-Betriebsräte würden sich einer Zusammenarbeit mit den mexikanischen Kollegen in Puebla verweigern, ist Unsinn. In zahlreichen Gesprächen mit Vertretern der mexikanischen Betriebsgewerkschaft sowohl in Mexico als auch bei ihren Besuchen in Wolfsburg war ein wirklicher Dialog aufgrund ihrer Isolationshaltung fast unmöglich. Die Kollegen orientierten sich ausschließlich an Mexico und übersahen, dass große Teile ihrer Fertigung von anderen Standorten in der Welt abhingen.

Über die ersten Gespräche in Puebla kann ich nur wenig berichten, da ich aufgrund gesundheitlicher Probleme erst drei Tage später unserer Delegation nachreisen konnte. Nach dem Einchecken im Hotel und einigen Stunden Schlaf traf ich in Mexico City auf unsere Gruppe, wohin sie von Puebla kommend, inzwischen gereist war. Gespräche beim nationalen Dachverband der mexikanischen Gewerkschaften standen als nächstes auf dem Programm – ein politisch wichtiger Termin, wenn man in der Industrie in Mexico etwas bewegen wollte. Wer in Mexico etwa zum Staatspräsidenten gewählt werden wollte, musste um Unterstützung des allgewaltigen Gewerkschaftsvorsitzenden Fidel Velasquez nachsuchen. Unser Gespräch entsprach genau diesem Muster: Velasquez forderte ohne Umschweife VW auf, nicht nur zu investieren, sondern dafür zu sorgen, dass die separatistische Betriebsgewerkschaft endlich Mitglied in seinem nationalen Dachverband wird. Sein Auftreten war so penetrant, dass wir ihm schließlich ebenso deutlich klarmachen mussten, dass dies eine Angelegenheit der mexikanischen Gewerkschaften sei und wir allenfalls in Gesprächen Argumente liefern könnten. Trotz dieser Irritationen wurde es letztlich doch noch ein fruchtbares Gespräch, bei dem er die wirtschaftlichen Schwierigkeiten Mexicos als vorübergehende darstellte. Wir erzielten zudem Einigkeit darüber, das Engagement von VW in Puebla sowohl im Interesse der Beschäftigten als auch des Konzerns fortzusetzen und noch zu intensivieren. Beim anschließenden Besuch im Wirtschafts- und Sozialministerium, das der Vertreter der Friedrich Ebert Stiftung vermittelt hatte, wurde mir zum ersten Male die Möglichkeit meiner Doppelfunktion als Betriebsratsvorsitzender und als Mitglied des Europäischen Parlaments bewusst, denn der Respekt gegenüber der EG war bei den Politikern in Mexico weitaus größer, als ihre Kritiker zu Hause glaubten.

Das National-Museum in Mexico-City

Am nächsten Morgen unternahmen wir dann doch noch den Versuch, neben dem politischen Geschäft auch etwas über Land und Leute, vor allem aber über die interessante Geschichte und Kultur dieser Stadt und des Landes zu erfahren. Eine ungewöhnliche Stadt, dieses Mexico City! Auf der einen Seite Prachtstraßen, eingerahmt von modernen Häuserzeilen, die sich abwechselten mit wunderschönen Parkanlagen, dahinter die mediterran anmutende Wohnanlage der Reichen. Und auf der anderen Seite Stadtteile in unbeschreiblicher Armut. Hier fiel uns besonders die Parallele zu Brasilien auf. Nach dem Besuch des Nationalmuseums bot sich uns die Möglichkeit, die Ausgrabungsstätten am Rande der mexikanischen Hauptstadt zu besichtigen. Beeindruckend »Theotihuacan« mit der Sonnen- und Mondpyramide.

Die Hitze des Tages machte uns schon erheblich zu schaffen. Es sollte aber nur ein Vorgeschmack dessen sein, was uns bei einem Abstecher in den Yukatan am nächsten Tag erwarten sollte. Bevor das aber soweit war, erhielt ich, der ja den Beginn des Besuches »verpasst« hatte, doch noch Gelegenheit zu einer Tagesreise nach Puebla, wo ich mir die Fabrik anschauen konnte. Mit großem Interesse hörte ich die Ausführungen des Managements, die in geraffter Form noch einmal das vortrugen, was meine Kollegen vor einigen Tagen bereits gehört hatten. Somit war auch ich auf dem neuesten Stand der Informationen. Noch beeindruckter war ich

Die Sonnenpyramide

allerdings von der Stadt, die vollständig durch die Käferproduktion geprägt war. Käfer, Käfer, Käfer auf allen Strassen und am Eingang der Stadt ein großes Schild:»Buen finitos a Puebla kapital de Volkswagen«. Und so verhielt es sich denn auch: Das Volkswagenwerk war mindestens ebenso bekannt wie all die Sehenswürdigkeiten der Stadt, von denen es genug gab. Auffällig waren die vielen Kirchen, 60 an der Zahl sagte man mir. Beeindruckend die herrlichen Keramik-Kacheln an allen Gebäuden, die etwas mit der Geschichte der Stadt zu tun hatten: an Kirchen, den alten Häusern aus der Kolonialzeit ebenso wie an den vielen Brunnen der Stadt. Noch am gleichen Tag ging es zurück nach Mexico City.

Am nächsten Morgen flogen wir weiter nach Merida, dem Hauptort der Halbinsel Yukatan. Sie ist das eigentliche Zentrum der Maya-Kultur. Von hier aus fuhren wir zu den Ausgrabungsstätten Uxmal und Chichenitza. Auf der Fahrt dorthin kamen wir an vielen kleinen Ansiedlungen vorbei, die – so unser Reisebegleiter – noch immer von den Nachfahren der Mayas bewohnt wurden. Die Indio-Frauen verkauften entlang der Zufahrtsstraße selbstgenähte bunt bestickte Kleider. Die Ausgrabungsstätten selbst waren überwältigend: riesige Gebäudegruppen, errichtet teilweise in Pyramidenbauweise, mit einer Reihe gut erhaltener Skulpturen, gefiederten Schlangen und Tiernachbildungen. Sie zeugten von der hohen Baukunst der Mayas. Wir erklommen die 364 Stufen der Kukulkan-Pyramide und hatten einen ausgezeichneten Blick auf die gesamte Anlage. Und das bei Temperaturen von 40 Grad.

Zurück in Merida, ebenfalls das sichtbare Gefälle zwischen Reich und Arm. Mexico war ein Land voller Widersprüche: auf der einen Seite Reiche, die scheinbar nicht mehr wussten, wohin mit ihren Geld, auf der anderen Seite Massenelend, ärmliche Lebensformen und die blanke Not. Der geplante Rückflug nach Deutschland gestaltete sich komplizierter als ursprünglich vermutet. Es begann damit, dass es einen nicht geplanten Zwischenaufenthalt in Mexico City geben musste, weil der Produktionschef von Puebla uns unbedingt noch eine Flasche Tequila und einen Beutel mit Limonen überreichen wollte. Was als nette Geste gedacht war, führte leider dazu, dass wir unsere Maschine nach Miami verpassten. Eine Folge mit Folgen: wir mussten einen weiteren Zwischenstopp in New Orleans in Kauf nehmen. Und da dies die erste Station in den USA nach dem Grenzübertritt war, standen uns sämtliche Einreise- und Zollformalitäten bevor, die man von der Einreise in die USA kennt. Unser Limonengeschenk stellte sich fast als Katastrophe heraus. Ich weiß nicht mehr, ob es sich um grüne oder gelbe Limonen handelte, auf jeden Fall hatten wir – Glück im Unglück – diejenige Sorte erwischt, die man in die USA einführen durfte. Die riesige Hitze und die extrem hohe Luftfeuchtigkeit taten das ihre. Da war es fast schon nebensächlich, dass Western Airlines – so hieß die Luftfahrtgesellschaft, mit der wir flogen – den Start nach Miami noch zweimal unterbrach, weil immer irgendwas oder irgendwer vergessen worden war.

Als wir dann schließlich in Miami ankamen, wartete eine Lufthansa-Maschine bereits über eine Stunde auf uns. Und sie wartete natürlich nur, weil wir eine große Gruppe waren. Die anderen mitreisenden Passagiere waren von dieser erheblichen Verzögerung nicht besonders angetan. Wir bemühten uns, ihnen die Situation zu erklären und fanden nach einer gewissen Zeit auch Verständnis. Jedenfalls waren am Schluss alle heilfroh, dass die Maschine sie wohlbehalten in Frankfurt ablieferte.

Die Aktivitäten dieser Reise wurden wie immer im Nachgang ausgewertet. Als wichtigstes Ergebnis sahen alle Beteiligten, dass das Volkswagen-Engagement in Mexico aufrechterhalten werden sollte. Die sich abzeichnende wirtschaftliche Erholung des Landes rechtfertigte weitere Investitionen. Und die Gespräche in der Deutschen Botschaft hatten darüber hinaus gezeigt, dass der Massenarbeitslosigkeit in diesem Lande nur mit weiteren Investitionen auch in industrielle Vorhaben beizukommen war. Entscheidend für uns Gewerkschafter jedoch war, dass auch die mexikanischen Gewerkschaften, sowohl die betrieblichen als auch der Dachverband, uns aufgefordert hatten, eine solche Linie zu unterstützen.

Europäischer Binnenmarkt
Spanien 1982

Die Reise nach Mexico sollte für eine lange Zeit die letzte große gemeinsame Reise des Gesamtbetriebsausschusses gewesen sein. Nach einer kritischen Würdigung der Erfahrungen in Mexico setzte sich die Auffassung durch, zukünftig eher in kleineren Reisegruppen zu fahren und entsprechende Zuständigkeiten um die einzelnen Standorte herum festzulegen. Nach Auffassung meiner Kollegen sollte ich wegen der Zugehörigkeit zum Europäischen Parlament für die europäischen VW-Standorte zuständig sein. Als zweiten Schwerpunkt sollte ich – zusammen mit weiteren Kollegen – die Kontakte nach Südafrika ausbauen. Dieses Land war wegen der Apartheidspolitik immer stärker in die Kritik der Weltöffentlichkeit gerückt. Man war nicht länger bereit, die ständigen Menschenrechtsverletzungen hinzunehmen und hatte damit begonnen, das Burenregime durch einen weltweiten Boykott unter Druck zu setzen. VW besaß seit 1956 einen Montagebetrieb in Uitenhage, ganz in der Nähe von Port Elisabeth. Insofern waren auch wir mit dem Boykott und der Auseinandersetzung um die Apartheid konfrontiert. Bereits seit geraumer Zeit hatten wir mit Hilfe der IG Metall Kontakte zu unseren südafrikanischen Kollegen geknüpft und waren bemüht, die erst seit kurzem wieder zugelassenen Gewerkschaften in der dortigen VW-Fabrik zu unterstützen.

Bevor wir uns jedoch dem Thema Südafrika widmen konnten, gab es zu Beginn des neuen Jahres erst einmal eine Angelegenheit in Europa zu klären. Gemeinsam mit Albert Schunk, dem Leiter der internationalen Abteilung beim Vorstand der IG Metall, hatte ich den Auftrag übernommen, für die Arbeitnehmerbank im VW-Aufsichtsrat in Gesprächen mit den spanischen Gewerkschaften und mit Abgeordneten des spanischen Parlaments, der Cortes, die Situation um eine eventuelle Beteiligung von Volkswagen an SEAT, dem nationalen Autobauer Spaniens, aufzuhellen. Das Interesse von Volkswagen, in Spanien zu investieren, hatte natürlich etwas mit der weiteren Entwicklung der Europäischen Gemeinschaft zu tun, Spanien stand kurz vor dem Beitritt zur EG. Wir begannen unsere Gespräche mit Vertretern des Top-Managements in der Hauptverwaltung von SEAT, die sich damals noch in Madrid befand. Ich will es einmal höflich umschreiben: Solche dürftigen Kenntnisse über das Autogeschäft in Europa habe ich später selten wieder erlebt. Kein Wunder, hieß es doch – wie uns Insider informierten – SEAT sei schon immer das Auffangbecken für ehemalige Generäle Francos gewesen. Eines wurde uns allerdings sofort klar: SEAT war in einer verzweifelten Lage. Das Unternehmen war hoch verschuldet. Die Aussagen der Verantwortlichen waren unmissverständlich: Wenn nicht VW, dann eben die Japaner. Die staatliche Holding, zu der SEAT gehörte, musste eine Sanierung um jeden Preis durchführen und das hieß nach Lage der Dinge Privatisierung.

Als nächstes stand eine Gesprächsrunde mit Abgeordneten des Cortes auf unserem Programm. Wir wollten ihre Meinung hören, da es sich bei SEAT um ein staatliches Unternehmen handelte, das in der öffentlichen Meinung einen ähnlichen Status hatte wie VW in Deutschland. Unser Ansinnen war insofern etwas heikel, weil in Spanien ein politischer Machtwechsel bevorstand, der sich zu diesem Zeitpunkt zwar bereits abzeichnete, aber noch nicht vollzogen war. Wenn unsere Gespräche einen Sinn haben sollten, mussten wir vor allem mit den kommenden politisch Verantwortlichen reden. So kam es zu einem Termin mit dem zukünftigen Transportminister Enrice Baron Crespo, der einige Jahre später dann auch Präsident des Europäischen Parlaments werden sollte. Er erklärte uns klipp und klar, dass auch eine sozialistische Regierung unter Felipe Gonzales zu einer Entschuldung SEATs vor einer Übernahme durch VW stehen würde. Dabei würde es sich immerhin um eine Größenordnung von annähernd 10% des spanischen Nationalbudgets handeln.

In einem weiteren Gespräch mit dem Präsidenten der spanischen Automobilzulieferer wurden wir eindringlich aufgefordert, pro SEAT zu entscheiden, wobei das gewaltige Potenzial der vielen SEAT-Händler in Spanien besonders herausgestellt wurde – bei einem Vertragsabschluss würden dann erheblich mehr Volkswagen- und Audi-Fahrzeuge in Spanien verkauft werden. Er stellte die besondere Leistungsfähigkeit und Bereitschaft der spanischen Zulieferer heraus, die zukünftig sehr gern auch für Volkswagen tätig sein würden.

In der Zentrale der spanischen Metallgewerkschaften ließ dann auch deren Vorsitzender keinen Zweifel an einer Befürwortung der Übernahme durch VW aufkommen, was seine katalanischen Kollegen während der Gespräche in den nächsten Tagen in Barcelona bekräftigten.

Die SEAT-Fabriken, die wir anschließend besichtigten, lagen in der »Zona Franca«, einem Freihandelsgebiet im Großraum des Hafens von Barcelona. Dort wurden wir empfangen wie Staatsgäste, hatte sich doch herumgesprochen, dass wir als Arbeitnehmervertreter im Aufsichtsrat einen großen Einfluss auf die endgültige Entscheidung nehmen konnten. Den Fabrikationsanlagen sah man an, dass schon seit geraumer Zeit kaum noch investiert worden war. Gleichwohl vermittelten uns sowohl das mittlere Management und als auch der Betriebsrat einen unbändigen Willen zu überleben.

In Barcelona ging es uns vor allem aber auch um das Votum der Gewerkschaften, wobei die den Sozialisten nahestehende UGT die klarste Position »pro VW« abgab. Eine ungewöhnlich hohe Beteiligung von Journalisten an einer Pressekonferenz am Abend, die die Gewerkschaft veranstaltete, signalisierte das große Interesse der Öffentlichkeit. Unsere Rolle auf dieser Pressekonferenz war etwas heikel, befanden wir uns doch noch weit im Vorfeld von Entscheidungen. Dennoch war die Berichterstattung sauber und fair, was nicht zuletzt die Reaktion in Deutschland bestätigte, wo unser Verhalten ausdrücklich – auch und nicht zuletzt vom Vorstand der VW AG – gebilligt wurde.

Unsere Empfehlung an unsere Kollegen nach dieser Reise war ein deutliches Ja für den Einstieg bei SEAT. Viele unserer Schlussfolgerungen von damals erwiesen sich als richtig: Die Entschuldung von SEAT wurde vom spanischen Staat vollzogen, die Exporte von in Deutschland produzierten Autos nach Spanien verdoppelten sich. Die spanischen Gewerkschaftskollegen waren in all den Jahren verlässliche Partner. Hier fand keinesfalls etwa eine Verlagerung in ein Lohnbilligland zulasten von Arbeitsplätzen in Deutschland statt. Es gab stets eine Kompensation zwischen SEAT und Volkswagen mit Teilezulieferungen aus Deutschland und der Verdoppelung des Absatzes in Spanien. Das spätere Finanzdebakel bei SEAT Anfang der 90er Jahre war meines Erachtens die Folge einer überzogenen Investitionspolitik, die letztlich aber in Wolfsburg abgesegnet worden war. Wer einmal die neue Fabrik in Martorell gesehen hat, der weiß, wovon ich spreche.

Gewerkschaftliche Entwicklungshilfe
Südafrika – Nigeria – Namibia

Das erste Mal in Südafrika (1982)

Trotz des turbulenten Auftaktes mit unserer »Mission« in Spanien war unsere Planung für das Jahr 1982 eindeutig auf Südafrika ausgerichtet, ein Land, in dem sich die Gewerkschaften gerade anschickten, politisches Profil zu erlangen, und dies trotz eines teuflischen Apartheidsystems, das alles andere als gewerkschaftsfreundlich war. Wir hatten bereits seit einer ganzen Weile Kontakt zu den Kollegen der gemischtrassischen Gewerkschaft in der VW-Fabrik in Uitenhage bei Port Elizabeth. Mit Hilfe der IG Metall war es gelungen, den Vorsitzenden der betrieblichen Shop-Stewards nach Deutschland zu holen. John Gomomo war ein interessanter junger Mann, der mit einer Geschwindigkeit lernte, die uns Respekt und Staunen abverlangte. Es war nur allzu selbstverständlich, Überlegungen anzustellen, wie wir möglichst schnell Kontakte vor Ort zur Unterstützung unserer Kollegen in Südafrika aufnehmen könnten.

Eine erste Reise war bereits für den Herbst 1981 geplant gewesen, die aber nicht zustandekam. Im Spätherbst des folgenden Jahres war es dann doch soweit. In einer kleineren Gruppe, bestehend aus vier Personen, flogen wir los. Wir hatten uns auf diese erste Reise besonders intensiv vorbereitet. Insbesondere die politischen Rahmenbedingungen wurden erörtert, sowohl was ihre Auswirkungen auf die VW-Fabrik und ihre Absatzmöglichkeiten betraf, als auch die Chancen, unter denen Gewerkschaftsarbeit überhaupt stattfinden konnte.

Die erstarrte politische Landschaft Südafrikas war erstmals wieder in Bewegung geraten. Die weltweiten Proteste gegen die Apartheid zeigten erste Erfolge. Die Spaltung der führenden weißen nationalen Partei machte dies vielleicht am deutlichsten. Ihr rechter Flügel lehnte zwar weiterhin jegliche Veränderungen ab, der weitaus größere Teil hatte aber scheinbar begriffen, dass es so nicht weitergehen konnte. Eine genauere Betrachtung der angeblichen Reformen – durch den damaligen Präsidenten Peter Willem Botha vorgestellt –, die den Bruch ausgelöst hatten, zeigte jedoch, dass sie keinesfalls die Rassenschranken überwinden sollten. In dem Vorschlag der Verfassungsänderung für ein Dreikammersystem, in dem die Weißen, die Inder und die Farbigen vertreten sein sollten, fehlte auch diesmal die größte Bevölkerungsgruppe, die Schwarzen. Die Homeland-Politik sollte beibehalten werden; in der täglichen Praxis wurden weiterhin unliebsame schwarze Bürger der Südafrikanischen Republik nach ihrer Stammeszugehörigkeit in die Homelands abgeschoben und verloren all ihre bisherigen Rechte.

Trotz der Fortschritte in der Arbeitsgesetzgebung, die ein Zugeständnis an die zunehmende Industrialisierung des Landes war, und der Abschaffung der so genannten kleinen Apartheid in den Betrieben – z.b. die Auflösung der bisherigen Trennung aller sozialen Einrichtungen zwischen Schwarzen und Weißen – gab es kein Entgegenkommen in der Rassenfrage. Auch der EG-Verhaltenskodex, den die Europäische Gemeinschaft gegenüber Südafrika erlassen hatte und den ich gemeinsam mit anderen im Europäischen Parlament noch zu verschärfen versuchte, hatte die Probleme des Landes noch nicht positiv beeinflusst. Es war eher von einer Stärkung der Gewerkschaftsbewegung Druck zu erwarten. Die schwarzen und gemischtrassischen Gewerkschaften gerieten immer stärker in die Rolle einer politischen Opposition – ob sie es wollten oder nicht.

Der Afrikanische Nationalkongress (ANC) und andere große Gruppen waren seit langem verboten, ihre Führer – allen voran Nelson Mandela – auf Robben Island, einer Insel vor Kapstadt, inhaftiert. Die Gewerkschaften bildeten keine homogene Einheit, Anfang der 80er Jahre gab es zwei Richtungen: die CUSA, die sich offen als »schwarze Speerspitze« darstellte, und die FOSATU, die sich als gemischtrassisch und nicht als Parteiersatz einordnete. Beide Richtungen waren sich allerdings absolut einig in dem Streben nach Beseitigung des Apartheidsystems. Erst wenn dies gelungen sei, könne von Reformen überhaupt gesprochen werden.

Gut gerüstet starteten wir am Montag, den 18. Oktober 1982, nach Südafrika. Wir hatten uns eine Menge vorgenommen. Schon unsere Anreise war unter den damaligen Verhältnissen ein Wagnis, hatten wir doch – sozusagen schwarz – einige zigtausend Mark dabei, die Walter Hiller, der Geschäftsführer des Gesamtbetriebsrats, in Verwahrung genommen hatte. Das Geld stammte aus einer Sammlung Wolfsburger Kolleginnen und Kollegen. Wir brachten das Geld gut durch die Kontrollen, und die Freude bei unseren Kollegen in Port Elizabeth war groß, konnte doch endlich ein Vervielfältigungsgerät angeschafft werden, das in den Büros der Autogewerkschaft dringend benötigt wurde. Schwierigkeiten bereitete jedoch noch der Umtausch des Geldes. Wir hatten natürlich nur D-Mark. An möglichst

Informationsbrett der FOSATU

vielen Stationen wurde das Geld in möglichst kleine Einheiten umgetauscht. Nur so war es überhaupt, ohne Verdacht zu erwecken, einsetzbar. Man stand noch immer unter ständiger Kontrolle.

In Johannesburg wurden wir bereits von Vertretern der VW of South Africa erwartet. Unser Besuch war für sie eine hochoffizielle Angelegenheit, waren wir doch als eine Delegation von Aufsichtsräten angekündigt. Der Vorsitzende des Aufsichtsrats der VW of South Africa, ein Herr Blohm, lud uns zum Abendessen ein und führte mit uns die ersten Gespräche über Afrika im Allgemeinen. Herr Blohm, deutschstämmig, bezeichnete sich selbst als »Sozialkapitalisten«, der nach der alten »Gutsherrenart« eine Art sozialer Verantwortung gegenüber seinen Leuten empfand. Er ließ erkennen, dass es mit der Apartheid keine Zukunft für Südafrika geben würde. Er wollte das Land mit großen Waldanpflanzungen überziehen – das war wohl sein größter Wunsch, und VW war seine große Liebe.

Am Tage darauf besuchten wir die Deutsche Botschaft in Pretoria. Unsere Gesprächspartner gingen in ihrem Vortrag auf die vorgeschlagenen Änderungen der Verfassung ein und bestätigten unsere skeptische Haltung. Auch sie glaubten, dass sie ohne die schwarze Mehrheitsbeteiligung nicht funktionieren könnten. Die Vertreter der Botschaft berichteten von weiteren Überlegungen, Südafrika in acht Wirtschaftsregionen einzuteilen, in die auch die Homelands einbezogen werden sollten. Dies liefe unter dem Stichwort »Dezentralisierung«. Interessant war ihre Feststellung, solange ein P.W. Botha Präsident sei, würde es keine Änderung der Machtverhältnisse in Südafrika geben. Er sei durch und durch burisch, und das bedeute, keinen Millimeter Macht abzugeben oder zu teilen. Vielmehr zielten seine Vorschläge auf eine Verfestigung der Machtstrukturen. Von unseren Gesprächspartnern wurde herausgestellt, für die Zukunft des Landes sei es wichtig, das System der Apartheid zu überwinden, eine Lösung in diese Richtung sei jedoch überhaupt noch nicht abzusehen.

In der Nähe von Pretoria statteten wir dem Voortrekker-Denkmal einen Besuch ab. Die Darstellung einer Wagenburg, in die man sich bei Gefahr zurückzieht, in dieser gewaltigen Anlage trifft die Mentalität der Buren auf den Punkt. Sie spiegelt wie keine andere ihren Glauben wider, sich in eine Wagenburg zurückziehen zu können, ohne Rücksicht auf Entwicklungen von außen nehmen zu müssen.

Nach unserer Rückkehr in Johannesburg hatten wir am Abend noch ein Gespräch mit Professor Wiehan, der als der Vater der neuen südafrikanischen Arbeitsgesetzgebung galt. Er gab sich sehr liberal und sprach von einer Föderation zwischen den Schwarzen und den Weißen, wobei die Apartheidsprobleme längerfristig gelöst würden. Er ließ allerdings auch keinen Zweifel an seiner Bewertung aufkommen, dass die Weißen dieses Land aufgebaut und ihre Kraft investiert hätten. Südafrika wäre die Heimat der Weißen, sie könnten nirgendwo anders hin. Die weißen Südafrikaner ließen niemals zu, dass sie wie die Weißen in Uganda oder Angola aus dem Land gejagt würden. Professor Wiehan, ein Kenner der südafrikanischen Gewerkschaftsszene, erklärte uns, er selbst sei für die deutsche Mitbestimmung, aber noch immer gäbe es in Südafrika das englische System. Man könne allerdings auch die deutsche Mitbestimmung nicht einfach übertragen. Für die südafrikanischen Gewerkschaften sei es aber wichtig, von den deutschen Gewerkschaften zu lernen. Deshalb regte er gegenseitige Besuche und den Austausch von Erfahrungen an. Er empfahl, dass südafrikanische Gewerkschafter in die Bundesrepublik und die deutschen Gewerkschaftskollegen nach Südafrika kommen sollten. Zu überlegen wäre auch die Durchführung gemeinsamer Seminare.

Am nächsten Morgen besuchten wir Soweto, einen Stadtteil in einer von uns nicht erwarteten Größenordnung, und waren überwältigt: Der Stadtteil hatte die Dimensionen einer Stadt mit überwiegend gleichmäßigen flachen Gebäuden, die sich wie auf eine Schnur gezogen aneinanderreihten. Wir bekamen einen ersten Eindruck von der Größe des schwarzen

Bevölkerungsanteils in diesem Land, aber auch von ihren miesen Lebensbedingungen. Es existierte zumindest für die Masse der Schwarzen z.b. ein Schulsystem mit nicht mehr als fünf bis sechs Jahren Schulzeit und – so wurde uns gesagt – überwiegend weniger qualifizierten Lehrern. Wir besuchten einen Kindergarten und waren beeindruckt von der ungekünstelten Freude der Kinder.

Mitten in Soweto, auf einem Hügel, stießen wir auf eine Darstellung der Geschichte der schwarzen Urbevölkerung, die sonst in den großen Städten kaum Ausdrucksformen hatte. Die Bevölkerung Sowetos arbeitet überwiegend in der »Stadt der Weißen«, die am Abend wieder verlassen werden musste – ein bedrückendes Bild!

Vor unserem Weiterflug nach Kapstadt hatten wir noch eine Begegnung mit Herrn Prof. Roux van der Merwe. Er war Inhaber eines von VW of South Africa geförderten Lehrstuhles für Arbeitsbeziehungen und ebenfalls ein Vertreter der Koexistenz mit der schwarzen Bevölkerung. Van der Merwe gehörte als Mitglied der nationalen Manpower-Kommission zu den wichtigen »Meinungsmachern« des Landes.

Ich habe die Informationen über die politischen und gesellschaftlichen Verhältnisse in Südafrika bewusst an den Beginn meines Berichtes gestellt. Es würde aber diesem Land einfach nicht gerecht, wenn ich die Eindrücke von der Landschaft und der Natur, die jeden bewegen, der mit dem Flugzeug Johannesburg ansteuert, nicht erwähnen würde. Nicht nur die Silhouette dieser modern wirkenden Stadt mit ihren eindrucksvollen Gebäuden, auch die Umgebung, geprägt durch den Goldbergbau mit seinen Abraumhalden, bleiben jedem in Erinnerung. Wir waren im Vorfrühling dort. Die Straßen waren gesäumt von einem Meer der blaublühenden Jakarandabäume, und überall gab es wunderschöne Parks, die allerdings noch immer nur getrennt nach Rassen zugänglich waren.

Ähnlich beeindruckend empfand ich Pretoria, eine sehr schöne Stadt in einer großen Talsenke gelegen. Von den Terrassen des Südafrikanischen Parlaments, das von April bis September in Pretoria auf einem Hügel oberhalb der Stadt tagte (von November bis März tagte es in Kapstadt), hatte man einen herrlichen Überblick über das ganze Tal. Die Hauptstadt Südafrikas vermittelte uns tatsächlich den Eindruck, als gäbe es kaum Schwarze in diesem Land. Dann kam aber die Rückfahrt, erneut durch ein schwarzes Township am Rande von Johannesburg: Müllberge, Wellblechbuden, Schmutz, Dreck – die Zeichen absoluter Armut, der krasse Gegensatz zu den vorigen Erlebnissen, mehr als bedrückend.

Noch am gleichen Abend flogen wir nach Kapstadt, wieder in eine unbeschreiblich schöne Stadt. Ich hatte gelegentlich das Gefühl, dass es eine geschickte Regie war, die dafür sorgte, dass wir zunächst die Sonnenseite des Landes zu sehen bekamen. Kapstadt gehört zu den Städten in Südafrika, die dem Nur-Touristen den Eindruck eines friedvollen Landes vermittelten, in dem die Weißen ohne jegliche Probleme leben – herrliche Straßenzüge sowohl neueren Datums als auch aus der Kolonialzeit, alles ganz holländisch geprägt. Festungsbauwerke mit alten Denkmälern lösten sich ab mit modernster Architektur. Besonders eindrucksvoll war die Besteigung des Tafelbergs, präzise des Signalhügels, von dem aus man einen phantastischen Blick über die Stadt, Hafen und Meer hatte. Überall in der Stadt existierten gepflegte Grünanlagen mit herrlichen Blumen, die friedlichste Idylle. Und doch liegt, nur wenige Kilometer von der Küste entfernt, Robben Island – die Insel, auf der Nelson Mandela, der spätere Präsident Südafrikas, und andere Mitkämpfer für die Befreiung der schwarzen Bevölkerungsmehrheit zu jener Zeit noch inhaftiert waren, nur weil sie für alle Afrikaner die gleichen Rechte wollten.

Wer Kapstadt besucht, wird das »Kap der Guten Hoffnung« nicht auslassen. Die Fahrt dorthin führte durch eine landschaftlich ausgesprochen schöne Strecke, überall, wo man auch hinschaute, ein einziges Blumenmeer. Das Kap selbst war auf andere Weise eindrucksvoll: Albatrosse umsegelten die Felsen, in der Ferne ein gestrandetes Wrack, die Farbe des Meeres von grün ins Blaue übergehend – Eindrücke, die noch nach Jahren Sehnsüchte erwecken!

Am nächsten Morgen flogen wir nach George, einem sehenswerten Ort an der »Gartenroute«. Ohne Aufenthalt ging es dann weiter mit einem Bus über die Berge nach Oudtshoorn in die so genannte »kleine Karoo«, der Beginn einer Halbwüste mit riesigen Straußenfarmen. Natürlich schauten wir ein Straußenrennen an, das für die Touristen vorgeführt wurde. Am späten Nachmittag ging es über eine wunderschöne Bergstrecke zurück zur »Gartenroute« nach Plettenbergbaai. Unser Hotel – das Bacon Island – war mindestens ebenso bekannt wie die »Gartenroute« selbst. Auch hier trafen wir auf viele Touristen, die – wenn sie zu Hause gefragt wurden – von den Problemen des Landes nichts gesehen hatten. Nachdem wir »ausgecheckt« hatten, ging es weiter mit dem Bus nach Port Elizabeth. Hier wurden wir bereits erwartet und mit großem Hallo von unseren Gewerkschaftskollegen aus der Fabrik in Uitenhage begrüßt. John Gomomo freute sich besonders, uns nach mehreren Begegnungen in Deutschland nun endlich in seiner Heimat begrüßen zu können.

Der nächste Morgen begann mit einem ersten Besuch in der Fabrik. Als Einstieg gab es eine ausgiebige Werksbesichtigung. Zu jenem Zeitpunkt hatte die Fabrik in Uitenhage 8.000 Werksangehörige und fertigte täglich

250 Fahrzeuge – eine phantastische Leistung, wenn man bedenkt, dass an diesem Standort sowohl der Golf Pick-up (Transporter), Passat, Jetta, Santana, und sogar der Audi 100 und 200 gefertigt wurden. Hinzu kamen noch Lohnaufträge, zum Beispiel Pressteile für Mercedes.

Der besondere Stolz unserer südafrikanischer Kollegen war ihr Ausbildungsprogramm! Bis zu unserem Besuch hatten bereits 279 junge Menschen ihren Abschluss hinter sich gebracht, davon allerdings nur vier Schwarze und 38 Mischlinge. Der Rest waren Weiße. Es gab insgesamt 222 Auszubildende, davon 50% Weiße und 50% Nichtweiße. Wieviele davon Schwarze waren, war nicht eindeutig herauszubekommen.

Die Ausbildung für Schwarze war ursprünglich noch in geschlossenen Räumen, sogar hinter zugezogenen Vorhängen begonnen worden. Nach den Regeln der Apartheid hatten sie kein Anrecht auf eine Berufsausbildung und waren für mindere Arbeiten vorgesehen. Das war jetzt zumindest geändert worden. Nicht zuletzt aufgrund auch des besonderen Engagements des Arbeitsdirektors Karl-Heinz Briam und unseres Betriebsratsvorsitzenden Siegfried Ehlers, die das Projekt Ausbildung in Südafrika besonders unterstützt hatten.

Im Jahre 1982 wurde das Projekt Ausbildung offiziell durch die Regierung gebilligt, was aber keineswegs freiwillig oder auf Grund besserer Einsicht, sondern vor allem unter dem Druck der Industrie geschah. Die Vorstellung, die bis dahin vorgeherrscht hatte – dringend benötigte Facharbeiter im Ausland anzuwerben –, war nicht länger umsetzbar. Wer wollte schon in ein Land, dessen Zukunft völlig unsicher war!

Das VW-Management setzte sich ebenfalls massiv für eine eigene Ausbildung ein. Den wenigen schwarzen Azubis war trotz dieses breiten Engagements der Abschluss einer Berufsausbildung fast unmöglich gemacht, weil sie dafür nach Johannesburg hätten fahren müssen, was sich die wenigsten Familien leisten konnten.

In einer ersten Gesprächsrunde mit dem Management wurden wir von Peter Searl, dem Direktor der Fabrik begrüßt, der in all den Jahren nicht nur stets ein seriöser Gesprächspartner war, sondern dem man seine liberale Haltung auch abnahm. Searl erklärte, dass vieles in der Fabrik durch das politische Umfeld stark belastet sei. Sowohl die Boykottdrohungen der westlichen Welt als auch die Rassenpolitik im eigenen Land bedrohten den betrieblichen Alltag. Die Bereitschaft zu Investitionsentscheidungen war gehemmt durch die Sorge vor der ungewissen Zukunft des Landes. Die Möglichkeiten einer vernünftigen Sozialpolitik endeten noch immer am Werkstor. Einer der schwarzen Shop-Stewards (vergleichbar unseren Vertrauensleuten) drückte den gleichen Sachverhalt aus anderer Sicht am

Mit Shop-Stewards in Uitenhage; rechts der Autor, links daneben John Gomomo

Nachmittag so aus: »Was nutzt es uns, dass wir hier in der Fabrik die gleichen Toiletten wie die Weißen benutzen oder in der gleichen Kantine sitzen dürfen. Wenn wir den Betrieb verlassen, finden wir alles unverändert wieder.« Gegenstand des Gesprächs mit Peter Searl waren aber auch unternehmensinterne Schwierigkeiten wie Klagen über zu hohe Verrechnungspreise für alle zugelieferten Teile. Die wiederholten Abwertungen des Rand (der südafrikanischen Währung) erschwerten das Ganze erheblich.

In dem sich anschließenden Gespräch mit den Shop-Stewards ging es interessanterweise um Investitionen. Die Erweiterung der Fabrik über den Fluss, der die Fabrikanlage begrenzte, war eine ihrer Forderungen, für die sie bei uns um Unterstützung nachsuchten. Diese Unterstützung auszudrücken, stand natürlich im Widerspruch zu vielen Beschlüssen unserer eigenen Gewerkschaft, die immer wieder den Boykott Südafrikas forderte. Dies machte besonders Gerd Kühl, dem Vertreter der IG Metall, erheblich zu schaffen. Aber war das Ansinnen unserer südafrikanischen Kollegen nicht verständlich bei den hohen Arbeitslosenzahlen von über 40% in den schwarzen Townships im Großraum von Port Elizabeth?

Die schwarzen Shop-Steward-Kollegen forderten uns auf, für ein Hausbau-Programm für die VW-Beschäftigten einzutreten. Da ihnen der Besitz von Grund und Boden nach den Rassengesetzen nicht erlaubt sei, sollte alles VW übernehmen und de facto an sie vermieten. Eine Idee, die auch aufgegriffen und lange Zeit praktiziert wurde. Die weitere Entwicklung der begonnenen Kontakte zu uns in Deutschland wurde ebenfalls ausgiebig erörtert. Den Abschluss des Gesprächs bildeten Klagen über das Fehlverhalten des mittleren Management, vor allem über Meister in der Produktion, denen man rassistisches Verhalten vorwarf. Sie würden jede Ernennung von Schwarzen in Vorgesetztenfunktionen aus Angst um die eigenen Privilegien blockieren und die Verabredungen zwischen Personalabteilung und den Shop-Stewards ständig sabotieren. Den letzten Punkt brachten wir am Nachmittag bei einem weiteren Gespräch mit Herrn Searl zur Sprache. Ein unmittelbares Ergebnis hatte diese Intervention nicht. Wir konnten aber bei weiteren Besuchen in den nächsten Jahren feststellen, dass es mittlerweile schwarze Führungskräfte gab, wenn auch vorerst nur auf der unteren Ebene.

Am Tage darauf besuchten wir Kwanobuhle, das Township, in dem sehr viele Mitarbeiter von Volkswagen zu Hause waren. Es machte einen guten Eindruck, die Häuser waren gepflegt und hatten teilweise sogar kleine Vorgärten. Kwanobuhle sollte zwei Jahre später zu traurigem Ruhm gelangen. Bei einer Beerdigung, die zur Demonstration gegen die Regierung der Apartheid genutzt worden war, wurden mehr als 40 Menschen von der Polizei erschossen. Wir besuchten den Kindergarten und die Schule. Der Schuldirektor warb sehr vorsichtig um unsere Unterstützung, er zeigte uns u.a. die Schulbücherei, die wirklich mehr als armselig war. Unsere spontanen Überlegungen, mit Bücherpaketen weiterzuhelfen, ließen sich leider nicht verwirklichen. Allerdings hatte ich anlässlich eines weiteren Besuchs in späteren Jahren Gelegenheit, auf andere Art zu helfen.

Die nächste Station unserer Rundreise war ein Wohngebiet der Farbigen, der »Coloured«. Wir waren von einem Gewerkschaftskollegen der NAAWU eingeladen worden, ihn in seinem Haus und im Kreise seiner Familie zu besuchen. Hier erlebten wir ein überaus freundliches Entgegenkommen von Menschen, die uns gerne bewirteten – etwas, das ich bei vielen dieser schwarzen Familien immer wieder erlebt habe.

Zurück in der Fabrik gab es – wie immer bei solchen Informationsreisen – eine Gesprächsrunde mit den deutschen Vertragsangestellten, die in Uitenhage im Einsatz waren. Vor allem ihr Informationsbedürfnis stand im Mittelpunkt. Sie wollten möglichst regelmäßig sowohl Exemplare der örtlichen deutschen Presse von zu Hause, Zeitungen aus Europa, bis zu VW-spezifischen Blättern (z.B. unseren »BR-Kontakt« und das »VW-Autogramm«) zugesandt haben. Einige dieser Wünsche konnten im Laufe der Jahre (übrigens für fast alle Standorte) verwirklicht werden. Am Nachmittag nahmen wir an einer Art Vertrauensleutesitzung (so würden wir zu Hause eine solche Veranstaltung bezeichnen) teil. Die inhaltliche Diskussion spiegelte das gesamte Spektrum wider, das ich bereits skizziert habe. Eines allerdings war überdeutlich: die Schärfe der Diskussion, vor allem, wenn es um Fragen der Apartheid, um Fragen Südafrikas schlechthin ging. Diese Diskussion verhieß für die Zukunft nichts Gutes.

Am frühen Abend kam es zu einem ersten Gedankenaustausch mit den hauptamtlichen Kollegen der NAAWU-Gewerkschaft Souls und Kettledas. Natürlich stand auch in diesem Gespräch der gerade zu dem Zeitpunkt in Südafrika heiß diskutierte Verfassungsentwurf mit dem besagten Dreikammersystem im Mittelpunkt. Es wurde uns von beiden Kollegen übereinstimmend erklärt, dass die FOSATU, der damalige Dachverband und Vorläufer der heutigen großen Gewerkschaft COSATU, dem auch die NAAWU angehörte, diesen Entwurf eindeutig ablehnte, weil die Schwarzen wieder vor der Tür bleiben würden. Die Kollegen waren fest davon überzeugt, dass die Arbeiterbewegung und ihre Gewerkschaften bei der Beseitigung der Apartheid in Südafrika eine dominierende Rolle einnehmen würden. Natürlich gebe es bestimmte Gruppen der Weißen – und hierzu zähle man auch Prof. Wiehan – die glaubten, dass sich langfristig die Rassenbeziehungen von selbst normalisieren würden. Das seien aber für sie Träumereien, solange die Apartheid nicht abgeschafft sei und alle Bürger Südafrikas die gleichen Rechte hätten, ginge überhaupt nichts. Sie erläuterten uns ihre schwierige finanzielle Situation und bedankten sich noch einmal ausdrücklich für die Spende der Wolfsburger Kolleginnen und Kollegen.

Wir diskutierten auch den EG-Kodex, was mich als Europaabgeordneten natürlich besonders interessierte. Die südafrikanischen Kollegen kritisierten, dass der Kodex sich doch überwiegend mit Fragen der »kleinen Apartheid« befasse – gemeinsame Kantinen, Toiletten usw., die die Industrie inzwischen schon selbst eingeführt habe. Zu den weiteren Inhalten des Kodex gingen die Kollegen ebenfalls vorsichtig auf Distanz, es sei zu viel Einmischung von außen dabei. Zum Beispiel sei die Forderung nach der Ausbildung junger Schwarzer inzwischen auch ohne die Hilfe der Europäer vorangekommen, weil durch die starke Industrialisierung ein großer Facharbeitermangel entstanden war und man zwangsläufig auch auf junge Schwarze zurückgreifen musste. Deshalb hielten sie den Kodex für überflüssig. Nur starke Gewerkschaften in Südafrika würden die Voraussetzungen schaffen, um die Verhältnisse zu ändern und nicht etwa ein Kodex der Europäischen Gemeinschaft. Ich hielt diese Bedenken und die daraus folgende Haltung für eine etwas überzogene Selbsteinschätzung und sollte durch die spätere Entwicklung Recht behalten.

Hinsichtlich der Einschätzung von Volkswagen of South Africa bestätigten sie das, was wir im Betrieb bereits gehört hatten: Zwischen der Gewerkschaft und dem Top-Management gab es ein relativ vernünftiges Verhältnis, wohingegen im Betrieb ständig vom mittleren Management gegen die Vereinbarungen gearbeitet würde – aus rassistischen Beweggründen. Zum Schluss wurde die Frage der weiteren Zusammenarbeit erörtert. Unsere südafrikanischen Kollegen unterstrichen die Notwendigkeit ständiger Kontakte mit gegenseitiger Information für die Verstetigung ihrer Arbeit. Sie äußerten den Wunsch, Kontakte auch auf der unteren Ebene zu ermöglichen; dadurch würden zusätzlich verbesserte Informationsmöglichkeiten über die Verhältnisse in Südafrika entstehen. Und um einen einigermaßen vollständigen Einblick in die Probleme vermitteln zu können, sollte der Aufenthalt in Port Elizabeth mindestens auf eine Woche angesetzt werden.

Den Abschluss unserer Begegnungen bildete die Einladung zu einer von der NAAWU organisierten Solidaritätsveranstaltung in einem riesigen Saal in einem der Vororte von Port Elizabeth. Das Ziel war, den Streikfonds der Gewerkschaft aufzustocken. Der Eintritt betrug 2 Rand, insgesamt 2.000 Karten wurden verkauft. Es war eine bunte Tanzveranstaltung und unsere Delegation stand im Mittelpunkt. Unsere »Ehrenplätze« befanden sich direkt unterhalb der Bühne und in der Nähe einer großen Kapelle. Was wir an Musik- und Tanzdarbietungen geboten bekamen, konnte jedem Vergleich standhalten: eine unwahrscheinliche Beweglichkeit und Lebensfreude zeichnete die jungen Männer und Frauen aus – es war phantastisch.

Am nächsten Morgen kamen wir noch einmal mit Peter Searl in unserem Hotel zusammen und anschließend ebenfalls noch einmal mit Prof. van der Merwe, dem Dozenten an der Universität von Port Elizabeth, der eine Präsentation des Lehrstuhls für Arbeitsbeziehungen vorstellte. Er interessierte sich für unsere Meinung über die aktuelle Situation Südafrikas. Wir machten deutlich, dass wir die Arbeitsbeziehungen in Südafrika zwar für entwicklungsfähig hielten, für die allgemeine Entwicklung jedoch das Schlimmste befürchteten.

Dann ging es zum Flughafen, zum Abflug nach Bloemfontein. Wir hatten uns entschlossen, das Angebot anzunehmen, von Bloemfontein aus mit einem VW-Bully quer durch den Oranje-Freistaat nach Lesotho zu fahren. Unser Ziel war Maseru, die Hauptstadt dieses kleinen Königreiches, eines zumindest auf dem Papier unabhängigen Binnenstaates, inmitten der Südafrikanischen Union. Lesotho war ökonomisch völlig von Südafrika abhängig. Es bestand eine Zoll- und Währungsunion. Etwa 120.000 Männer aus Lesotho arbeiteten zu jener Zeit in den Minen Südafrikas. Und doch war vieles anders als in Südafrika. Das Straßenbild in der Hauptstadt Maseru war geprägt von schwarzen Menschen, anders als z.b. in Johannesburg oder Pretoria. Man spürte förmlich, dass sie sich im Gegensatz zu den Farbigen in Südafrika als freie Bürger ihres Landes fühlten, was sich auch in ihrer Verhaltensweise widerspiegelte. Bei einer Rundfahrt durch die Berge Lesothos kamen wir in Dörfer, deren Bewohner zwar sichtlich arm waren, die Rundhütten jedoch, in denen sie lebten, machten einen gepflegten Eindruck. Das Dorfleben wurde weitestgehend von Frauen, Kindern und Alten bestimmt, die Männer arbeiteten in den Minen Südafrikas. Die sehr schön anzuschauende hügelige und bergige Landschaft war allerdings sehr stark von Erosion bedroht – Überweidung sei der Grund.

In Maseru hatten wir nicht nur die Möglichkeit zu Gesprächen in der Deutschen Botschaft, sondern auch mit Vertretern der deutschen Entwicklungshilfe. Die Entwicklungshelfer stellten uns ihre Projekte, die sie in Zusammenarbeit mit dem Bundesministerium für wirtschaftliche Zusammenarbeit organisierten, mit besonderem Engagement vor.

Lesotho war Mitglied im »AKP«, dem Afrikanisch, Karibisch, Pazifischen Paktabkommen mit der EU. Im Rahmen von Lomee II waren 12 Millionen Rand aus der Europäischen Union zur Verfügung gestellt worden, um ein großes Wasser- und Stromerzeugungsprojekt in Lesotho zu finanzieren, das u.a. das Ziel hatte, Strom und Wasser für Johannesburg zu liefern. Südafrika war mit der Hälfte der Kosten an diesem Projekt beteiligt. Stauseen, fünf Staudämme und ein 100 km-Tunnel sollten gebaut werden. Alles in allem nahmen wir interessante Eindrücke von dort mit, vor allem spürten wir, was es für Menschen bedeutete, nicht unter dem Apartheidregime leben zu müssen.

Nach zwei Tagen Lesotho ging es zurück nach Bloemfontein. Unsere Reiseroute führte uns über eine riesige Hochebene mit großen Farmgebieten und jeweils weit im Hintergrund liegenden Gebäudekomplexen. So weit man schaute, weideten riesige Viehherden, Rinder wie Schafe, alles war sehr einsam, eine gewaltige Fläche mit scheinbar nur wenigen Menschen. Von Bloemfontein aus flogen wir noch am selben Abend nach Johannesburg und machten noch einmal einen Abendspaziergang durch die Stadt. Erneut hatten wir den Eindruck, als gäbe es nur Weiße, die Schwarzen waren zurück in »ihren« Vorstädten.

Am nächsten Morgen begann der letzte Teil unserer Reise. Wir wollten zum Wochenende den Krüger-Nationalpark besuchen und flogen nach

Skukuza, einem kleinen Flughafen mitten im Busch. Von dort aus ging es weiter mit einem Landrover nach Mala-Mala, einem Camp in Privatbesitz. Mala-Mala ist ein riesiges privates Wildgehege in einer Größenordnung, die einem das Gefühl absoluter Grenzenlosigkeit vermittelt – und doch nur am Rande des Krüger-Parks gelegen. In kleinen Rundbauten untergebracht, erlebten wir hautnah absolute Natur: Über weite Strecken der Nacht Gebrüll, Gekeife und Gekläffe einer unbekannten Tierwelt.

Morgens und abends ging es mit dem Landrover zur Safari, am Steuer der Wildhüter, ein Weißer, der demonstrativ eine riesige Büchse vor sich liegen hatte, und hinten auf dem Fahrzeug der Scout, ein Schwarzer. Es gab tatsächlich alles zu sehen, was Afrika zu bieten hat: Giraffen, Elefanten, Nashörner, Zebras, große Büffelherden und eine Vielzahl von Antilopenarten sowie Löwen, Geparde und Herden von Wildhunden. Am nächsten Morgen dann noch einmal für knapp drei Stunden Safari, noch einmal unvergessliche Erlebnisse: Löwen auf der Jagd, Flusspferde wie Ungetüme aus grauer Vorzeit. Es wirkte auf uns alles wie eine noch heile Welt. Zurück im Camp, frühstückten wir ausgiebig – das war der Abschluss dieser in jeder Hinsicht eindrucksvollen Reise; die Tage waren für uns wie im Flug vergangen.

Neben den geschilderten überwältigenden Eindrücken, die die Natur des Landes bei uns hinterließen, gehörten die gesammelten Informationen über die sozialen und politischen Verhältnisse Südafrikas und vor allem über die gewerkschaftlichen Erfolge und Probleme zu den wichtigsten Ergebnissen dieser Reise. Hinzu kommt, dass all dies Mitauslöser war für eine umfangreiche Unterstützung und Hilfsaktion der deutschen VW-Belegschaften für die Beschäftigten der VW-Fabrik in Südafrika.

Zwischenstationen: Frankfurt , Nordfrankreich, München

Am Ende des Jahres kam es auf Einladung von Eugen Loderer zu einer Zusammenkunft in der Zentrale der IG Metall in Frankfurt. Der Vorsitzende der IG Metall schlug in Absprache mit dem Gesamtbetriebsratsvorsitzenden Siegfried Ehlers vor, eine Zwischenbilanz der Reihe von Informationsreisen zu ziehen. Fast parallel zu unserer Reise nach Südafrika waren andere Mitglieder des Gesamtbetriebsrates in mehreren Delegationen in Brasilien, Argentinien, den USA und Mexico gewesen, um die begonnenen Kontakte auszubauen. In Frankfurt sollte es vor allem um Schlussfolgerungen gehen, die wir aus den Erkenntnissen auf diesen Reisen zusammengetragen hatten. Land für Land wurden die Reiseberichte vorgetragen und einzeln diskutiert. Danach wurden die weiteren Schritte abgestimmt. Wer sollte mit wem welche Gespräche führen. Dabei ging es keinesfalls nur um den eigenen Konzern. Es ging auch darum, die gewerkschaftspolitischen Einflussmöglichkeiten in Bonn und Brüssel zu nutzen.

Auf der Frankfurter Tagung wurde beschlossen, im kommenden Jahr eine größere Veranstaltung vorzubereiten, bei der es genau um diese Inhalte ging und an der sowohl die Vorsitzenden der Vertrauensleute als auch die Bevollmächtigten der IG Metall-Verwaltungsstellen aus allen VW- und Audi-Standorten teilnehmen sollten. Sie wurde Anfang 1983 in Wolfsburg durchgeführt, und ihre Beschlüsse und Empfehlungen fanden sowohl Niederschlag in strategischen Entscheidungen des VW-Konzerns als auch in der Politik der IG Metall.

Zum Abschluss der Frankfurter Tagung wurde die seit geraumer Zeit gängige Praxis, in kleineren Gruppe zu reisen, bekräftigt. Es wurde erneut konkret festgelegt, wer für welchen Standort die Kontakte zu halten hatte. Ich würde weiterhin gemeinsam mit Gerd Kühl vom IG Metall-Vorstand und erstmals mit Hans-Jürgen Uhl, unserem neuen Mitarbeiter im Gesamtbetriebsrat, sowohl für die europäischen Standorte als auch für Südafrika zuständig sein.

Bevor wir über weitere Südafrika-Aktivitäten nachdenken konnten, bestimmte zunächst einmal das Tagesgeschäft den betrieblichen Alltag. Ein als großer Schritt für eine Zusammenarbeit europäischer Automobilbauer gefeiertes Kooperationsgeschäft zwischen Volkswagen und Renault, der Bau eines großen automatischen Getriebes beschäftigte insbesondere den Betriebsrat im Werk Kassel. Die vereinbarte Produktionsteilung zwischen dem Volkswagen-Standort Kassel und einer Tochtergesellschaft von Renault in Ruiz bei Lille in Nordfrankreich warf viele Fragen auf, so dass wir uns in Abstimmung mit dem Gesamtbetriebsrat entschlossen, dort im April einen Besuch zu machen. Es ging dabei sowohl um den Vergleich von Fertigungszeiten als auch um alle uns als Betriebsräte interessierenden Fragen.

Diese Reise war eine einzige Enttäuschung. Der Verfall der französischen Gewerkschaftsbewegung war bereits weit fortgeschritten und das gesamte Vorhaben stand unter einem schlechten Stern. Ich behaupte bis heute: Auf beiden Seiten waren Kräfte am Werk, diese Zusammenarbeit zu sabotieren. Das begann bereits im Stadium der gemeinsamen Entwicklung, die vorausgegangen war. Es war mir später oft peinlich, wenn mich Jacques Delors, der Präsident der Europäischen Kommission, in Brüssel oder in Straßburg nach dem Fortschritt dieser Zusammenarbeit fragte; er war seinerzeit an deren Zustandekommen beteiligt gewesen.

Trotz aller Ungereimtheiten wurde die Schaffung der technischen Kapazitäten vorangetrieben, zumindest in Kassel. Aber wegen unüberbrückbarer Streitigkeiten der Entwickler auf beiden Seiten standen die Kapazitäten über viele Monate ungenutzt herum. Dann erfolgten erneute Abänderungen am Produkt durch die Entwicklungsabteilungen, verbunden mit Umrüstkosten an den technischen Fertigungsanlagen in Millionenhöhe. Das alles wurde verursacht nicht zuletzt durch den fehlenden Willen der Nachfolger Toni Schmückers, dieses Projekt zum Erfolg zu führen. Erst viel zu spät begann dann die Serienfertigung und die Konkurrenz war schon lange mit einem vergleichbaren Produkt auf dem Markt.

Ein weiterer Höhepunkt des Jahres 1982 war der Gewerkschaftskongress der IG Metall in München. Es war inzwischen zu einer Selbstverständlichkeit geworden, dass der VW-Gesamtbetriebsausschuss am Rande des Gewerkschaftstages eine Sitzung abhielt, der sich stets ein VW-Abend mit allen Delegierten aus den VW-Standorten anschloss. Inhaltliche Abstimmungen unserer eigenen Strategie mit der Politik der IG Metall waren dabei stets das Thema. München blieb mir auch deshalb besonders in Erinnerung, weil erstmals John Gomomo als Mitglied einer südafrikanischen Gewerkschaftsdelegation dabei war. Natürlich nahm er an all unseren Veranstaltungen teil, und ich konnte mit ihm unsere inzwischen geplante und zeitlich festgelegte zweite Reise nach Südafrika, die am Ende des Jahres 1983 stattfinden sollte, durchsprechen. Wegen der zunehmenden politischen Brisanz waren unsere Aktivitäten in Südafrika für die IG Metall besonders wichtig geworden. Gerd Kühl, der auch zu den drei hauptamtlichen Gewerkschaftsvertretern im VW-Aufsichtsrat gehörte, wurde sozusagen mein Kompagnon in Sachen Südafrika. Für die geplante Reise im November 1983 wurden wir wie immer, sowohl von der IG Metall als auch von der internationalen Abteilung beim Arbeitsdirektor mit allen aktuellen Daten versorgt.

Desolate Zustände (Nigeria 1983)

Mitten in unsere Reisevorbereitungen hinein wurde uns plötzlich vonseiten der Unternehmensleitung der Wunsch übermittelt, bei der diesjährigen Afrika-Reise der VW-Nigeria ebenfalls einen Besuch abzustatten. Volkswagen betrieb seit Mitte der 70er Jahre ein Joint-Venture in Lagos. Auf CKD-Basis (CKD heißt completely knocked-down; d.h. es handelt sich um ein Montagewerk mit komplett importierten Komponenten) wurden dort die verschiedensten VW-Modelle montiert.

Elend in der Millionenstadt Lagos

Bis heute ist mir der Beweggrund dieser Einladung schleierhaft geblieben. Die Fabrik stand während unseres gesamten Aufenthaltes still, ein Zustand, der schon geraume Zeit andauerte. Der Zusammenbruch des Welt-Ölpreises hatte in Nigeria zu riesigen Devisenverlusten geführt. Alle Einfuhren wurden staatlich reglementiert. Das bedeutete, zu montierende Teile aus der Bundesrepublik, aber vor allem aus den brasilianischen Volkswagenwerken, mit denen man eng zusammenarbeitete, kamen nur noch nach Genehmigung der nigerianischen Regierung ins Land. Die Wirtschaft war inzwischen ein einziges Chaos, und demgemäß die gesamte soziale Situation. Blanke Not bei den breiten Massen, Elend vor allem in der Millionenstadt Lagos. Die einzige Erklärung für diesen gewünschten Besuch: Man wollte uns wegen der Situation in Südafrika ein von Schwarzen geführtes Land vorführen, die nicht mit den Problemen des Landes fertig wurden.

Trotz seines desolaten Zustandes stand aber Nigeria damals gemeinsam mit den meisten schwarzafrikanischen Staaten in einer Boykottfront gegen Südafrika. Die Folgen für uns: Mit dem Südafrika-Visum im Pass gab es keine Einreisemöglichkeit nach Nigeria. Ein zweiter Pass musste also her. Auch die Flugmöglichkeiten Frankfurt-Lagos, Lagos-Nairobi, Nairobi-Johannesburg, also quer durch Afrika mit einer afrikanischen Fluglinie, dämpften etwas unsere Euphorie für diese Reise.

Und doch flogen wir am 3.11. zu dritt – neben mir Gerd Kühl und Dr. Lutz Below von der internationalen Abteilung beim Arbeitsdirektor – nach Lagos. Bereits auf dem dortigen Flugplatz bekamen wir einen Einblick in die korrupte Gesellschaft dieses Landes. Ein Angestellter eines angeblichen VW-Reisebüros lotste uns mit Hilfe eines schwarzen Polizeioffiziers, der eher aussah wie ein Operettengeneral, ungehindert durch eine Vielzahl von Kontrollen zu den Laufbändern, um unsere Koffer zu holen. Was da auf den Laufbändern aus dem Bauch des Flugzeugs kam, war schon mehr als abenteuerlich: elektrische Kleinmotoren, alle möglichen Ersatzteile und Zubehör für Automobile, kleinere Maschinenteile und Anlagen aller Art. Dies zeigte nicht zuletzt die katastrophale Versorgungslage.

Auf der Fahrt in die Stadt gab es ständig Fahrzeugkontrollen, wobei unser Fahrer, bei verriegelter Tür, die Scheiben nur millimeterweit öffnete, um irgendein mysteriöses Papier hindurchzuschieben. Die Erklärung lautete, man sei sich nie sicher, ob es sich tatsächlich um staatliche Sicherheitskräfte handele. Schon häufig seien Autofahrer ausgeraubt und ohne Fahrzeug zurückgeblieben. Die Fahrt zum Hotel gestaltete sich bei sehr hohen Temperaturen und einer hohen Luftfeuchtigkeit trotz später Stunde wegen des noch immer starken Verkehrs mühselig. Der nächste Morgen bescherte uns bereits in früher Stunde einen Vorgeschmack auf das höllische Klima in Lagos. Beim Treffen in der Hotelhalle lief uns das Wasser schon wieder aus allen Knopflöchern. Die hohe Luftfeuchtigkeit machte das Atmen zu einer Belastung. Spätestens jetzt verstand ich die Bemerkung von Kasseler Kollegen, die in Lagos gearbeitet hatten, vom »Vorhof der Hölle«.

Wir fuhren auf teilweise sehr modernen Straßen zur Fabrik. Ganze Straßenzüge waren, ebenso wie der gesamte Hafenbereich, während des Ölbooms von dem deutschen Bauriesen Bilfinger und Berger gebaut worden, dessen Firmenzeichen wir in den nächsten Tagen noch in vielen Teilen des Landes sehen sollten. Bei jedem Halt – und diese Stopps waren häufig – boten fliegende Händler alle erdenklichen Waren an. Waren, die es in Europa sonst nur in großen Kaufhäusern zu kaufen gibt. Wir fuhren vorbei an riesigen Plätzen, auf denen teilweise Markt abgehalten wurde, Müll und Dreck eingeschlossen. Rund herum ein einziges Vekehrschaos. Das Besondere an dem Verkehrschaos waren aber die Fahrzeuge, riesige LKW, die ihre besten Jahre schon lange hinter sich hatten, Schrottlauben, hoch beladen mit Menschentrauben. Überall der Eindruck des Verfalls. Erstmals sah ich einen toten Menschen am Straßenrand liegen und hatte den Eindruck, das kümmerte niemanden. Ein erschreckendes Bild – menschliches Leben hatte offenkundig hier einen geringen Wert.

Wir fuhren vorbei an Kasernen, an Soldaten, bis an die Zähne bewaffnet, in eine Fabrik, von der man uns mehr die Außenanlagen zeigte als das Innere. Was sollte es es auch schon in einer stillstehenden Fabrik zu sehen geben? Die Vertreter des Werkmanagements bemühten sich natürlich, uns ihre schwierige Lage darzustellen. Die Produktion ruhte bereits seit Anfang Oktober und die weiteren Aussichten, Devisen von der Nationalbank zu bekommen, waren düster. Die Absatzmöglichkeiten im Lande seien zwar gut, aber man habe ja keine Autos, man könne nicht liefern. Darüber hinaus bringe der rapide sinkende Wert der nigerianischen Währung der Gesellschaft beträchtliche Wechselkursverluste. Und eine staatliche Preiskontrollbehörde verhindere eine zeitgerechte Anpassung der Verkaufspreise an die zusätzlich wirksamen Kosten.

Auf unsere Fragen, wie die Arbeiter die Einkommensminderung verkraften würden, wurde uns erklärt, man habe zunächst mit den Gewerkschaften vereinbart, Resturlaubsansprüche aus 1983 vorab zu entnehmen. Seit der vollständigen Stillegung ab Anfang Oktober galt die Regelung: Lohnkürzung um zwei Tage pro Monat. Die vorab bezahlten Arbeitstage würden durch Sonderschichten im nächsten Jahr abgearbeitet. Für die schwarzen Arbeitnehmer in der Fabrik war gerade eine neue Personalabteilung eingerichtet worden, mit einem neuen Personalchef, der einen recht guten Eindruck hinterließ.

Bei einem Besuch in der Deutschen Botschaft wurde uns insbesondere die politische Situation des Landes geschildert. Diese wurde vor allem durch die unterschiedlichen ethnischen und religiösen Gruppen beeinflusst. So waren große Industrie- und Infrastrukturprojekte der letzten Jahre sorgfältig über die einzelnen Bundesstaaten verteilt worden, auch wenn es wirtschaftlich völlig unsinnig war, z.B. Stahlwerke mitten im Land ohne jegliche Infrastruktur, ohne vernünftige Verkehrsanbindung. Die tonangebende ethnische Gruppe im Land seien die »Haussa«, Moslems, die auch den amtierenden Präsidenten Shagari stellten, der seit dem Ende der Militärregierung im Jahre 1979 im Amt war und gerade erneut mit großer Mehrheit bestätigt wurde. Hinter vorgehaltener Hand wurde auch in der Botschaft ständig angedeutet, dass dies nicht mehr lange gutgehen würde. Eine Militärdiktatur sei die einzige Chance, dieses Land aus der wirtschaftlichen Krise zu führen. Eine befremdende Denkweise diplomatischer Vertreter von Demokratien, vor allem auch deswegen, weil offensichtlich die wirtschaftlichen Fehler noch von der alten Militärregierung eingeleitet worden waren.

In den Jahren des Ölbooms, Mitte bis Ende der 70er Jahre, wurde viel Geld in prestigeträchtige Industrialisierungs- und Infrastrukturprojekte gesteckt: Raffinerien, Stahlwerke, die Gründung einer neuen Hauptstadt im Landesinneren, Ausbau bzw. Neubau von Häfen, Flughäfen und einem aufwendigen Stadtautobahnnetz in Lagos. Dagegen wurde die Landwirtschaft vernachlässigt. Die Industrialisierung rief Wanderungsbewegungen in die Städte hervor. Lagos hatte in 1983 bereits sechs Millionen Einwohner. Traditionelle Exportprodukte, wie Erdnüsse, wurden nur noch für den Binnenmarkt produziert oder mussten, wie z.b. Palmkernöl, importiert werden. Der Zusammenbruch des Ölmarktes seit 1981 bescherte diesem Land, das sich völlig abhängig von der Erdölförderung gemacht hatte, katastrophale wirtschaftliche Daten.

Mit diesem Hintergrundwissen begannen wir unsere Gespräche mit den Vertretern der beiden Gewerkschaften, die bei Volkswagen Nigeria tätig waren. Die Begegnung mit unseren Gewerkschaftskollegen war auch in Nigeria äußerst schwierig. Es gab nicht nur Auffassungsunterschiede über gewerkschaftliche Interessenvertretung, sondern auch die ihnen zugewiesenen Aufgaben unterschieden sich deutlich von unseren. Darüber hinaus existierte eine völlig zerrissene Gewerkschaftslandschaft, die eigentlich nur aus Beschäftigten im öffentlichen Dienst bestehen konnte. Von 30 Millionen Erwerbstätigen im Land erzielten etwa 3 Millionen ein regelmäßiges Einkommen. Davon waren wiederum 2,7 Millionen im öffentlichen Dienst und 0,3 Millionen in der Industrie tätig. Diese Zahlen stammen aus den 70er Jahren. Die große Masse waren aber Landarbeiter, Gelegenheitsarbeiter und Händler aller Art. Die Zahl der Gewerkschaftsmitglieder wurde uns zwischen eins und drei Millionen angegeben.

Die Gewerkschaften waren 1983 noch immer das Produkt der Militärregierung, die 1978 mit einem Gesetz die Gewerkschaftsszene in Nigeria neu strukturierte. Angestellte gehören zum »Seniorstaff«, Arbeiter zum »Juniorstaff«. Die Beiträge hatten die Firmen abzuziehen und der Gewerkschaft zu geben. Internationale Bindungen waren untersagt.

Die bei VW Nigeria tätigen Auto- und Transportgewerkschaften waren wie beschrieben organisiert, allerdings hatten sich diese »Prinzipien« inzwischen etwas gelockert. Die »Juniorstaff« gehörte zum IMB, dem Internationalen Metallarbeiter Bund, wobei ich den Verdacht nicht loswurde, dass sie gleichzeit auch noch Mitglied im »Bund Freier Gewerkschaften« des Ostblocks waren. Die »Seniorstaff« wollte gerade zum Zeitpunkt unseres Besuchs Mitglied im IMB werden, und wir sollten ihnen dabei helfen. Sie bedauerten zwar uns gegenüber ihre Trennung im Betrieb, taten aber beide nichts, um diesen Zustand zu beenden. Beide Gruppen forderten eigene Büros in der Fabrik, und dies wurde ihnen auch in unserem Beisein zugesagt. Eine weitere Forderung bezog sich auf die Förderung

Nigerianische Gewerkschaftsvertreter

Schwarzer für Führungspositionen, die noch überwiegend von Deutschen besetzt waren. Die von Gerd Kühl spontan zugesagte Unterstützung durch die IG Metall brachte ihn, aber auch mich, anlässlich von Reisen nigerianischer Gewerkschaftskollegen nach Europa in späteren Jahren häufig in Schwierigkeiten, hatten sie doch unser Angebot zu wörtlich genommen und erwarteten stets besondere Aufmerksamkeiten.

Natürlich fand auch in Lagos ein Gespräch mit den deutschen Vertragsangestellten statt. Neben ihrer berechtigten Klage über mangelhafte Vorbereitung für den Einsatz in einem solch schwierigen Land und ihrer Sorge um die Probleme ihrer Wiedereingliederung bei ihrer Rückkehr nach Deutschland, wurden vor allem die Schwierigkeiten des privaten Lebens in Lagos diskutiert. Es gab kaum Kontakte zu Nigerianern, Reisen in das Landesinnere galten als gefährlich. Öffentliche Einrichtungen wie Krankenhäuser, aber auch evtl. nötige Kontakte zur Polizei – sie galt als bestechlich – wurden gemieden. Die Isolation der Ehefrauen in einem fast geschlossenen Camp führte sehr oft zu Eheproblemen. Häufigere Familienheimfahrten wurden gefordert.

Während einer privaten Begegnung am gleichen Abend, die in einer überaus freundlichen Atmosphäre mit den Familien einiger Topmanager stattfand, wurde eine ähnliche Diskussion geführt. Bei dieser Begegnung herrschte teilweise Goldgräberstimmung, auf der anderen Seite wurde ein

72

erhebliches Isolationsverhalten sichtbar, wie schon am Nachmittag im Camp. Zum Leben gehört eben doch mehr als materielle Sicherheit, Haushaltshilfen etc. Das fehlende kulturelle Angebot, der ständige Kontakt mit immer nur dem gleichen Personenkreis, die Sorge um die Zukunft und die Angst vor den Folgen des Abnabelns von zu Hause – alle diese Punkte waren nicht zu überhören.

Nach unserer Rückkehr habe ich in mehreren Gesprächen den Verantwortlichen in Wolfsburg die Situation geschildert und auf Konsequenzen gedrängt. Zumindest die Vorbereitung der Vertragsangestellten und die ihrer Frauen für einen Nigeria-Aufenthalt wurde danach verbessert.

Die Möglichkeit, etwas mehr über Land und Leute zu erfahren und dem Moloch Lagos zu entfliehen, bot sich uns am Wochenende. Die üblichen Vergnügungen für Besucher aus Deutschland waren ein Wochenendaufenthalt an der Beach, einer vorgelagerten Insel, mit Faulenzen in der Sonne, Angeln und Bootsfahrten. Aber es gab auch die Möglichkeit, in den Norden des Landes zu fliegen, um in der klimatisch günstigeren Hochebene die Tiere Afrikas in freier Wildbahn zu erleben und Ansiedlungen der Urbevölkerung zu besuchen. Sowohl der Personalchef von VW Nigeria, ein Herr Abu Dafi, als auch Herr Holstein, der Produktionsleiter, boten sich an, uns zu begleiten.

Schon allein wegen der versprochenen, besseren klimatischen Bedingungen nahmen wir die Einladung zu diesem Ausflug an. Mit leichtem Handgepäck ging es am Samstag früh auf den Flughafen. Es ging erstaunlich schnell, im Nu standen wir in einer Schlange auf dem Flugfeld, bereit zum Einsteigen. Das war's dann allerdings vorerst. Bei ständig steigenden Temperaturen erlebten wir eine Auseinandersetzung zwischen der irischen Besatzung – Iren flogen damals die Maschinen der nigerianischen Fluggesellschaft – und Kerosinlieferanten, die erst dann den Sprit herausrücken wollten, wenn der Flugkapitän das Geld bar auf den Tisch gelegt hätte.

Das alles klappte jedenfalls nach einiger Zeit und die Maschine hob ab in Richtung Bauchi, einer größeren Stadt, einige hundert Kilometer weiter im Norden des Landes gelegen, wo wir eine Zwischenlandung eingeplant hatten. Von da aus sollte es dann weitergehen nach Kano fast an der Grenze zum Niger. Ein vor uns sitzender Passagier, der sich als Israeli vorstellte, fragte uns nach unseren Reiseplänen. Er warnte uns eindringlich vor dem Irrglauben, von Bauchi aus eine Maschine nach Kano zu bekommen. Er empfahl uns, auf jeden Fall ab Bauchi unsere Reise mit dem PKW fortzusetzen. Dass unsere Begleiter – Insider, Afrikaner – diese Warnung ernstnahmen, zeigte sich spätestens bei der Weiterfahrt nach Kano, die wir dann tatsächlich mit drei Autos aufnahmen: Drei Autos bei fünf Personen, warum das Sinn machte, das sollte uns erst nach einigen Stunden Fahrt bewusst werden.

Zunächst einmal jedoch zu unserer ersten Station Bauchi: Eine relativ große Ansiedlung mit einer sehr guten Infrastruktur, vor allem, was die Versorgung der Bevölkerung anbetraf. Beiderseits der Straßen boten Händler, Handwerker, Kaufleute aller Art ihre Waren im Freien an. Und wir fanden einen riesigen Markt mit in Reihen angeordneten Marktständen und einem tollen Angebot an Obst, Gemüse, Früchten des Landes. Aber auch Fleischwaren waren in großer Fülle vorhanden. Hier war das Leben bereits stark vom Islam geprägt. Die Moschee war der Mittelpunkt der Stadt.

Nach dem Anmieten der Autos ging es weiter in Richtung Kano. Wir reisten durch eine wunderschöne, teilweise gebirgige Landschaft, die etwas an Skandinavien erinnerte, allerdings keine Fichtenwälder hatte, sondern Zedern und Eukalyptusbäume. Unterwegs kilometerweite völlig intakte Straßenstücke, Zeichen des einstmaligen Ölbooms und des kurzfristigen Reichtums des Landes. Plötzlich nach zig Kilometern tauchten als Warnung verrottete Maschinen der Firmen »Bilfinger und Berger« oder »Strabag« Deutschland auf, und danach gab es nur noch katastrophale Lehmstraßen mit riesigen Löchern. Die Gefahr von Achsbrüchen war hier keine Utopie. Hinzu kam, dass es zwar nicht mehr so schwül war wie in Lagos, aber die hohen Termperaturgrade vernichteten trotzdem kurz hintereinander die Klimaanlagen von zwei unserer Autos. Nun wussten wir also, warum wir diese Reise mit drei Fahrzeugen unternommen hatten.

Unterwegs besuchten wir den Gral einer afrikanischen Großfamilie, eine Reihe von Rundhütten mit den verschiedensten Zuordnungen, wobei wir natürlich nicht allzu viele Bewohner zu sehen bekamen. Die weiblichen wurden vor den Blicken der Fremden verborgen. In einem großen Rundbau wurde ein größeres Palaver mit uns abgehalten. Der Klanführer wollte uns mit aller Gewalt eine große, mit Schwarzpulver geladene Büchse vorführen, in der Hoffnung auf ein gutes Geschäft mit uns. Wir waren heilfroh, ohne größeren Schaden wieder herauszukommen.

Auf der Weiterfahrt erlebten wir einen Markttag auf dem Land mit einem unwahrscheinlich bunten Treiben. Ich hatte erstmals das Gefühl, Außenseiter zu sein, ein Gefühl, wie es dunkelhäutige Menschen bei uns wohl oft auch haben.

Je nördlicher wir kamen, desto gepflegter wurde der landwirtschaftliche Anbau, die Anbauweisen ähneln denen, wie wir sie in Europa kennen, allerdings mit anderen Feldfrüchten – z.B. Erdnussfelder, so weit das Auge reicht. Dann erreichten wir Kano, eine interessante Stadt mit einem neueren Teil, Industrieansiedlungen von italienischen, schwedischen und sogar österreichischen Investoren, auf der anderen Seite noch gut erhaltene Bausubstanz aus der englischen Kolonialzeit und eine Altstadt, bei deren Besuch man sich in das Mittelalter zurückversetzt fühlte. Kano galt als die südlichste Anlaufstelle von Karawanen aus den großen Wüstengebieten des Nordens. Eine orientalische Stadt, mit einem großen islamischen Zentrum. Um die alte Stadt herum große, aus Lehm gestampfte Mauern mit imposanten Bauwerken. Auf den Plätzen: Tuchfärber, die in Erdlöchern ihre Stoffe färbten. Ein Markt, auf dem noch alles in Naturalien angeboten wurde: Salzsteine etc. Die hygienischen Verhältnisse waren für einen Mitteleuropäer weniger gut erträglich, die Fäkalien flossen in einem tiefen Graben mitten durch die Stadt. Wir waren in einem kleinen Hotel untergebracht, dessen Zustand jeder Beschreibung spottete. Dennoch gab es zu unserer Überraschung eine große Speisekarte mit einem reichhaltigen Angebot.

Leider konnten wir das Angebot nicht ausgiebig nutzen, hatten wir hier doch von einem in Kano ansässigen VW-Händler, der Kontakt mit Lagos hatte, die Mitteilung erhalten, dass unser Freund und Kollege Rudi Anklam, Betriebsratsvorsitzender des Werkes Salzgitter, einem Herzschlag erlegen war. Gerd Kühl entschied, die Reise sofort abzubrechen und zurück nach Deutschland zu fliegen, ohne Diskussion schloss ich mich dieser Entscheidung an. Das war allerdings nicht so einfach – wir waren mitten in Afrika. Aber letztlich klappte es. Wir bekamen Platz in einer Maschine nach Lagos, von wo es zurück nach Frankfurt ging. Noch in der gleichen Woche nahmen wir an seiner Beerdigung in Salzgitter teil. Unsere Entscheidung, nicht nach Südafrika weiterzureisen, hatte bei unseren dortigen Kollegen volles Verständnis gefunden, wie ich später erfahren sollte.

Verschärfung der Situation (Südafrika 1984)

Dass mein nächster Südafrikaaufenthalt bereits im Frühjahr des Jahres 1984 sein sollte, kam auch für mich überraschend. Aber das hatte etwas mit mir und meiner Frau, speziell mit unserer Silberhochzeit, zu tun. Wir hatten seit langem geplant, aus diesem Anlass endlich eine größere Reise gemeinsam zu unternehmen. Am Rande einer Gesamtbetriebsrats-Sitzung deutete ich dies an, spontan empfahlen mir meine Kollegen, doch nach Südafrika zu reisen. Zum einen gäbe es die Möglichkeit, das nachzuholen, was im letzten Jahr durch den Tod Rudi Anklams nicht möglich war, zum anderen könne mir VW Südafrika bei der Planung für den privaten Teil unserer Reise behilflich sein. Trotz erheblicher Bedenken meiner Frau, die nicht zu Unrecht befürchtete, dass der private Teil der Reise wieder einmal zu kurz kommen könnte, nahm ich die Überlegung auf und beschloss, so zu verfahren.

1984 war nicht gerade ein glückliches Jahr für ausgedehnte Reisepläne, standen doch bereits im März Betriebsratswahlen und im Juni die Wahl zum Europäischen Parlament an, für das ich erneut kandidierte. Aber unsere Silberhochzeit war nun einmal in diesem Jahr und wie sich später herausstellen sollte, war es richtig, Südafrika als Reiseziel ausgewählt zu haben. Heute wissen wir, jeder Besuch, jede Reise damals in dieses Land, vor allem aber zu denen, die für die Abschaffung der Apartheid standen, war Hilfestellung und moralische Stütze zugleich.

Während der Vorbereitung für unsere Reise stellte sich heraus, dass Karl-Heinz Briam fast zum selben Zeitpunkt ebenfalls in Südafrika sein würde. Wir verabredeten selbstverständlich ein Zusammentreffen. Um den Termin koordinieren zu können, mussten wir unser Zusammentreffen in die Mitte unseres privaten Aufenthaltes legen. Wir flogen im gerade zu Ende gehenden europäischen Winter ab, um in Johannesburg den dort bereits beginnenden Herbst zu erleben, allerdings mit Temperaturen wie bei uns im Hochsommer. Nach nur kurzem Aufenthalt in Johannesburg – wir wollten uns erst auf dem Rückweg Stadt und Umgebung anschauen – ging es direkt weiter zum Krüger-Nationalpark. Unser eigentliches Vorhaben, die Viktoria-Fälle in Namibia zu besuchen, war wegen der dortigen Unruhen leider nicht möglich. Aber der Besuch im Krüger-Park entschädigte uns nicht nur, sondern es war ein eindrucksvolles Erlebnis. Wir sahen die ganze Palette der afrikanischen Tierwelt: Antilopen, Springböcke, Gnus, Giraffen, Elefanten, Rudel von Löwen, um nur einige zu nennen. Aber dies war es ja, was den besonderen Reiz Afrikas ausmachte. Man muss ihn einmal erlebt haben, den atemberaubenden Sonnenuntergang im Süden Afrikas; eine Dämmerung, die uns in Deutschland vom Tage in den Abend und in die Nacht geleitet, gibt es nicht, es wird übergangslos dunkel. Fast gleichzeitig setzt das Konzert der Stimmen des Urwalds ein. Und trotz vieler Geräusche herrscht eine fast friedliche Idylle – völlig im Gegensatz zur Entwicklung des Landes draußen.

Zurück in Johannesburg bekamen wir sehr schnell die Verschärfung der Situation des Landes zu spüren. Ein Besuch in Soweto war zwar noch möglich, aber andere Townships wie z.B. Alexandria seien für Weiße inzwischen zu gefährlich geworden, wie uns ein Taxifahrer warnte. Die gesamte Atmosphäre der Stadt hatte sich verändert, so dass wir möglichst

Übergabe des VW-Busses in Kawabuhle

schnell unseren Weiterflug nach Port Elizabeth antraten. Dort wurden wir bereits erwartet und herzlich empfangen – sowohl von unseren Gewerkschaftskollegen als auch von Karl-Heinz Briam, der mit seiner Frau angereist war. Aber auch hier wurden wir schnell aus unserer Urlaubsstimmung herausgerissen, nüchtern holte uns der Alltag wieder ein. Der Vorsitzende der VW-Shop-Stewards, John Gomomo, berichtete von ständig zunehmenden Schwierigkeiten, vor allem in den Townships, die natürlich auch vor den Fabriktoren nicht haltmachten: Die Jungen lehnten sich immer mehr gegen die Alten auf, sie wollten nicht länger warten.

Trotz dieser Probleme und Schwierigkeiten statteten wir dem Township Kawabuhle einen Besuch ab. Karl-Heinz Briam hatte es mir überlassen, dem dortigen Kindergarten einen VW-Bus zu übergeben. Es handelte sich dabei um die Einlösung einer im Jahr 1982 angedeuteten Unterstützung aus Deutschland. Der Bus wurde dringend benötigt, um die Kinder aus den verschiedenen Townships in den zentralen Kindergarten zu fahren. Bei der Übergabe trugen die Kinder Lieder und Gedichte vor. Die schönste Danksagung waren jedoch die glänzenden Augen der Kleinen, die mit dem Gefährt nacheinander eine Probefahrt machen durften. Teilnehmer der kleinen Feierstunde war auch Peter Michalzik, Sozialattaché der Deutschen Botschaft in Pretoria. Wir hatten bereits in Johannesburg ein Treffen mit ihm gehabt. Er war nach Uitenhage gekommen, um mit uns gemeinsam die Fortschritte des Qualifizierungsprogramms in der VW-Fabrik zu besichtigen. Es war schon erstaunlich, was sich seit dem Beginn der 80er Jahre hier getan hatte. Dies fand die volle Unterstützung unserer südafrikanischen Gewerkschaftskollegen. Und sie setzten all ihre Kraft daran, die Mitarbeiterinnen und Mitarbeiter – vor allem ihre schwarzen Brüder und Schwester – für Aus- und Weiterbildung zu motivieren und diese mit allen Mitteln zu fördern. Kein leichtes Unterfangen, wurde den Schwarzen Ausbildung doch sonst noch immer von der weißen südafrikanischen Gesellschaft als nicht erstrebenswertes Ziel weitestgehend vorenthalten.

Natürlich nutzten meine Gewerkschaftskollegen die Anwesenheit des Arbeitsdirektors. In einer vorab mit mir vorbereiteten Gesprächsrunde trug John Gomomo die ganze Palette ihrer Sorgen und Probleme vor und forderte Abhilfe. Dabei ging es vor allem um das Fehlverhalten einiger weißer Vorgesetzter, denen rassistisches Verhalten vorgeworfen wurde, aber auch Fragen materiellen Inhalts für die Beschäftigten wurden erörtert. Meine Frau, die in diesen Tagen weitestgehend auf sich gestellt der Apartheid in den verschiedensten Facetten begegnete, war voller Entrüstung über einige ihrer Gesprächspartnerinnen (u.a. einige Frauen deutscher Vertragsangestellter), die trotz der offen sichtbaren Diskriminierungen kaum etwas von den Problemen des Landes wussten oder wissen wollten.

Eine Gesprächsrunde mit den deutschen Vertragsangestellten verlief ziemlich harmonisch, obwohl sonst die Diskussionsfreude eher heftige Gespräche beförderte. Es mag an der Anwesenheit des Arbeitsdirektors bzw. obersten Personalchefs gelegen haben oder auch daran, dass Karl-Heinz Briam, als begeisterter Skatspieler bekannt, anschließend zu einem Turnier eingeladen hatte. Für mich war es jedenfalls das erste Mal, dass ich bei über 40 Grad im Schatten Skat spielte! In einem Abschlussgespräch mit meinen südafrikanischen Gewerkschaftskollegen nahm ich eine Reihe von Wünschen entgegen und versprach, dass es möglichst schnell zu weiteren Kontakten kommen sollte.

Nach einer herzlichen Verabschiedung von allen, auch neu gewonnenen Freunden begannen wir den dritten, nun wieder privaten Teil unserer Reise mit dem Weiterflug nach Kapstadt. Zuvor hatten wir noch einen halb offiziellen Auftritt zu erfüllen: Die deutsche Botschaft hatte uns zum Mittagessen eingeladen. Die Botschaft arbeitete im halbjährigem Wechsel, wie das südafrikanische Parlament, in Pretoria bzw. wie eben jetzt in Kapstadt. Das Gebäude der Botschaft lag in einer landschaftlich reizvollen Umgebung, und der Botschafter und seine Gattin, die aus ihrem Abscheu gegen die Apartheid keinen Hehl machte, waren sehr angenehme Gastgeber.

Am nächsten Tag ging es dann bei herrlichem Wetter zum Kap – erneut ein unvergessliches und zugleich gegensätzliche Gefühle hervorrufendes Erlebnis: Eine überwältigende Landschaft und Natur mit Blumen, hochaufragenden Felsen und segelnden Albatrossen und eine Stadt, ein Land, in dem alle Menschen, egal welcher Rasse und welcher Religion hätten gut zusammen leben können. Und doch: Nur wenige Kilometer vor der Stadt, auf der Insel Robben Islands saßen noch immer Nelson Mandela und viele andere Bürgerrechtler in Haft – nur weil sie schwarz waren und gegen das Apartheidsystem gekämpft hatten. Bei diesem Besuch erlebten wir erstmals auch junge Weiße, die Sorgen um ihre Zukunft äußerten und sich sehr deutlich gegen das Apartheidsystem aussprachen. Und wir trafen weiße Touristen aus Simbabwe, die aus dem früheren Rhodesien berichteten, dass sich dort tatsächlich ein erstes vorsichtiges Zusammenleben mit den Schwarzen zu entwickeln begann. Also gab es doch auch für Südafrika eine Hoffnung? Für Simbabwe war das leider ein Trugschluss, denn Jahre später kam es dort erneut zu Rassenauseinandersetzungen.

Während des gesamten Rückfluges nach Deutschland ging über Afrika ein Gewitter nach dem anderen nieder – faszinierend anzusehen und doch ein Symbol für die Zukunft dieses Kontinents zugleich.

Unruhen, Massaker und doch ein wenig Hoffnung (Südafrika 1985)

Das Jahr 1984 war sehr hektisch gewesen. Nach den Betriebsratswahlen erfolgte sogleich die Konstituierung der Gremien, sowohl am eigenen Standort als auch auf Konzern- und Gesamtbetriebsratsebene. Im Bereich internationaler Kontakte liefen bereits die Vorbereitungen für das Jahr 1985. Erstmals sollte – in Zusammenarbeit mit der Evangelischen Kirche – eine größere Gruppe von Vertrauensleuten und Betriebsräten aus allen Werken gleich zu Beginn des neuen Jahres nach Südafrika reisen. Ziel war die erneute Ausweitung der durch den »Intersoli-Arbeitskreis« der Wolfsburger IG Metall begonnenen Verbreiterung der Plattform gut informierter Kolleginnen und Kollegen. Alle diese Aktivitäten fanden auch die Unterstützung des VW-Vorstandes und des südafrikanischen VW-Managements. Südafrika war nun nicht mehr nur Sache eines kleinen elitären Kreises, sondern fester Bestandteil gewerkschaftlicher Aufgaben in den Vertrauenskörpern der Volkswagenwerke.

Auch wir hatten für das Frühjahr 1985 einen Aufenthalt in Südafrika geplant. Erstmals sollte Hans-Jürgen Uhl, der seit geraumer Zeit als Nachfolger von Walter Hiller Fachreferent im Gesamtbetriebsrat war, uns begleiten. Ein Glücksfall, sollte Hans-Jürgen Uhl in den späteren Jahren zum Garanten für die Aufrechterhaltung der Kontakte nach Südafrika werden. Die Lage hatte sich inzwischen dramatisch zugespitzt. Schulboykotte, fast tägliche Massendemonstrationen in den schwarzen Gemeinden waren an der Tagesordnung. Häuser von angeblichen Verrätern der »schwarzen Sache« wurden angezündet. Diejenigen Schwarzen, die aufgrund ihres Berufs oder ihrer Funktion beständig mit den Weißen zu tun hatten, mussten um ihr Leben fürchten. Mehrmalige Fahrpreiserhöhungen für die öffentlichen Verkehrsmittel, auf die gerade die schwarze Bevölkerung besonders angewiesen war, ließen die Situation eskalieren. Eine zusätzliche Verteuerung der Grundnahrungsmittel goss weiteres Öl ins Feuer.

Viele der Protestaktionen wurden von Jugendlichen ausgelöst, die den Älteren Versagen im Kampf gegen die Apartheid vorwarfen. In Port Elizabeth war eine Reihe von Studentenführern inhaftiert worden, ohne dass ihnen der Prozess gemacht wurde. Das schürte die Unruhe unter den Jugendlichen zusätzlich. An den Gewerkschaften vorbei gab es in den Betrieben Aufrufe zur Arbeitsniederlegung, verfasst von einer extremen Jugendgruppe der UDF. Es kam immer wieder zu Demonstrationen, an denen vor allem junge Menschen beteiligt waren. Die Polizei knüppelte sie rücksichtslos nieder. In den Monaten Februar und März hatte es mehrere Tote gegeben, die von der Polizei erschossen worden waren.

Im Gebiet von Uitenhage kam es dann zur Katastrophe: Die Beerdigung von drei Gewerkschaftskollegen sollte zu einer Demonstration genutzt werden. Am 20.3.85 riefen die Gewerkschaften in den Betrieben zur Arbeitsniederlegung für den nächsten Tag auf. Am späten Nachmittag des gleichen Tages verbot der Magistrat von Uitenhage die Beerdigung, die erst zu einem späteren Zeitpunkt zugelassen werden sollte. Die Arbeiter hatten aber bereits die Fabrik verlassen, so dass eine Information über den Betrieb nicht mehr möglich war. In einer am gleichen Abend im Township Lanka stattfindenden Gewerkschaftsversammlung versuchte man in letzter Minute, eine Eskalation zu vermeiden und das Ganze abzublasen. Die Jugendlichen, die an diesem Abend besonders stark vertreten waren, bezichtigten die warnenden Stimmen des Verrats. Am nächsten Morgen marschierten vor allem die Jugendlichen trotzdem los. Ob sie nun die Toten holen wollten oder sofort nach Kwanabuhle unterwegs waren, wie die Polizei später behauptete, lässt sich heute nicht mehr genau feststellen. Sie mussten auf jeden Fall durch ein Gebiet der Weißen. Und das reichte der Polizei; sie schoss die Demonstration brutal zusammen: Es gab über 40 Tote, darunter auch junge Menschen aus der Fabrik von Volkswagen.

21. März 1985 – Massaker in Langa-Uitenhage

Während der Unruhen am Ostkap war es üblich, alle Opfer, die von der Polizei erschossen worden waren, an Wochentagen zu begraben, wie dies vom Magistrat des Bezirks verordnet wurde. So war es für die Arbeiter schwierig, die Opfer zu identifizieren, da diese begraben wurden, während sie bei der Arbeit waren. Am Dienstag, dem 19.3.85, wurde in den Fabriken über eine Schießerei diskutiert, bei der ein Organisator der FOSATU-NUTW, der Bruder des Kameraden Freddy Magugu, während eines Hausbesuchs bei einem anderen Opfer von Polizeischießereien erschossen worden war.

Anlässlich des Treffens des Uitenhage Youth Congress (UYCO) am Abend des 19.3.85 wurden die Leute aufgerufen, am Begräbnis von drei Personen teilzunehmen, die ebenfalls von der Polizei getötet worden waren. Es wurde beschlossen, diese Begräbnisse am Donnerstag, dem 21.3.85, abzuhalten (am 25. Jahrestag des Massakers von Sharpville am 21.3.60). Wir glauben, dass die Polizei erst davon erfuhr, als der Aufruf zum Ausstand erfolgte, damit die Leute zum Begräbnis gehen konnten. Nach diesem Treffen mit den Arbeitern wurden die Betriebsobmänner angewiesen, der Firmenleitung folgendes mitzuteilen:

1. Die Arbeiter würden am Donnerstag und Freitag, 21.-22.3.85, nicht zur Arbeit kommen, da sie am Begräbnis der von der Polizei getöteten Personen teilnähmen,

2. Die Arbeiter würden in Zukunft in jeder Woche freie Tage nehmen, um zum Begräbnis von Opfern des Polizeiterrors zu gehen, falls der Magistrat nicht die Verordnung aufhebe, Beerdigungen nur während der Woche stattfinden zu lassen.

Die Betriebsobmänner in allen Fabriken einigten sich auf ein einheitliches Vorgehen, und so wurden die Firmenleitungen vom Beschluss der Arbeiter unterrichtet. Die Arbeiter verließen also am Mittwoch, dem 20. März, die Fabriken in dem Einverständnis, dass sie am 21. und 22. nicht arbeiten würden und dass ein Bericht über den obigen Punkt 2 in der folgenden Woche einlaufen werde.

Am Nachmittag des 20. März um 16.15 Uhr wurde den ganztags beschäftigten Betriebsobmännern bei VW vom Unternehmen mitgeteilt, dass der Magistrat angeordnet habe, alle Beerdigungen von Polizeiopfern würden von nun an an den Wochenenden stattfinden, und die Beerdigungen, welche für den kommenden Tag, also für den 21. geplant seien, würden ebenfalls am Sonntag, dem 24. März, stattfinden. Zu diesem Zeitpunkt hatte bereits der Großteil der Arbeiter das

Werk verlassen und konnte so nicht mehr benachrichtigt werden. So beschlossen die Betriebsobmänner, den UYCO entsprechend zu unterrichten, da dieser für den Abend ein Treffen in Langa-Uitenhage geplant hatte.

Um 18.00 Uhr traf Bruder Gomomo den Bruder Sam Ncedise Sitoto vom UYCO und berichtete ihm über die Entwicklung und den Beschluss des Magistrats, nun auch die Begräbnisse vom Donnerstag, den 21. März, auf Sonntag, den 24. März, zu verlegen. Sitoto sagte zu, diese Information dem Treffen in Langa zu überbringen, da diese auch als sehr wichtig angesehen wurde, und da die Vertreter der FOSATU aufgrund anderweitiger Tätigkeiten nicht an dem Treffen teilnehmen konnten. Bei dem Treffen der UYCO am selben Abend unterrichtete Sitoto die Anwesenden von diesen Entwicklungen. Zu einem späteren Zeitpunkt während des Treffens stellte T. Kobese vom MACWUSA fest, daß sich die Leute nicht von der VW-Elite und den Ankündigungen der Polizei beirren lassen sollten, sondern dass sie nach Avbob marschieren, die Toten abholen und sie, wie geplant, am 21. beerdigen sollten.

Am 21. März begannen die Leute (in der Hauptsache Jugendliche und Studenten) ihren Marsch. Ob sie die Toten abholen oder nach Kwanobuhle marschieren wollten, ist nicht sicher, doch wurden sie von der Polizei niedergeschossen. Die Zeitungsberichte über diesen schrecklichen Vorfall beweisen klar und deutlich den schwerwiegenden Fehler der U.D.F.-Führung in Uitenhage, welche die Polizei in ihrem Verhalten unterschätzt und zu einem solch selbstmörderischen Unternehmen aufgerufen hatte.

Unter denjenigen, die am 21. März von der Polizei erschossen wurden, befanden sich zwei Mitglieder der NAAWU, Kamerad B.G. Blaauw und E.B. Dlala von VW, die Töchter von Kamerad Jackson Vena von Good-Year und M. Sampies von VW, schwer verletzt wurde Kamerad C. Pinini von Borg Warner, der in die Brust geschossen wurde.

Schätzungsweise wurden ca. 40 Leute erschossen, doch bisher sind nur 22 dieser Leute namentlich bekannt. Es ist nicht bekannt, wo die übrigen Personen verblieben sind.

Auszug aus dem Bericht der NAAWU an ihre Mitglieder bei VW-Uitenhage vom 19. April 1985

Nur knapp drei Wochen nach diesen grausamen Ereignissen kamen wir mit unserer Delegation in Südafrika an. Nach unserer Ankunft in Johannesburg flogen wir sofort weiter nach Port Elizabeth. Schon bei der ersten Begegnung am Abend im Hotel spürten wir die gedrückte Stimmung. Am nächsten Morgen sollten wir direkt die Fabrik in Uitenhage besuchen. Wir kamen zum Werkstor, wurden aber zunächst nicht hereingelassen. Es würde nicht gearbeitet und zur Zeit gäbe es eine Demonstration auf dem Werksgelände. Der Verantwortliche des Werkschutzes erklärte, man sehe sich außerstande, für die persönliche Sicherheit der Besucher zu garantieren. Wir machten dem Werkschützer unmissverständlich klar, wer wir waren und was wir wollten, und innerhalb kürzester Zeit waren wir mitten im Werksgelände.

Nachdem wir John Gomomo getroffen hatten, bat er uns sofort, zu einer Kundgebung mitzukommen, die auf dem Werksgelände stattfinden sollte. Er erklärte, der Teufel sei los; die ganze Situation draußen in den Townships habe dazu beigetragen, dass auch in der Fabrik der kleinste Anlass zur Explosion führen könne. Konkret ginge es diesmal darum, dass die Werksleitung die Zahlungstermine für die Löhne verändern wolle, ohne eine rechtzeitige Information an die Belegschaft gegeben zu haben. Natürlich seien die Turbulenzen der letzten Wochen mit daran schuld. Deswegen sei es jetzt absolut nötig, die gesamte Belegschaft zu informieren.

Mir kam in dieser Situation eine heikle Aufgabe zu: Ich sollte zu den südafrikanischen Kolleginnen und Kollegen sprechen. Eine solche Protestversammlung, bei der die Teilnehmer nicht eine Minute ruhig stehen, vielmehr durch rhythmische Bewegung und monotonen Gesang den Redner begleiten, versetzt einen selbst in eine immer größere Unruhe. Vielleicht war auch Angst mit im Spiel. Ich war Weißer, und ich hielt meine Rede in deutsch – sie musste jeweils übersetzt werden. Aber alles ging gut! Einen solchen Auftritt habe ich nie wieder erlebt. Daher kann ich ihn auch nicht vergessen. Ein Mitarbeiter des Arbeitsdirektors, mit dem wir bereits am Vorabend zusammengetroffen waren und der uns die nächsten Tage begleiten sollte, hat meinen Auftritt verfolgt und seine Eindrücke aufgeschrieben. Anlässlich meines Ausscheidens aus dem Volkswagen-Konzern teilte er mir in einem Brief mit, welchen Eindruck die Abläufe dieses Tages auf ihn gemacht haben: »Die VW-Unternehmensleitung Südafrika versuchte, uns am Morgen vom Ort des Geschehens fernzuhalten. Der Gruppe wurde erklärt, es sei viel zu gefährlich, das Werksgelände zu betreten. Man sehe sich außerstande, für die persönliche Sicherheit zu garantieren. Deswegen sei es besser, sich diesmal touristischen Zielen zu widmen. Herr Mihr ließ sich aber von solchen Sirenenklängen nicht sonderlich beeindrucken. Nach energischem Widerspruch ging es in die Fabrik. Herr Mihr wurde bereits von seinen Kollegen erwartet. Er wurde sofort von John Gomomo gebeten, mitzukommen. Wir anderen sahen ein wenig später aus dem Bürofenster, wie Herr Mihr inmitten einer nach Tausenden zählenden Menschenmenge, die er um Haupteslänge überragte, wie ein Fels in der Brandung eine Rede hielt. Trotz aller sichtbarer Unruhen hörte man ihm zu. Da war nichts von Aggressivität oder Feindschaft gegenüber einem Weißen. Da war sichtbar Vertrauen gegenüber einem Manne, von dem man wusste, dass er sich schon lange für die Gleichbehandlung von Schwarzen und Weißen einsetzte.«

Eine von uns gewünschte Besichtigung des Wohnungsbaus in einer der Gemeinden wurde aus Sicherheitsgründen abgesagt. Nach Aussage unserer Gewerkschaftskollegen sei derzeit jeder Weiße eine Provokation, vor allem für die Jugendlichen. Nach dem turbulenten Auftakt kamen wir im Laufe des Tages doch noch zu geordneten Gesprächen. Das Werkmanagement war vollständig anwesend, als Peter Searl, der erste Mann in der Fabrik, die schwierige Lage schilderte. Für mich war es immer wieder erstaunlich und bewundernswert zugleich, dass ein Mann wie Searl sich so massiv gegen die Handlungen der Polizei aussprach; ihr brutales Verhalten zerstöre jegliche Versuche eines Miteinander. Trotz allen Terrors gab es in Südafrika immer wieder mutige Weiße, die sich offen für eine Koexistenz zwischen Schwarz und Weiß aussprachen. Einer davon war ein Ingenieur, Herr Dubsky, den ich schon aus seiner Zeit in Kassel kannte. Er hatte sich das besondere Vertrauen der schwarzen Belegschaft und seiner Shop-Stewards erworben.

Am Nachmittag schilderten uns die südafrikanischen Gewerkschaftskollegen noch einmal hautnah die dramatischen Abläufe der letzten Wochen und Monate. John Gomomo und seine Freunde waren mehrere Male mit dem Tode bedroht worden, und auch heute noch würden immer wieder Kollegen aus der Fabrik nach Hause gerufen, weil ihre Familien bedroht worden sind.

Am nächsten Tag holten wir unseren Gang durch die Fabrik nach. Erfreut konnten wir festellen, dass die Bildungswerkstätten fast fertiggestellt waren. Was da geschaffen worden war, konnte sich sehen lassen: Von Schulungen für Menschen, die bisher noch nie einer organisierten Arbeit nachgegangen waren, bis hin zur hochqualifizierten Weiterbildung reichte das Angebot. Innerbetrieblich gab es nun ausgezeichnete Bedingungen und zudem die Möglichkeit, das gesamte Bildungsangebot erheblich auszuweiten, wenn – ja, wenn endlich die Lebensbedingungen in diesem Lande dies zuließen.

Am späten Nachmittag kam es zu einer Sitzung mit den gewerkschaftlichen Vertrauensleuten. Hier wurde noch einmal das ganze Elend dieser Menschen deutlich. Viele waren mit ihren Familien direkt betroffen, hatten Tote und Verwundete zu beklagen. Einige wussten noch nicht einmal, wo ihre Angehörigen eigentlich geblieben waren, ein Teil der Verwundeten war in entfernte Krankenhäuser gebracht worden. Eine Diskussion, die mir ziemlich unter die Haut ging.

Zum Abschluss unseres offiziellen Aufenthaltes in Port Elizabeth bzw. Uitenhage trafen wir uns zu einem gemeinsamen Essen mit den Shop-Stewards und Vertretern des Managements, zu dem wir im Namen der VW AG-Deutschland eingeladen hatten. Hier zeigte sich, dass trotz aller Probleme das Menschliche nicht ganz verschüttet war.

Die nächsten beiden Tage – es war ein Wochenende – flohen wir förmlich aus dieser bedrückenden Atmosphäre am Ostkap. Wir nutzten ein Angebot von VW Südafrika und fuhren mit einem Kleinbus entlang der Garten-Route nach Plettenberg Bay. Das Meer dort lud zum Schwimmen ein; unser Ansinnen nach einem Bad im Meer verursachte bei den Südafrikanern nur ein Kopfschütteln: zu dieser Jahreszeit? Die Garten-Route war noch immer das Eldorado der Weißen, hier konnte man den Eindruck gewinnen, als gäbe es überhaupt keine Probleme in diesem Land. Dies war auch die Meinung einiger deutscher Urlauber, die wir in unserem Hotel trafen.

Nach unserer Rückkehr nach Port Elizabeth am Sonntagabend waren wir Gäste der Familie Robinson. Brian Robinson, der Personalchef der VW of Africa, war ein typischer Vertreter der Kap-Region: liberal in der Haltung, aber ein selbstbewusster weißer »Südafrikaner«. Wir kannten uns bereits seit unserer ersten Reise, er hatte uns auf mehreren Touren durch verschiedene Gebiete Südafrikas begleitet. Es war ein angenehmer Abend in einer herzlichen Atmosphäre, der uns die bedrohliche Situation des Landes für einige Stunden vergessen ließ.

Am nächsten Morgen kam dann doch noch das Gespräch mit den hauptamtlichen Kollegen Kettletas und Souls in der Zentrale der Autogewerkschaft in Port Elizabeth zustande. Die beiden waren die ganze Woche unterwegs gewesen. Die Ereignisse der letzten Zeit hatten sie geprägt und ihre Spuren hinterlassen, sie befürchteten für die Zukunft das Schlimmste. Mit herzlichen Grüßen an die deutsche IG Metall verabschiedeten sie uns. Danach fuhren wir direkt zum Flughafen und mit dem Flugzeug ging es weiter nach Johannesburg.

Den Abschluss des Tages bildete ein Gespräch mit einem Vertreter der Wissenschaft: Professor Webster von der Whitewater-Universität in Johannesburg. Er erläuterte uns aus seinem Blickwinkel die Situation des Landes. Das Erstaunliche war, dass er an eine Lösung der Probleme noch in diesem Jahrzehnt glaubte, womit er sogar Recht behalten sollte.

Am Tage darauf waren wir im Hause der südafrikanischen Kirchen (Khotso House – South African Council of Churches) zu Gast und hatten

Das Haus der Kirchen in Johannesburg

Gelegenheit, mit Dr. Kistner und Dr. Bayas-Naute, den dort führenden Leuten, zu sprechen. Uns interessierte ihre Einschätzung der weiteren Entwicklung Südafrikas, vor allem aber ihre Beurteilung der Wirkung des inzwischen weltweiten Boykotts. Wenn man den leisen Tönen lauschte, war ein wenig Optimismus zu hören. Die zunehmende Isolierung Südafrikas in der Welt zeige inzwischen Wirkung. Der Boykott, verbunden mit dem Stopp jeglicher Investitionen aus dem Ausland, wurde grundsätzlich bejaht, aber man unterschied zwischen den Arten von Investitionen. Ihre größte Sorge war, dass die Ärmsten der Armen, die »Schwarzen Südafrikas«, davon am härtesten betroffen sein würden. Dem ganz in der Nähe liegenden neu eingerichteten Büro des Internationalen Metallarbeiterbundes statteten wir ebenfalls einen Besuch ab. Brian Frederiksen, einer der Verantwortlichen, war noch mitten im Umzug, er erläuterte uns, wie schwierig noch immer Koordinierungsversuche zwischen den Gewerkschaften in Südafrika seien.

Danach fuhren wir weiter nach Pretoria. Wir waren zum Mittagessen in die Deutsche Botschaft eingeladen. Die Herren Ziefer und Michalczyk von der Botschaft und als weiterer Gast Professor Wiehan, mit dem wir schon bei früheren Besuchen Kontakt hatten, waren unsere Gesprächspartner. Natürlich wurde die aktuelle Lage erörtert, wobei die Herren vor allem an unseren Eindrücken der letzten Tage interessiert waren. Den Nachmittag verbrachten wir bei unserem Freund Peter Michalczyk zu Hause. Das Gespräch im kleinen Kreis brachte noch einmal eine ganze Palette an Hintergrundinformationen, die wir sowohl in unseren Mitbestimmungsfunktionen, als auch ich, bei meiner Abgeordnetentätigkeit in Europa, in den nächsten Jahren hervorragend gebrauchen konnten.

»Wenn sich herausstellt, dass Wirtschaftsboykott ein Hebel wäre, so wäre ich dafür«

Karl-Heinz Mihr, Betriebsratsvorsitzender des VW-Werkes in Kassel und Mitglied des Europa-Parlaments, berichtet über seinen jüngsten Besuch des VW-Werkes in Südafrika.

Die Arbeitnehmervertreter im Aufsichtsrat der Volkswagen AG lehnen es seit Mitte der 70er Jahre ab, Auslandsinvestitionsprogramme mitzutragen, wenn sie nicht vor Ort in den Ländern auch prüfen können, welche Konsequenzen die Investitionen nach sich ziehen. Seither kontrollieren die im Aufsichtsrat vertretenen Betriebsräte arbeitsteilig das Engagement des VW-Konzerns in den verschiedenen Ländern.

Karl-Heinz Mihr, Betriebsratsvorsitzender des Kasseler VW-Werkes, Mitglied des VW-Aufsichtsrates und Abgeordneter des Europa-Parlaments, ist für die Überprüfung der südafrikanischen VW-Tochter zuständig.

Das Werk ist die größte Automobilfabrik und liegt in Uitenhage/Port Elizabeth und damit im Zentrum der jüngsten Auseinandersetzungen, an denen auch große Teile der VW-Belegschaft aktiv beteiligt waren und bei denen zwei schwarze VW-Arbeiter von der Polizei erschossen worden sind.

Karl-Heinz Mihr war vom 16. bis zum 24. April in Südafrika und besuchte die Fabrik von VW, führte Gespräche in der Zentrale der Automobilarbeitergewerkschaft NAAWU und sprach auch mit Vertretern der Evangelischen Kirche und der Deutschen Botschaft. Nach 1982 und 1984 war dies schon seine dritte Südafrika-Reise, die er als Aufsichtsratsmitglied unternommen hat.

In diesem Interview berichtet er über seine Eindrücke und seine Schlußfolgerungen. Angesichts der sich zuspitzenden Lage in Südafrika, der zunehmenden Solidaritätsbewegungen in den USA mit der Forderung nach einem Wirtschaftsboykott und der starken wirtschaftlichen Verflechtung der Bundesrepublik mit der Apartheidrepublik (die BRD ist der größte Lieferant, einer der größten Abnehmer und einer der größten Investoren und Kreditgeber) nimmt die Verantwortung der Bundesrepublik gegenüber der Bevölkerung Südafrikas zu. Karl-Heinz Mihr nimmt dazu Stellung, welche Aufgaben er für die Gewerkschaftsbewegung in der Bundesrepublik sieht.

Karl-Heinz Mihr: Es gibt da ein Problem: Wer mehrere Male in Südafrika war, weiß, dass man den südafrikanischen Gesprächspartnern

Schwierigkeiten bereiten kann, wenn man sie zitiert. Ich muss deshalb im Stile eines Beobachters berichten. Ich sehe keinen Sinn darin, hier groß aufzutragen und in Südafrika damit vielleicht Leute ins Gefängnis zu bringen. Es wird beispielsweise kein politisch Verantwortlicher, etwa aus den Gewerkschaften, eine präzise Aussage zur Boykottdiskussion machen, weil dies verboten ist. Tritt aber einer für den Boykott ein und zitieren wir ihn und wird dann nachgewiesen, dass wir tatsächlich mit ihm gesprochen haben, dann kann er in Südafrika – so schnell können wir gar nicht gucken – schon hinter Gittern sitzen.

Welche politischen Veränderungen konnten Sie im Vergleich zu Ihren letzten Besuchen feststellen?
K.-H. M.: Bei meinen ersten Besuchen 1982 und 1983 hörte ich bei den Weißen noch überall eine optimistische Haltung. Sie ist inzwischen einer sehr depressiven Einstellung gewichen. Die Weißen sind jetzt nicht mehr davon überzeugt, dass sie die Entwicklung schon meistern werden. Sie sind vorsichtiger geworden, zweifeln. Ihre Einstellung ist inzwischen stark von Angst geprägt.

Erstmals traf ich auch auf jüngere Weiße, die mit der Apartheid, der völligen Trennung zwischen den Weißen und Schwarzen, den Homelands, mit der gesamten rassistischen Politik nicht einverstanden sind. Diese Aussagen konnte ich 1982 noch nirgendwo hören. Auch die Grundhaltung des Managements hat sich geändert und liegt etwa auf der gleichen Wellenlänge. Die Manager äußern die Überzeugung, dass der Prozess jetzt, wo sich Reformen erstmals wirklich abzeichnen, nicht schnell genug vorangehe. Scheinbar wird man jetzt von den Ereignissen überrollt.

Bei den Weißen allgemein gibt es zudem die Sorge, dass das Militär, vor allem aber die Polizei, eine solche Machtposition im Lande habe, dass bei weiteren entscheidenden reformerischen Schritten sogar die Regierung Angst haben müsste, hinweggefegt zu werden. In dieser Schärfe habe ich das früher nicht gehört. Ob das nun von den Gesprächspartnern eine Schutzbehauptung war, kann ich nicht überprüfen. Angesichts des Verhaltens der Polizei, gerade in den letzten Wochen im Bereich Uitenhage, kann man eine solche Entwicklung wirklich nicht mehr ausschließen.

Bei den Schwarzen spürte ich, dass sich ein sehr starkes Selbstbewusstsein entwickelt hat, wie ich dies in den Vorjahren nicht beobachtet habe. Ich gehe davon aus, dass es – unabhängig davon, welche Maßnahmen sich die Weißen auch noch einfallen lassen – keine längeren Strecken der Ruhe mehr geben wird. Selbst gemäßigte Schwarze, die ich seit Jahren kenne, haben die Geduld verloren. Die Schwarzen wollen es jetzt wissen, wollen, dass endlich etwas Entscheidendes passiert, wollen jetzt die Beseitigung aller Rassengesetze und sie sagen auch, dass sie vorher nicht mehr lockerlassen. Eins sagen sie aber auch alle einheitlich – und das war für mich noch mal wichtig zu hören: dass sie die Weißen nicht aus dem Land hinausschmeißen werden.

Es gibt aber auch schwarze Kollegen, die inzwischen Angst haben. Es sind die Kollegen, die auftragsgemäß, von den schwarzen Arbeitern gewählt, mit dem weißen Management verhandeln. Sie haben Angst, als Kollaborateure abgestempelt zu werden. Wenn der Fanatismus in den Townships weiter um sich greift, muss man Sorge haben, dass auch die Leute, die wirklich schon Handfestes für die schwarzen Arbeiter erreicht haben, in Gefahr geraten.

Was sind die Hintergründe für die aktuellen Auseinandersetzungen in Uitenhage?
K.-H. M.: Hintergrund ist vor allem die aktuelle ökonomische Situation. Die Arbeitslosigkeit liegt nach Angaben der Gewerkschaften im Bereich Uitenhage/Port Elizabeth bei 50%. In den letzten Wochen ging es dann Schlag auf Schlag. Zunächst erhöhte der Staat die Mieten für die von ihm zur Verfügung gestellten Häuser, oder sollte ich besser Baracken sagen. Die Explosionskraft hat sich aber auch dadurch verschärft, weil die sogenannten Gemeinderäte der Townships, die nur mit einer sechsprozentigen Wahlbeteiligung gewählt worden sind, somit niemanden vertreten, diese Mieterhöhungen auch noch befürwortet haben. Daher kommt auch der Vorwurf der Kollaboration, und dies ist auch der Grund dafür, dass die Gemeinderäte bedroht oder gar welche bedauerlicherweise umgebracht worden sind.

Zu den Mieterhöhungen kamen dann noch Preissteigerungen für die Fahrt mit den Bussen, für Rohöl, Benzin, der Abbau der Subventionierung des Brotpreises, eine Inflationsrate für Lebensmittel, die im Januar bei 14% lag. Parallel zu der ökonomischen Entwicklung sammelte die Opposition ihre Kräfte in der neu formierten UDF und organisiert den Widerstand.

Ihren Ausgang nahmen die Proteste im Schulboykotts. Dann legten die schwarzen Arbeiter für drei Tage die Arbeit nieder. Kaufboykotte wurden vereinbart und vieles andere mehr. Aber dann kam es zur Katastrophe, es sollten die Opfer beerdigt werden, die die Polizei am 25. Jahrestag der Auseinandersetzungen in Sharpville bei einer Gedenkdemonstration erschossen hatte.

Was mir besonders unter die Haut ging, waren die Darstellungen von einigen VW-Beschäftigten, die uns erzählten, dass sie noch immer nicht konkret wussten, wo ihre bei den Auseinandersetzungen abhanden gekommenen Familienangehörigen geblieben sind. Vielleicht lägen sie in weit entfernt liegenden Krankenhäusern, aber Genaueres sei ihnen bisher nicht bekannt. Vorwürfe richteten sie vor allem gegen die Polizei, auch gegen die sogenannte Feierabendpolizei. Sie setzt sich aus weißen Bürgern zusammen, die am Feierabend als Hilfskräfte der Polizei zur Verfügung stehen.

Auch bei VW hat es bereits Arbeitsniederlegungen gegeben, weil die Schwarzen behaupteten, dass weiße Beschäftigte am Vortag auf sie geschossen hätten. Das wurde zwar immer bestritten, sei aber immer wieder vorgekommen.

Angst habe ich davor, dass die Brutalität der Polizei entsprechende Gegenströmungen hervorruft und dass Not und Elend die Kriminalität hochtreibt. Eine Gefahr, die überall auf der Welt besteht und keine schwarzafrikanische Besonderheit darstellt.

Waren die Industrieunternehmen in die Auseinandersetzung verstrickt?
K.-H. M.: Ich kann nicht für Leute garantieren, die teilweise Funktionen haben, nur weil sie Weiße sind, aber soweit ich das feststellen konnte, hatten die Unternehmen offensichtlich mit den Auseinandersetzungen nichts zu tun. Bei VW bin ich inzwischen überzeugt, dass das weiße Top-Management sogar für den Abbau der Apartheid eintritt. Sie tun dies nicht nur aus humanitären Gründen, sondern auch, weil sie davon überzeugt sind, dass Volkswagen neue, auch andere Käuferschichten braucht und sich der Lebensstandard der Schwarzen deshalb schon verbessern müsse.

Die Manager werden doch nie für die Gleichberechtigung und das gleiche Stimmrecht eintreten, wenn sie damit rechnen müssen, dass etwa der ANC dann die Mehrheit der Stimmen erhalten würde?
K.-H. M.: Das ist natürlich einer der kritischen Punkte, wenn man evtl. mögliche Kompromisse diskutiert. Davor haben sie schon einen riesigen Bammel. Unter den Weißen gibt es aber trotzdem eine ganze Menge von Leuten, die bereits sehr vorsichtig beginnen, auch dies anzudiskutieren und sich mit dem Gedanken vertraut machen, dass so etwas auf sie zukommt.

Wie wirkt sich die Apartheid konkret auf die VW-Belegschaft aus?
K.-H. M.: Seit Anfang der 80er Jahre hat sich das innerbetriebliche

Miteinander zwischen den Schwarzen und den Weißen stetig verbessert. Dazu haben auch wir als Gewerkschafter und Arbeitnehmervertreter in der Bundesrepublik beigetragen. Wir haben immer wieder auf den VW-Vorstand Einfluss genommen und erreicht, dass z.b. inzwischen mehrere Schwarze und Farbige ins untere und mittlere Management aufrücken konnten. Natürlich gab es dabei Widerstand von weißen Südafrikanern in der Fabrik – seltener zwar vom Top-Management, aber vom mittleren Management und vor allem auf der Ebene der Vorarbeiter und Meister. Nur weil sie Weiße waren, war für diese Leute über Jahrzehnte klar, dass sie eine Führungsposition übernehmen konnten. Sie waren schon die geborenen Vorarbeiter und Meister, nur weil sie Weiße waren. Jetzt müssen sie sich der Konkurrenz stellen, und darauf reagieren sie häufig mit Hasstiraden.

Es hat sich trotzdem vieles verbessert. Dies hat aber nicht zuletzt auf der Erfolgsliste der Gewerkschaften zu stehen, die im südafrikanischen VW-Werk arbeiten. Sie haben in den letzten Jahren ein sehr starkes Selbstbewußtsein entwickelt. Die machen heute keinen Kniefall mehr und haben ihre klaren Forderungen. Natürlich gibt es nach wie vor die rechtliche Überlegenheit der Weißen. Bei rechtlichen Auseinandersetzungen stehen die Schwarzen immer auf verlorenem Posten. Sie können Erfolge meist nur dadurch erreichen, dass sie die alte gewerkschaftliche Kraft des Streiks einsetzen, und damit haben sie eine Menge erreicht.

Es ist heute weniger die Lage im Betrieb, sondern die Situation abends, wenn sie in die Wohngebiete kommen, die so bedrückend ist. Bis zur Stunde ist rechtlich etwa noch nicht klar, ob die Weißen nicht den Einfall kriegen, das ganze schwarze Wohngebiet morgen als weiß zu erklären und das schwarze Wohngebiet zu verlagern. Das wurde über lange Zeit so praktiziert und ist bis heute rechtlich noch möglich.

Unter dem Druck der Industrie, die Arbeitskräfte braucht, hat sich in den letzten Jahren einiges stabilisiert und die schwarzen Wohngebiete wurden letztlich akzeptiert. Die Infrastruktur ist ausgebaut worden. Es gibt jetzt Schulen, Kindergärten und Sportstätten – auch wenn man diese nicht immer mit unseren Augen sehen muss.

Wir haben lange geglaubt, dass über ein Wohnungsbauprogramm mit Erbpacht etwas zu erreichen sei. Jetzt haben wir aber festgestellt, dass dies die breiten Schichten gar nicht finanzieren können. Zudem steht das Homeland-Prinzip dem entgegen. Danach kann der, der arbeitslos wird, nicht nur aus der Wohnung fliegen, sondern ganz aus dem Wohngebiet ausgewiesen werden, weil der Schwarze im Grunde nach der Rechtssituation in Südafrika gar nicht existiert und somit auch kein Recht auf Eigentum haben kann.

Wurden die Beschäftigten, die VW im letzten Jahr entlassen hat, in die Homelands abgeschoben?
K.-H. M.: Das konnten wir nicht sicher ausmachen. Wir erhielten dazu unterschiedliche Aussagen. Einigen der Entlassenen, die sich aus irgendwelchen Gründen bei den Behörden registrieren lassen mussten, wurde einfach der Pass abgenommen. Sie erhielten dafür die Zuweisung zu einem Homeland. Sie durften zwar im Township weiterleben, sind aber nun Gastarbeiter geworden in dem Gebiet, in dem sie geboren worden sind.

Auslöser scheint aber eindeutig die Rezession zu sein, die die südafrikanische Wirtschaft voll gepackt hat, sie scheint dazu zu führen, dass man die Menschen, die man vor Jahren aus den Weiten des Landes angeworben hatte, wieder loswerden will. Die Weißen glauben, dass sie ihre Probleme dadurch lösen können, dass sie die Schwarzen, die nun schon über Jahre hier gearbeitet und gelebt haben, einfach in die neu gegründeten Homelands abschieben könnten.

Neben den Zugezogenen will man auch die, die im Township geboren wurden, wieder loswerden. Nach vielen Gesprächen glaube ich, dass die Behörden versucht haben, viele der über 3.000 Entlassenen, von denen schon viele vorher als Fremdarbeiter bezeichnet wurden, wieder in ihre Herkunftsgegenden abzuschieben. Die Arbeitslosen und ihre Familien werden in ein Gebiet abgeschoben, in dem sie überhaupt keine Chance auf Arbeit und auf ein vernünftiges Leben haben.

Sie sagen, dass die Arbeitnehmervertreter im Aufsichtsrat der Volkswagen AG zum jetzigen Zeitpunkt einem Investitionsplan, wie ihn der VW-Vorstand 1982 vorgelegt hat, nicht mehr zustimmen würden?
K.-H. M.: Wir hatten 1982 nach den ersten Gesprächen mit unseren schwarzen Gewerkschaftskollegen, die damals noch viel weitergehendere Vorstellungen über die Investitionsaktivitäten von VW hatten, den Investitionen nicht nur zugestimmt, sondern sie sogar noch forciert. Über lange Strecken haben uns unsere schwarzen Kollegen immer wieder gebeten: Wenn Ihr uns helfen wollt, dann tut alles, dass Arbeitsplätze geschaffen werden.

Nun aber, nach den Erfahrungen mit den neuen Investitionen, kommt etwas anderes ins Gespräch, das, was wir auch bei uns kennen. Bei den Investitionen nehmen die Rationalisierungsinvestitionen zu. Manager, teilweise von zu Hause geprägt, haben den Wahn, auch in Südafrika Fabrikationshallen hinzustellen, die der Halle 54 in Wolfsburg gleichen. Ein völliger Blödsinn, auch im Hinblick auf die Bedürfnisse und Probleme des Landes. Auch außerhalb der politischen Dimension sehen deshalb die schwarzen Gewerkschaften heute Investitionsvorhaben mit anderen Augen.

Zum anderen ist die Entwicklung an der Boykottfront so weit gediehen, dass wir einer Investitionsausweitung schon deshalb nicht mehr zustimmen würden, weil wir uns nicht aus der Front derer hinausbegeben wollen, die diesen öffentlichen Druck bejahen. Boykottdrohungen reichen scheinbar doch aus, die weißen Südafrikaner zu verunsichern. Weitere Androhungen vor allem aus den USA sind ihnen in der letzten Zeit – das konnten wir feststellen – doch kräftig unter die Haut gegangen. Die Gefahr einer weltweiten Isolation erschreckt sie. Deshalb tritt die schwarze Opposition übereinstimmend dafür ein, den bestehenden Boykott noch auszuweiten.

Und doch sagen uns die Gewerkschaften auch, dass wir differenzieren müssten. Sie hätten erst durch die multinationalen Konzerne ihre Isolation beseitigen können.

Seitdem seien die Gewerkschaften erst existent, seitdem hätten sie erst Kontakt zu den in der Welt bestehenden Gewerkschaftsbünden. Für sie sei es daher nicht unproblematisch, jetzt den bedingungslosen Boykott zu verlangen. Sie fordern aber ohne Wenn und Aber, dass jeder Kontakt zu der südafrikanischen Regierung, beispielsweise etwa das Kulturabkommen, das noch zwischen der Bundesrepublik und Südafrika besteht, eingestellt werden muss. Auch verlangen sie, dass Forschungsergebnisse, die nicht klar definiert sind, ob sie zivil oder nicht letztlich für die Rüstung genutzt werden können, auf keinen Fall an Südafrika weitergegeben werden dürfen. Sie differenzieren weiterhin zwischen Investitionen, die neue Arbeitsplätze bringen könnten und denen, die die Regierung stärken.

Die bundesdeutschen Gewerkschaften haben über Jahre eine sehr vorsichtige Haltung zum Boykott gehabt, weil sie die Argumente ihrer südafrikanischen Kollegen sehr ernst nahmen, aber den politischen Druck auf Südafrika haben sie stets vorbehaltlos unterstützt. Ich selbst schließe bei alledem nicht die Augen vor dem Argument, dass Handelsboykotte allein bisher nie ausgereicht haben, Gesellschaften zu verändern, und doch gebe ich heute dem Drängen unserer schwarzen Kollegen in Südafrika nach, die uns auffordern, auf die Regierung Druck auszuüben, wo es nur geht. Außenwirtschaftlich ist Südafrika zu treffen, und wenn sich herausstellt, dass Wirtschaftsboykotte ein Hebel wären, so wäre ich dafür, die Zusammenarbeit einzustellen.

Andererseits müssen aber die Maßnahmen, die es schon gibt, wie die OECD- und die UNO-Beschlüsse und der europäische Kodex, viel wirksamer eingesetzt werden. Die Androhung des EG-Kodexes allein ist bisher zu dünn. Es müssen die Firmen, die den Kodex nicht einhalten, der Öffentlichkeit präsentiert und zur Verantwortung zu gezogen werden. Es ist doch wohl nicht in Ordnung, wenn die Bundesregierung einen Fragenkatalog in diese Richtung an bundesdeutsche Unternehmen, die in Südafrika engagiert sind, verschickt und nur von zwei Dritteln der Firmen überhaupt eine Antwort erhält. Hier gibt es auch eine seltsame Verhaltensweise des Wirtschaftsministers Bangemann, der auf gezielte Briefe und Fragen von Europa-Abgeordneten, zu denen auch ich zähle, sehr dürftige Aussagen gemacht hat, die im Grunde genommen nichtssagend sind.

Hat VW Militärfahrzeuge in Südafrika hergestellt?
K.-H. M.: Wir haben nirgendwo VW-Militärfahrzeuge bei der Polizei oder beim Militär im Straßeneinsatz gesehen. Auf diesbezügliche Fragen an das Management wurde uns wiederholt versichert, dass bis zur Stunde im VW-Werk Südafrika keine Militär- oder Polizeifahrzeuge produziert worden sind.

Sie fordern die Arbeitnehmervertreter in den Aufsichtsräten aller deutscher Unternehmen, die in Südafrika engagiert sind, auf, sich ebenfalls einzumischen. Welche konkreten Möglichkeiten der Hilfe haben sie denn?
K.-H. M.: Ich will es an einem Beispiel verdeutlichen. Im Volkswagenwerk Südafrika wurde eine neue Lackiererei installiert, weil die alte Anlage nicht mehr dem Standard entsprach, den der Markt erforderte. Es war eine technisch notwendige Investition, die auch einen hohen Rationalisierungseffekt mit sich brachte. Die neue Technik machte zwangsläufig für die verbleibenden Arbeitsplätze aber auch eine höher qualifizierte Mannschaft nötig. Wir haben nun bedauerlicherweise feststellen müssen, dass das Management nur Weißen die Möglichkeit der Qualifizierung – teilweise in der Bundesrepublik – geboten hat. Wir haben jetzt verlangt, dass das schnellstens für Schwarze nachgeholt werden muss, weil es nicht hingenommen werden kann, dass hier eine Differenzierung nach der Hautfarbe vorgenommen worden ist.
Wir haben immer wieder bei unseren Besuchen im südafrikanischen Betrieb zudem Erfahrungswerte der deutschen Mitbestimmung sowohl im Interesse der dortigen Gewerkschaften, als auch zum Vorteil des Unternehmens eingebracht. Mit unseren entschiedenen Eintreten für

ein vernünftiges Miteinander, aber auch mit der klaren Aufforderung an das Management, gegenüber den Arbeitern sich so zu verhalten, wie wir das in der Bundesrepublik gewöhnt sind, konnten wir trotz der schwierigen Situation für ein verbessertes Klima sorgen. Es ist Unsinn, wenn immer wieder behauptet wird, das ist alles zu weit entfernt, um wirksam zu helfen. Das Gegenteil ist richtig, wir haben wohl die Mittel, die verantwortlichen Leute in den Betrieben unter Druck zu setzen. In der Vergangenheit haben wir immer wieder bei notwendigen Investitionen, die ja auch Wünsche des Managements beinhalten, die Situation genutzt und unsere Zustimmung an Bedingungen geknüpft.

Hiermit möchte ich aber auch den Wunsch von den schwarzen Kollegen der NAAWU weitergeben, die sich solche Kontakte auch mit den Arbeitnehmervertretern von BMW und Mercedes wünschen.*

* Die Kontakte mit unseren Kollegen der anderen deutschen Autobauer in Südafrika kamen tatsächlich zustande. Ob durch unsere Aktivitäten ausgelöst oder bereits früher, ohne dass wir es wussten, ist dabei zweitrangig. Wichtig ist: Sie fanden statt.

Aus einem Interview in einer Lokalzeitung

Für mich sollte dies die letzte Reise nach Südafrika sein. Wenn mir das damals jemand gesagt hätte, wäre ich bestimmt aus der Haut gefahren und hätte dies weit von mir gewiesen. Aber es ist so gekommen. Heute, nach so vielen Jahren, drängt sich mir der Verdacht auf, dass es eine geschickte Regie gewesen ist. Hatten wir uns zu weit vorgewagt? Waren wir zu weit über unser Ziel hinausgeschossen? Vielleicht.

Ich bedaure es, in den Monaten des Triumphes der Opposition, des Sieges der Vernunft, in Südafrika nicht dabei gewesen zu sein. Vielleicht erinnere ich mich aber deswegen besonders gern an die letzten drei Tage unseres Aufenthaltes im Süden Afrikas, zeigten sie doch bereits die Möglichkeit einer sich anbahnenden Koexistenz zwischen Schwarz und Weiß.

Wir hatten schon im Vorfeld unserer Reise geplant, am Ende zwei bis drei Tage anzuhängen, um in Namibia der »Etoscha-Pfanne« einen Besuch abzustatten. Sie galt als die wildreichste Gegend im Süden Afrikas. Aber die Auseinandersetzungen zwischen der Befreiungsfront Frelimo und der Armee Südafrikas hatten einen Besuch im Norden des Landes inzwischen zu einem lebensbedrohenden Abenteuer gemacht. Wir verzichteten zugunsten einer Durchquerung der Namib-Wüste.

Überreste deutscher Kolonialgeschichte: Namibia

Wir flogen am Abend des 23. April von Johannesburg weiter nach Namibia, dem früheren Südwestafrika, in die Hauptstadt Windhuk, die ihre koloniale Vergangenheit noch immer nicht abgestreift hatte. Überall schienen die Reste der deutschen »Heia Safari« auf: Straßennamen wie Kaiserstraße, Königstraße, Letto-Vorbeck-Straße; aber auch Bauwerke aus der wilhelminischen Zeit, das berühmte Reiterdenkmal, erinnerten an diese Zeit.

Und doch war da eine schwarze Bevölkerung, die sich anders verhielt als in Südafrika, die zwar auch gezwungenermaßen in separaten Stadtbezirken lebte, in die sie sich am Abend zurückzuziehen hatte, deren Rechte ebenso wie in Südafrika mehr als gering waren; gerade war ihnen erneut von den Südafrikanern eine neue Regierung ohne Wahlen vorgesetzt worden. Trotzdem strahlte sie stolz erhobenen Hauptes ein Selbstbewusstsein aus, das völlig im Gegensatz zu ihren schwarzen Brüdern und Schwestern in Südafrika stand. War es der internationale Druck oder waren es die Erfolge der Befreiungsbewegung SWAPO, die dies ausgelöst hatten?

Wir hielten uns nicht lange in Windhuk auf, sondern mieteten einen VW-Bus mit Fahrerin, die ortskundig war, und die uns in den nächsten Tagen quer durch die Wüste fahren sollte. Die Abfahrt am folgenden Morgen brachte uns auf eine pfeilgerade Schotterpiste, die durch eine trockene Hochebene und Salzwüste führte. Unser erstes Etappenziel war Walfisch-Bay am Atlantischen Ozean. Zunächst ging es vorbei an großen Viehfarmen, wobei wir von der Kargheit des Bodens überrascht waren und uns häufig fragten, was das Vieh wohl fressen würde. Vereinzelt sah man auch Straußenfarmen. Sie erinnerten stark an Südafrika.

Die 400 Kilometer bis *Walfisch-Bay* waren so gut wie menschenleer, es begegneten uns sage und schreibe vier Fahrzeuge. Dann kamen wir an den Kuiseb, der allerdings mehr an eine hundertfache, über Jahrtausende ausgespülte Vielzahl von Schluchten erinnerte als an einen Flußlauf. Im Abstand von Jahren sei immer wieder einmal, z.B. nach einem heftigen Unwetter, tatsächlich ein Fluss zu sehen, so unsere Begleiterin. Bei brütender Hitze ging es vorbei an Köcherbäumen, die wie überdimensionale Kakteen aussahen. Ihr Name stammt aus der Zeit, als die Ureinwohner, die Buschmänner, die Rinde als Köcher für ihre Pfeile verwendeten.

In der Ferne tauchten die großen Sanddünen der Namib in rostrotem oder braunem Farbton auf. Mitten in unserem Staunen über die Wunder der Natur passierte es: Unser VW-Bus ging plötzlich in Schieflage, der linke hintere Reifen hauchte sein Leben aus. Gerd Kühl beschrieb den

Vorgang später (anlässlich meines Ausscheidens aus meinen VW-Funktionen) wie folgt:»Zig Kilometer hinter uns, zig Kilometer vor uns – kein Mensch außer uns. Kein Auto außer unserem. Kein schattenspendender Baum, nur eine höhnisch grinsende Sonne über uns.« Man sollte es nicht für möglich halten, aber weder der Betriebsratsvorsitzende von Kassel noch der Geschäftsführer des Gesamtbetriebsrats, beides VW-Leute, noch der Gewerkschaftssekretär, wussten, wo bei diesem Bus das Ersatzrad oder das Werkzeug steckte. Erst nach geraumer Zeit hatten wir beides gefunden. Und dann kam der Beweis, dass der Kollege Mihr ein ausgeprägtes Talent hatte, Arbeit zu verteilen. Sichtlich unter der großen Hitze leidend, sagte er:»Gerd und ich haben empfindliche helle Hosen. Hans-Jürgen, du hast eine dunkle Hose, somit musst Du den Reifen wechseln.« So geschah es; seitdem reist Hans-Jürgen Uhl wohl nur noch mit hellen Hosen durch die Welt.

Spaß beiseite: Uns war ganz schön mulmig zumute, das Ersatzrad war fast abgefahren und bis Walfisch-Bay lagen noch einige zig Kilometer vor uns. Wir bekamen dort schließlich vernünftige Reifen und kauften vorsorglich gleich zwei neue.

Walfisch-Bay gehörte zu jener Zeit staatsrechtlich noch zu Südafrika. Es hatte einen großen Hafen, den einzig schiffbaren an der Küste Südwestafrikas. Wir hielten uns hier nicht lange auf und fuhren weiter nach Swakopmund. Links und rechts Sanddünen, so weit das Auge reichte. Wir fragten uns, was es wohl gewesen war, dass die Deutschen gerade diesen Landstrich von Afrika haben mussten. War es wirklich nur der Größenwahn des Deutschen Kaiserreiches, Hauptsache Kolonien!?

Swakopmund ist eine kleine, fast hinter Dünen versteckte Stadt an der Atlantikküste. Und zwar eine durch und durch deutsche Stadt, in der sich der »koloniale Charme« der Jahrhundertwende bis heute erhalten hatte. Wo man auch hinschaute: Bauten im Stil der alten Hansestädte, alles längst Baudenkmäler. Da gab es das alte Amtsgericht, das Gefängnis, ein mehr wie imposanter Bau, das sogenannte Woermann Haus (deutsche Seelinie für die Ostküste Afrikas), den Leuchtturm, ähnlich wie an der Nordseeküste, daneben einen von den Deutschen erbauten riesigen Holzanleger, an dem die Schiffe der kaiserlichen Flotte festmachten. Es war, so sagte man uns, die einzige Möglichkeit für die deutschen Kolonialherren, mit Schiffen herangebrachte Waren an Land zu bekommen.

Swakopmund ist aber auch eine Oase aus Palmen, blühenden Gärten und Ruhezonen mit Blick auf das Meer. Nach der Ankunft in unserem Hotel, das bezeichnenderweise »Hansa-Hotel« hieß, fiel Gerd Kühl fast die Sonnenbrille aus der Hand, als ein baumlanger, pechschwarzer Kellner uns im reinsten Hochdeutsch begrüßte. Auch beim Bummel durch den Ort stellten wir in vielen der kleinen Geschäfte fest, dass die meisten der Besitzer deutsch sprachen. Von dem örtlichen VW-Händler, dem wir einen Besuch abstatteten, wurden wir mit großem »Hallo« begrüßt, hatte doch der Juniorchef eine Ausbildung in Wolfsburg gemacht. Wir wurden sofort eingeladen, einige Tage auf seinen Besitzungen im Inneren des Landes zu verbringen, natürlich um zu jagen. Nicht nur, dass wir davon keine Ahnung hatten, auch unsere Reiseplanung ließ es nicht zu.

Aber etwas leisteten wir uns – trotz der knappen Zeit. Etwas, das man sein ganzes Leben nicht vergisst: Wir charterten ein viersitziges Flugzeug mit einem aus Holland stammenden Piloten, und flogen entlang der »Skelettküste« Richtung Angola. Nie wieder habe ich solch gewaltige Flamingoschwärme und Robbenkolonien gesehen wie an dieser Küste. Der Pilot sprach von ca. 80.000 Robben. Wir überflogen den Brandberg, ein Gebirge, fast 2.600 Meter hoch. Der Pilot bot an, hier zu landen. Ein solches Ansinnen lehnten wir trotz seiner sichtbaren Kompetenz jedoch ab, weil wir einfach Angst hatten. Es ging weiter über den Namib-Nauk-Park. Unwahrscheinlich, wieviel Tiere in dieser Halbwüste zu sehen waren: Zebraherden, Springböcke, alle Sorten Antilopen. Wir überquerten auch Teile der rotbraunen oder rostroten Sandwüste und flogen danach zurück nach Swakopmund. Es war ein phantastisches Erlebnis.

Am nächsten Morgen, nach einem letzten kräftigen »Südwest-Frühstück« (Steak mit Spiegeleiern) brachen wir auf nach Windhuk. Es gab wieder Erstaunliches zu sehen, z.B. nur wenige Kilometer vor der Stadt eine im Sand steckengebliebene eiserne Lokomotive. Die Deutschen hatten sie tatsächlich mit dem Schiff herangebracht, waren aber dann mit ihrem Vorhaben, eine Eisenbahn ins Landesinnere zu verlegen, an der Wüste gescheitert. Außerdem überraschte uns dicker Nebel mitten in der Wüste. Die Fahrt zurück war weniger anstrengend. Sie führte über eine gute Straße, durch Dörfer, die auch in Deutschland hätten stehen können. Man fühlte sich fast wie zu Hause.

Nach unserer Rückkehr nach Windhuk gingen wir noch einmal durch die Straßen der Stadt, deren Namen an die nicht gerade rühmliche deutsche Kolonialzeit erinnerten, bevor es fast in der Nacht nach Deutschland zurück ging.

Revolutionäre Entwicklungen der Autoindustrie
USA

Keine Produktion mehr in den USA (März 1986)?

Das neue Jahr 1986 brachte für unsere Arbeit drastische Einschnitte. Bereits im Februar verließ uns Gerd Kühl, der in der IG Metall-Vorstandsverwaltung für die Betreuung des Gesamtbetriebsrats von VW zuständig war. Gerd Kühl war uns inzwischen als Freund ans Herz gewachsen und ging nun in seinen wohlverdienten Ruhestand. Es sollte sich erst viel später – während des häufigen Wechsels seiner Nachfolger – herausstellen, wie wichtig die persönliche Bindung für unsere gesamte Arbeit war.

Nur wenige Tage nach dem Ausscheiden von Gerd Kühl ereilte uns die nächste Hiobsbotschaft. Siegfried Ehlers hatte einen Hirnschlag erlitten, er lag im Krankenhaus und kämpfte mit dem Tode. Nach Ansicht der Ärzte ein aussichtsloser Kampf. Und trotzdem hofften wir gemeinsam mit der Familie. Was sein schicksalhaftes Ausscheiden für unsere Arbeit bedeutete, ahnten vor allem die Insider. Siegfried Ehlers war in den letzten Jahren zum Bezugspunkt der Arbeitnehmerseite geworden. Er genoss unser aller Vertrauen, er war eine der Säulen in diesem Konzern, und dies nicht nur für den Betriebsrat. Durch seine Zugehörigkeit zum Präsidium des Aufsichtsrates war er auch einer der einflussreichsten Männer im Konzern. Nachdem Toni Schmücker aus Krankheitsgründen den Vorstandsvorsitz niederlegen musste, wurde auf Initiative von Siegfried Ehlers Carl Hahn zurückgeholt. Natürlich wurde dies vorher im kleinen Kreis mit uns abgesprochen. Carl Hahn hat später nie einen Hehl daraus gemacht und dies auch öffentlich bestätigt.

Die schmerzlichen Verluste nahmen kein Ende: Am Rande der ersten Aufsichtsratssitzung im neuen Jahr, ebenfalls noch im Februar, verstarb Heinz Pabst, der Betriebsratsvorsitzende aus Braunschweig, an einem Herzversagen. Heinz war bis zu diesem jähen Ende voller Tatendrang gewesen. Einige Stunden vorher hatte er noch temperamentvoll für einen weiteren Besuch Mexicos plädiert, den Standort, für den er als Kontaktmann zuständig war. Wenig später verstarb Siegfried Ehlers nach längerem Todeskampf. Am 13. März trugen wir ihn zu Grabe. Und erst sehr viel später wurde uns bewusst, was wir an ihm verloren hatten!

Trotz allem – das Tagesgeschäft ging weiter. Neue Schwerpunkte hatten sich in der internationalen Automobilwelt aufgetan, die sowohl Bedrohung als auch Chancen bedeuten konnten. Zusammenarbeit und Kooperation zwischen Firmen waren nun angesagt, obwohl sich die Unternehmen bisher bis auf das Messer bekämpft hatten. Der Techniktransfer in die sogenannte Dritte Welt hatte nicht nur Fertigungstechnologien zum Inhalt gehabt, mehr und mehr waren ganze Entwicklungsabteilungen gefolgt. Der weltweite liberalisierte Waren- und Dienstleistungsverkehr hatte Entfernungen immer bedeutungsloser werden lassen.

Es war an der Zeit, sich nicht nur mit dem eigenen Standort zu beschäftigen, wollte man Entwicklungen in der eigenen Branche nicht verschlafen. General Motors hatte mit seinem Vorhaben »Saturn-Projekt« international Furore gemacht: Ein neuer kleinerer Autotyp, ungewöhnlich für Amerika, sollte die neue Geheimwaffe gegen die Japaner werden, aber auch gegen die Europäer – und damit auch gegen die VW-Produkte. Geplant war, dieses Auto etwa in der Größe des Golf oder höchstens des Jetta in einer neuen Fabrik auf der grünen Wiese zu fertigen, mit modernster Technologie, und dies alles mit einem völlig neuen »Typus von Arbeitnehmer«. Grund genug also für einen Informationsbesuch in den USA. Ein weiterer Grund für die Reise war der katastrophale Rückgang der Verkäufe in den USA für alle VW-Produkte, inklusive des in den USA gefertigten Golf-GTI. Die Folge: eine völlig unausgelastete Fabrik in Westmoreland, die ständig hohe Verluste einfuhr. Dies alles heizte die im Vorstand geführte Diskussion weiter an, sich zumindest als Produzent aus den USA zurückzuziehen.

Als Vorbereitung für unsere Gespräche sollte in Boston mit Professoren der Harvard-Universität die aktuelle innenpolitische Situation in den USA erörtert werden. Wir flogen am Tage nach der Trauerfeier für Siegfried Ehlers in die USA. Die Delegation war so etwas wie ein bunt zusammengewürfelter Haufen, vor allem Personalleute, drei Betriebsräte und ein Vertreter der Produktion unter der Leitung des Arbeitsdirektors. Neben mir waren Gerd Mogwitz und Heinrich Buhman, die Betriebsratsvorsitzenden aus Hannover und Salzgitter, mit an Bord. Wir kamen am Abend in Boston an und hatten ein erstes Treffen mit den verantwortlichen VW-Personalleitern für Nordamerika (USA, Kanada). Sie sollten auch an den Gesprächen mit den Professoren am nächsten Tag teilnehmen.

Dieser Tag gestaltete sich überaus informativ. Einer unserer Gesprächspartner, ein Herr Professor Saulter, war interessanterweise zugleich der wissenschaftliche Leiter des Saturn-Projektes von General Motors, also der Konkurrenz von VW – so etwas war zu jener Zeit auch nur in den USA möglich. Als Einstieg erhielten wir eine umfassende Übersicht über die wirtschaftliche Situation der USA, sowohl auf gesamtgesellschaftlicher als auch auf betriebswirtschaftlicher Ebene. Die gewaltigen Rüstungsanstrengungen der Reagan-Regierung hatten inzwischen ein Haushaltsdefizit von 150 Milliarden Dollar entstehen lassen. Die Vergabe hoher Inlandskredite bzw. Subventionen unter anderem an die US-Landwirtschaft hatte zur Folge, dass diese inzwischen höher verschuldet war als Brasilien und Mexico zusammen. Dies alles ging zwangsläufig zulasten anderer Staatsausgaben. Absehbar seien weitere Senkungen im Sozialbereich, mit fatalen Folgen für die jetzt bereits am Rande der Gesellschaft lebenden Millionen von US-Bürgern. Es war die Zeit der wieder in großer Zahl entstandenen öffentlichen Suppenküchen in den USA.

Auf der anderen Seite standen große Strukturveränderungen in der US-Wirtschaft. Sie wurden begleitet von einem fast allgegenwärtigen Glaubensbekenntnis: »Wir Amerikaner schaffen das!« Zudem kündigten die US-Unternehmen an, man wolle die Arbeitnehmer in die Entscheidungsprozesse mit einbeziehen. Professor Saulter behauptete schließlich, in den USA habe sich das gesellschaftliche Bewusstsein verändert. Aus seinen Erläuterungen zur US-Automobilindustrie wurde deutlich, dass vor allem der Druck der Japaner auf den amerikanischen Binnenmarkt diese Veränderungen hervorgerufen hatte. Neben den in den USA üblichen Arbeitgeber-Arbeitnehmer-Beziehungen favorisierte er deutsche Mitbestimmungsformen als auch für die USA zwingend notwendig, wenn man langfristig bestehen wolle. Die inzwischen in den USA abgeschlossenen Kooperationen amerikanischer Autoproduzenten mit einer ganzen Reihe japanischer Hersteller seien nach seiner Meinung mit großer Vorsicht zu bewerten; der Versuch, die Japaner einzubinden, werde vermutlich zu der Konsequenz führen, dass weitere Überkapazitäten in den USA aufgebaut würden. Seine Frage, warum eigentlich nicht auch VW diesen Weg der Kooperation gehe, blieb von VW-Vertretern unbeantwortet. Diese Haltung markierte auch unser Problem: War es wirklich so, dass VW neben den großen drei US-Konzernen General Motors, Ford und Chrysler in den USA bestehen könnte? Die Frage, warum VW als einer der ersten nichtamerikanischen Autoproduzenten in den USA scheiterte, aber alle danach gekommenen, vor allem die Japaner, nicht nur überlebten, sondern sogar ständig expandierten, ist bis heute unbeantwortet geblieben. Eine damals mögliche Zusammenarbeit mit Chrysler wurde in Wolfsburg abgelehnt. Man wolle doch nicht einen vor der Pleite stehenden Konzern retten, hieß es.

Die Antwort von General Motors auf die sich abzeichnende »japanische Herausforderung« lautete, so Professor Saulter, »Saturn«. Ganz Amerika stehe dahinter, sogar Präsident Reagan sei ein großer Verfechter dieses Projekts. Hersteller und Gewerkschaften würden es gemeinsam unterstützen, in einem Tarifvertrag seien die kompletten Fertigungsformen, technisch wie organisatorisch, vereinbart. Ein für die USA revolutionäres Miteinander! Man wolle einen neuen amerikanischen Weg gehen, um aus der Sackgasse herauszukommen. Es folgte eine detaillierte Erläuterung des Vorhabens. Mit den besten Wünschen für ein gutes Gelingen unserer Gespräche in den nächsten Tagen gingen wir auseinander.

Am nächsten Morgen – einem Sonntag – flogen wir weiter nach Detroit. In einem der großen Vororte bezogen wir unser Hotel. Bis zum Nachmittag hatten wir Ruhe, danach waren wir zu Gast im Hause von Bill Craig, einem der Vizepräsidenten bei der VW of America, zuständig für Personal. Er wohnte mit seiner Familie in einem der besseren Stadtteile: gepflegte Häuser mit gepflegten Gärten in ruhiger Gegend, überall vor den Häusern wehte die Nationalflagge. Es war eine typisch amerikanische Party, in allen Räumen, vom Boden bis in den Keller, ein völlig unkompliziertes, lockeres Beisammensein. Man hatte das Gefühl dazuzugehören. Das Ganze zog sich bis in den Abend hinein. Danach ging es weiter in ein originelles Restaurant, und zu unser aller Überraschung landeten wir auf dem Fest der Iren, die den Saint-Patricks-Day feierten. Wir bekamen alle grüne Hüte verpasst. Ein mehr als angenehmes Kennenlernen privaten amerikanischen Lebens.

Am Montag früh ging es entgegen aller Gepflogenheiten nicht in die Zentrale von VW of Amerika, sondern zu einem Treffen mit den Gewerkschaftskollegen von General Motors. Auch hier, entgegen sonstiger Praxis, nicht im Gewerkschaftshaus, sondern im Tower der General Motors Zentrale. Wir betraten damit eine eigene Welt, die uns den Eindruck vermittelte, man wäre im Zenit des Geschehens angekommen. Ich habe nur in der Zentrale von Toyota einen ähnlichen Eindruck gehabt. Fast euphorisch wurde uns von unseren Gewerkschaftskollegen das Saturn-Projekt vorgestellt. Der Empfang im Tower symbolisiere die neue Zeit bei GM. Auch hier das bekannte, fast nationalistische Pathos: »Wir Amerikaner packen es!« Es war verbunden mit Drohgebärden, dass man alle Einfuhren von Autos in die USA stoppen wolle. Die von ihnen ebenfalls vorgetragenen Sorgen und Probleme, die hohen Abbauzahlen bisheriger Arbeitsplätze bei General Motors bzw. generell in der US-Autoindustrie, machten allerdings einen Teil ihres Verhaltens verständlich. Die Arbeitsplatzverluste bedeuteten natürlich auch eine erhebliche Schwächung der Gewerkschaften, weil ihnen dadurch eine erhebliche Anzahl von Mitgliedern verloren gingen.

Für das neue Projekt Saturn habe man einen speziellen Tarifvertrag mit einem für Amerika revolutionären Inhalt ausgehandelt. Ein paritätischer Lenkungsausschuss sei das oberste Organ für das Projekt, ausgestattet mit der Verpflichtung zum Konsens in allen strittigen Fragen. Die Beteiligung der Arbeiter sei oberstes Ziel und Gruppenarbeit ein Teil der Arbeitsorganisation. Saturn sei die amerikanische Antwort auf die deutsche Mitbestimmung. Dass das alles später in der Realisierungsphase eine Nummer kleiner ausfiel, ist meines Erachtens zweitrangig. Überzeugend war – damals zumindest –, dass ein solcher Aufbruch in den USA angegangen wurde.

Am Nachmittag gab es dann doch noch die traditionelle Präsentation des Vorstandes von VW of Amerika. »Zur Lage von Volkswagen in den USA« lautete das Thema. Alles in allem eine dürftige Vorstellung, man wurde den Eindruck nicht los, dass die Fabrik in Westmoreland schon abgeschrieben war. An allem seien die Japaner schuld, die mit Billigimporten den Markt kaputtmachten und die, aus Angst vor Importrestriktionen der US-Regierung, in den USA Fertigungsstätten aufbauten. Man sprach von 220.000 Kapazitätseinheiten, die schon geschaffen wären, und die bis 1989 auf eine Million anwachsen sollten. Die Fabrik in Westmoreland habe noch 1.000 Werksangehörige bei einem täglichen Einschichtbetrieb und der Fertigung von 400 Autos, bei einem Break-Even von 1000 Einheiten. Das sei nur noch eine Auslastung von 43% und schon mehr als ruinös. Man könne nur überleben, wenn möglichst schnell der Jetta zur Fertigung in den USA freigegeben würde. Der Golf sei eben nicht das Auto der Amerikaner. Auf die Fragen, warum die japanischen Kleinwagen von den Amerikanern gekauft würden, gab es nur Ausreden. Es fehlte eine eigene Konzeption. Man hatte sich offenbar bereits wieder auf ein reines Verkaufs- bzw. Handelsgeschäft eingestellt. Das Feld wurde den Japanern überlassen, und ich fand meinen Verdacht bestätigt, den ich in Wolfsburg bei Debatten, wenn es um Amerika ging, bereits seit längerem hatte: Die Fabrik sollte verschwinden.

Am nächsten Tag ging es mit dem VW-eigenen Flugzeug – in den USA brauche man so etwas wegen der Entfernungen, war die Begründung – nach Westmoreland, Pennsylvania, in die Golf-Fabrik. Was wir dort vorfanden, war schon imponierend. Ich war ja nach zehn Jahren das erste Mal wieder hier und fand eine moderne Fabrik mit Schweißroboterstraßen modernster Bauart vor. Allerdings handelte es sich um eine einseitige Technik, nur für den Golf geeignet und völlig unflexibel und mit hohen Umrüstkosten verbunden, wenn man andere Typen dort bauen wollte. Lag

Die Golf-Fabrik in Westmoreland

etwa da das Problem? Wir trafen auf eine hoch motivierte Mannschaft, die vom Werkleiter bis zum letzten Gewerkschaftsfunktionär für die Erhaltung dieses Standortes kämpfte. Eine Präsentation des Werkmanagements, die sich deutlich von dem abhob, was wir am Vortage in Detroit gehört hatten. Man präsentierte tatsächlich Alternativen, das Ganze hatte Hand und Fuß und war mit den Gewerkschaften abgesprochen. Aber es gab keine Chance mehr, die Vorhaben umzusetzen, das Todesurteil für diesen Standort hatten bereits andere gefällt. Ich bin noch heute davon überzeugt, dass VW noch Mitte der 80er Jahre in der Lage gewesen wäre, das Ruder herumzureißen. Ich habe nie verstanden, warum ein Mann wie Carl Hahn, der gerade in den USA seine größten Erfolge in jungen Jahren hatte, nicht stärker für den Erhalt dieses Standorts gekämpft hat. Wir flogen am späten Nachmittag zurück nach Detroit, und ich konnte lange die hoffnungsvollen Augen meiner Kollegen nicht vergessen, die sich von unserem Besuch noch eine Wende ihres Schicksals versprachen. Aber zu dem Zeitpunkt waren die Dinge schon entschieden.

Am Tag darauf reisten wir zurück nach Deutschland. Die Entwicklung in den USA sollte uns in den nächsten Monaten nicht mehr loslassen. Wir hatten während unseres Besuches bereits erfahren, dass GM ein weiteres, mindestens ebenso revolutionäres Vorhaben wie Saturn in Kalifornien betrieb, ein Projekt mit dem Namen »Numi« in Kooperation mit einem Japaner. Und dieses Projekt sollte gegebenenfalls Ziel einer weiteren Reise in die USA im Herbst des gleichen Jahres werden.

Aber zunächst hatten wir andere Sorgen. Die Nachfolge Siegfried Ehlers stand an und musste entschieden werden. Walter Hiller war bereits seit dem letzten Jahr sein Stellvertreter, sowohl in Wolfsburg als auch im Gesamtbetriebsrat. Auf ihn lief die Nachfolge förmlich zu. Walter hatte sich intensiv bemüht, das Vertrauen seiner Kolleginnen und Kollegen in den Außenwerken zu erwerben. Wir wurden natürlich oft gefragt, wieso eigentlich immer aus Wolfsburg diese Besetzung erfolgte. Wolfsburg war nicht nur der Standort der Zentrale des Konzerns, hier waren auch die meisten Beschäftigten angesiedelt. Gegen die Wolfsburger wäre eine gute Interessenvertretung kaum zu machen gewesen. Aber etwas anderes war entscheidend: Walter hatte unser Vertrauen, und wenn er in Wolfsburg als Nachfolger gewählt würde, stand dem Vorsitz im Gesamtbetriebsrat nichts im Wege. Mit dieser Marschroute wurde auch in den nächsten Wochen die Komplettierung der offenen Funktionen im Gesamtbetriebsrat vollzogen. In Braunschweig war mit Axel Barner ein ausgezeichneter Kollege zum Nachfolger für den verstorbenen Heinz Pabst gewählt worden, und damit auch für den Gesamtbetriebsausschuss. Das war die Folge einer VW-internen Regelung zwischen den Betriebsräten aller Werke: Der jeweilige Vorsitzende wurde nicht nur Mitglied im Gesamtbetriebsrat, sondern er wurde auch in den Gesamtbetriebsausschuss gewählt. Ein überaus erfolgreiches Verfahren über all die Jahre!

Eine der ersten Aufgaben des neuen Gremiums war es, die nächste internationale Tagung der Betriebsräte für den VW-Konzern im September des Jahres vorzubereiten, die längst überfällig war. Wir hatten bereits in den 70er Jahren damit begonnen, gemeinsam mit der IG Metall unter Federführung des Internationalen Metallarbeiter-Bundes solche Konferenzen durchzuführen. Diesmal stand nicht nur das Dauerthema Südafrika im Mittelpunkt; es hatte sich herumgesprochen, dass es ernsthafte Absichten gab, Westmoreland dichtzumachen. Ebenso stand in Brasilien ein Zusammengehen mit Ford zur »Autolatina« an. Dort sollten eine erhebliche Anzahl Arbeitsplätze abgebaut werden. Es wurde eine lebhafte Tagung. Trotz aller Debatten und Resolutionen waren einige Entwicklungen nicht aufzuhalten. Wie so oft, waren die angeblichen Sachzwänge und Fakten stärker, auch wenn sie sich später als falsch herausstellten. Sowohl eigene Fertigungsstätten in den USA sind wieder im Gespräch, als auch die Trennung von Ford in Brasilien (inzwischen längst vollzogen) beweisen dies.

Neue Arbeitsorganisation (Oktober 1986)

Im letzten Drittel des Jahres 1986 kam es zu einem weiteren Aufenthalt in den USA. Das, was da unter dem Begriff »Numi« zu uns übergeschwappt war, hörte sich noch gewaltiger an als das »Saturn«-Projekt. Eine völlig neue Philosophie der Arbeitnehmer-Arbeitgeber-Beziehungen auf Grundlage einer neuen Arbeitsorganisation sollte da entwickelt worden sein, und das alles ohne Konflikte, mit einer GM-Belegschaft in einer Fabrik in Kalifornien, die bisher vor allem für Streiks bekannt war. Das Projekt basierte schließlich – und das war ebenfalls neu – auf einer Kooperation zwischen General Motors und Toyota. Und das Ganze war nicht etwa als ein neues Projekt auf der grünen Wiese entwickelt worden, sondern sollte in einer schon bestehenden GM-Fabrik in Freemont/Kalifornien umgesetzt werden.

In fast gleicher Besetzung wie im Frühjahr flogen wir Ende Oktober nach San Francisco. Der größere Teil der Gruppe war bereits am 28.10. abgeflogen, Karl-Heinz Briam und zwei seiner Mitarbeiter und ich flogen aus Termingründen erst am Tage darauf. Nach einem durch ein ausgedehntes Skatspiel – Karl-Heinz Briam war als begeisterter Skatspieler bekannt – kurzweilig verlaufenen Flug war es endlich soweit, unter uns tauchte San Francisco, der Traum aller US-Reisenden, auf. Schon der Blick aus dem Flugzeug war überwältigend. Beeindruckend war die San Francisco Bay, die in glänzendem Licht unter uns lag. Im Scott Hopkins, einem Hotel auf den Hügeln mit dem Blick weit über die Stadt, nahmen wir Quartier. Eine Einladung zum Abendessen, sonst ein sehr angenehmer Anlass, wurde wegen der Zeitverschiebung fast zum Martyrium. Es muss nach mitteleuropäischer Zeit schon gegen Morgen gewesen sein, als wir in einem sehr schönen Fischlokal an Fisherman's Wharf eintrafen, einige von uns hatten erhebliche Schwierigkeiten und mussten wiederholt an die frische Luft, um gegen die Müdigkeit anzukämpfen.

Am nächsten Morgen führte ein Prof. Stoner von der Stanford-Universität, der dieses Projekt wissenschaftlich begleitete, in das Thema »Numi« ein. Uns wurde sehr schnell klar: das war »Toyotismus« in höchster Vollendung, genau das, was uns in Europa Anfang der 90er Jahre als neue Heilslehre aus Japan verkauft werden sollte. »Numi« sei, so Prof. Stoner, inzwischen Allgemeingut innerhalb der Belegschaft geworden. Mit einer Reihe von Begriffen versuchte er dies deutlich zu machen: KAIZEN – ständige Verbesserung in allen Bereichen der Fabrik, KANBAN – alles zur rechten Zeit am rechten Ort, MUDA – jede Verschwendung verhindern, Überstunden, Material usw., JIDOKA – jeder kann die Linie stoppen –

Die Cable-Car in San Francisco

usw. Hinter den Begriffen verbargen sich eine Reihe von Erkenntnissen, die, hätten wir sie damals im eigenen Konzern angewendet, vielleicht hätten dazu beitragen können, bei uns die eine oder andere technologische Übertreibung zu vermieden. Zum Beispiel Limited Roboties – Roboter nur soviel wie nötig bzw. oder nur, wenn ein Gewinn nachweisbar ist.

Prof. Stoner behauptete, »Numi« suche nicht nur wegen der Gewinnmaximierung nach anderen Lösungen, sondern auch aus Gründen der Humanität. Er bestritt dabei keinesfalls eine Zunahme von Leistungsdruck, und er machte auch keinen Hehl daraus, dass die Einführung von Mitbestimmungselementen, die er bejahe, ebenfalls zur Erreichung einer höheren Produktivität eingesetzt werden sollte. Inzwischen sei die Einführung des japanischen Management-Systems abgeschlossen. Dazu gab er ebenfalls einige interessante Begriffe und ihre Bedeutung zum besten: RINGI – Entscheidungsfindung durch Konsens, Gemeinschaftsgefühl, Teamwork sei gefragt. Harmonie in der Arbeitsgruppe sei höchstes Gebot. Sogar die in Japan übliche lebenslange Beschäftigungsgarantie wolle man in Kürze vereinbaren. Für Amerika völlig neue Töne! Bisher war eher das »Heuern und Feuern« Markenzeichen amerikanischen Wirtschaftens gewesen. Kritische Fragen nach dem Verhalten des GM-Management, das in der Vergangenheit als besonders rauhbeinig aufgefallen war, wurde zwar zurückhaltend, aber doch positiv beantwortet. Prof. Stoner trug eine vernichtende Kritik am Top-Management von GM vor, insbesondere am amtierenden GM-Präsidenten Smith: »Der hat trotz allem nichts dazugelernt«! Alles, was wir von Prof. Stoner hörten, machte uns neugierig auf die Fabrik, die wir am anderen Tag besuchen wollten.

Den Rest des Tages nutzten wir zu einer, wenn auch nur kurzen Besichtigungstour dieser mehr als interessanten Stadt. Fisherman's Warf am Tage, weiter durch The Cannery Halls zur Golden Gate Bridge, zurück mit den berühmten Cable-Cars in die Chinatown von San Francisco, dem größten zusammenhängenden Wohnkomplex chinesischen Lebens außerhalb Chinas. San Francisco ist überhaupt eine multikulturelle Stadt mit spanischen, italienischen und natürlich vor allem mexikanischen Einwandern, aber auch eine Stadt, in der die Nähe zur anderen Seite dieser Welt in Asien spürbar war.

Am nächsten Morgen ging es dann zur GM-Fabrik nach Freemont, nicht allzu weit südlich von San Francisco gelegen. Die Fabrik lag mitten im Grünen, im Hintergrund die Gebirgskette der Sierra Nevada. Es war noch immer ein wenig kompliziert, als Besucher in diese Fabrik hineinzukommen. Schließlich gab es jedoch einen überaus herzlichen Empfang. Die Produktionsabläufe waren auf den ersten Blick eigentlich ungewöhnlich – und dann doch sichtbares Teamwork, sogar an den Bändern. Die Arbeitsorganisation war – ähnlich wie in Japan – völlig auf die Produktion ausgerichtet. Arbeitsvorbereitung sowie Instandhaltung waren Teil des Teams. Störungen wurden direkt vom Team beseitigt. In der Kantine zeigte sich das, was wir von Japan schon kannten: der Werkleiter und weitere Führungskräfte in einer Reihe gemeinsam mit den Arbeitern beim Essenfassen. Das war keine Show, wie das einige von uns vermuteten. Die Gewerkschaftskollegen bestätigten: Dies sei ein völlig verändertes Klima, total gegensätzlich zu dem teilweise brutalen Führungsverhalten früherer Zeiten in dieser Fabrik. Die UAW stehe voll hinter diesem Projekt, obwohl mit weniger Personal mehr Autos gefertigt würden.

Die frühere GM-Fabrik hatte fast zwei Jahre stillgestanden. Erst durch die Kooperation mit Toyota sei die Fertigung von Kleinwagen wieder aufgenommen worden (Toyotas mit amerikanischem Namen). Andererseits stand die Gewerkschaft mit dem Rücken zur Wand und musste Vereinbarungen wie Überstunden ohne Bezahlung, Qualitätszirkel außerhalb der Arbeitszeit, Teambildung mit dem eindeutigen Ziel einer Leistungssteigerung zustimmen, um nur einige Beispiele zu nennen. Es gab auch Äußerungen von Kritikern, die UAW werde erpresst. Dies hörte man aber nur hinter vorgehaltener Hand. Die offizielle Position war: Unterstützung der Veränderungen, in der Hoffnung auf eine Chance für die Zukunft dieses Standorts. Als ich einige Jahre später die Gelegenheit hatte, die gleiche Fabrik noch einmal zu besuchen, sah es zumindest so aus, dass die Hoffenden Recht behalten hatten. Bei einer Würdigung des Gesehenen unter uns waren wir uns einig: Verbunden mit einer Arbeitsplatzgarantie für die Beschäftigten wäre das eine oder andere auch auf uns übertragbar. Wir hatten das Ende des offiziellen Teils der Reise erreicht. Einige von uns mussten zwingend zurück nach Deutschland, andere, fast die komplette Truppe unserer Kollegen von der VW of America, wollten verständlicherweise zurück zu ihren Familien. Ein kleinerer Teil, zu dem diesmal auch ich gehörte, wollte das Wochenende nutzen, um einiges mehr von Land und Leuten zu sehen. Am Nachmittag fuhren wir über den 17-Meilen-Drive, ein Eldorado für Golfer, nach Carmel. Unterwegs eine romantische Küstenlandschaft, keinesfalls die an solchen Orten in Europa übliche touristische Massenansammlung, eher das Gegenteil: Die riesige Weite des Landes wurde uns dort so richtig bewusst. An einem der besonders schönen Aussichtspunkte hätte ich, so behauptete später einer der Teilnehmer gesagt:»Es gibt doch noch was Schöneres als Tarifverhandlungen auf dieser Welt!« An Carmel, einen wunderschönen Ort mitten im Grünen, umgeben von Pinienwäldern, mit dem Schauspieler Clint Eastwood als Bürgermeister, erinnere ich mich besonders gern, weil ein besonderes Erlebnis dazu beigetragen hat, mein Weltbild über Amerika, genauer über die Amerikaner, positiv zu verändern: Zum Abschluss unseres Besuchs waren wir zum Abendessen in einem kleinen Lokal mit dem ins Deutsche übersetzten Namen »Zum goldenen Löffel« eingekehrt. Zurück im Hotel, schon gegen Morgen, nach unruhigem Schlaf, sortierte ich die Unterlagen für die Weiterreise; plötzliches Entsetzen: Meine Umhängetasche mit allen Papieren, einschließlich der Tickets für die Rückreise, war verschwunden! Wer das einmal erlebt hat, weiß, was man in einem solchen Falle empfindet: verzweifeltes Suchen. Und plötzlich ein Klopfen an der Tür: Douglas Hunter, einer unserer amerikanischen Begleiter, stand mit meiner Tasche in der Hand in der Tür! Mir fiel ein Stein vom Herzen. Er erzählte, er sei in der Nacht vom Wirt des Lokals angerufen worden, die Tasche habe am Stuhl gehangen und er habe sie noch in der Nacht geholt, da es in der Frühe ja schon weitergehen sollte. Das war auch Amerika, für mich eine besondere Lehre, war ich doch im Laufe der Jahre zu den Amerikanern auf Distanz gegangen.

Die Ergebnisse dieser Reise fanden ihren Widerhall in einer breiten Diskussion in den nächsten Monaten z.B. über den Grad der Roboterisierung in den Fabriken des Konzerns, oder über das Führungsverhalten des deutschen Managements. Die Position der Betriebsräte und der Personalleitungen gegenüber dem bedingungslosen Technikeinsatz wurde noch kritischer.

Ausbau der europäischen Zusammenarbeit
Spanien – Italien

Aufbruchstimmung bei SEAT (Spanien 1986)

Das Jahr 1986 hatte einen besonderen Charakter. Im Juni bereits war der Gesamtbetriebsausschuss zum ersten Mal offiziell in den SEAT-Fabriken in Barcelona und Pamplona zu Gast. VW war inzwischen bei Seat eingestiegen und nicht nur der Vorstand von Seat maß dieser Begegnung viel Beachtung bei. Es waren vor allem die spanischen Gewerkschaften, die eine hohe Erwartung an uns deutsche Betriebsräte hatten. Besonders gut war unser Verhältnis zur sozialistisch orientierten UGT. Diese Gewerkschaft war zeitgleich mit der PSOE, der Partei Philippe Gonzales, in der Endphase des Franco-Regimes neu gegründet worden. Vor allem die deutsche Sozialdemokratie und die deutschen Gewerkschaften hatten die Wiedergründung unterstützt. Es ist kein Geheimnis, dass erhebliche Mittel der deutschen Gewerkschaftsbewegung zur Stützung des demokratischen Widerstands nach Spanien flossen. Auch zu anderen Gewerkschaften, z.B. zu den kommunistisch orientierten Commissiones Obreras, bekamen wir trotz schwieriger Anfänge zu Beginn der 90er Jahre ein unverkrampftes Verhältnis. Die Seat-Begegnungen knüpften inhaltlich an unsere frühen Reisen während der 70er Jahre an. Es ging um mehr als nur beiderseitige Information. Auf der einen Seite galt es, die gewerkschaftliche Solidarität zu fördern, auf der anderen Seiten waren diese Begegnungen ein Beitrag zur Stabilität der sich im Neuaufbau befindlichen spanischen Gewerkschaften. Und mit den Begegnungen wurde zugleich der Grundstein für unsere künftige Zusammenarbeit im Automobilkonzern gelegt.

Der Beginn der Kooperation von VW und Seat hatte unter negativen Vorzeichen gestanden, es existierten Sanierungspläne, und Massenentlassungen waren angekündigt. Inzwischen hatte sich jedoch das Seat-Verkaufsgeschäft wieder erheblich belebt. Der Anschluss Spaniens an die EG hatte so etwas wie eine Goldgräberstimmung ausgelöst, statt Entlassungen gab es Einstellungen. Es wurden zudem erhebliche Mittel des spanischen Staates, die für einen Sozialplan vorgesehen waren, stillschweigend

Unsere spanischen Gewerkschaftskollegen

in das laufende Geschäft überführt. Da dies dem Standort nutzte und zum Erhalt von Arbeitsplätzen beitrug, war dies vertretbar. Nicht unerwähnt bleiben soll in diesem Zusammenhang, dass sich einige Jahre später, als der VW-Konzern erneut finanzielle Forderungen an den spanischen Staat erhob, sich niemand mehr an diese Transaktionen erinnern wollte.

Während unseres Besuchs spürten wir vor allem Erneuerungs- und Aufbruchstimmung, verbunden mit Expansionsgelüsten des spanischen Autoherstellers. So existierte in einer der Hallen in der Zona Franca, dem Freihafen Barcelonas, eine Seat-eigene Getriebefertigung, die besonders unsere Kasseler Interessen berührte. Wie würde sie sich in den Konzernverbund integrieren und welche Konsequenzen würde dies für den Standort Kassel haben? Und in der Seat-Fabrik in Pamplona, unserem zweiten Aufenthaltsort während dieser Reise, sollte zukünftig auch der Polo gefertigt werden, keinesfalls zur Freude unserer Wolfsburger Kollegen. Diese Konflikte und vor allem auch das Problem der unterschiedlichen Jahresarbeitsstunden, die in Spanien erheblich höher und billiger waren als bei uns, machten eine Zusammenarbeit mit unseren spanischen Kollegen zwingend notwendig, wollten wir nicht jeweils zum bloßen Spielball der Unternehmensinteressen werden.

111

All unsere Sorgen wurden mit den spanischen Kollegen offen diskutiert und wir vereinbarten, uns mit allen Mitteln gegen die Versuche, die verschiedenen VW- und Seat-Standorte gegeneinander auszuspielen, energisch zur Wehr zu setzen. Es war eine überaus fruchtbare Begegnung, die unsere damals schon angedachte europäische Zusammenarbeit zwischen den Gewerkschafterinnen und Gewerkschaftern aller VW-, Audi- und Seat-Fabriken ein gutes Stück voranbrachte.

Machtverlust der italienischen Gewerkschaften (Turin 1986)

Die im eigenen Konzern sich immer besser gestaltende Zusammenarbeit durfte uns allerdings nicht blind machen vor Entwicklungen in der gesamten Automobilbranche. Deshalb galt es zusätzlich, den Kontakt zu unseren Kollegen in den anderen Autofirmen Europas zu halten und auszubauen. In einigen VW-Standorten standen erneut größere Mechanisierungsvorhaben an, so dass im Gesamtbetriebsrat diskutiert wurde, sich in Europa umzuschauen, ob und wo ähnliches bereits umgesetzt wird. Bezogen auf die Pläne für die Standorte Kassel und Wolfsburg traf dies auf die Fiat-Fabriken in Turin zu. Nach Absprache im Gesamtbetriebsrat wurde mit Zustimmung des VW-Vorstandes für den Kasseler Betriebsausschuss ein Besuch in den Fiat-Fabriken in Turin vereinbart.

Der Fiat-Standort Mirafiori war nicht nur wegen seiner technischen Ausstattung, sprich seines hohen Mechanisierungsgrads in der Montage, im Getriebe- und Motorenbau in Europa bekannt. Schlagzeilen gemacht hatten vor allem die Umstände, unter denen sie zustande gekommen war. Erst nach heftigen Auseinandersetzungen zwischen Fiat und den italienischen Gewerkschaften hielten die neuen Techniken Einzug. Die Gewerkschaften hatten sich lange gegen jegliche Einführung neuer Technologien gesperrt – aus Sorge um den damit verbundenen Arbeitsplatzabbau. Erst nachdem in Turin fast die komplette Fiat-Mannschaft aus dem technischen Bereich, d.h. die eigenen Gewerkschaftsmitglieder, in einer großen Demonstration ihre Sorge kundgetan hatte, Fiat könne von der Entwicklung abgehängt werden, änderte sich die Situation.

Das war ein für uns nur schwer nachvollziehbarer Konflikt, hatten wir doch bereits in den 70er Jahren auf den »Oberhausener Technologietagen«, einer von der IG Metall organisierten Veranstaltung, eine grundsätzlich bejahende Haltung zur Einführung neuer Technologien eingenommen. Natürlich geschah dies mit Einschränkungen und Forderungen nach humanen Arbeitsbedingungen für die Beschäftigten, Erleichterung bei kör-

112

perlich schwerer Arbeit, Einbeziehung der Betriebsräte in die Investitions-
planungen etc. Wir waren gespannt darauf, wie die italienischen Gewerkschaften mit diesem Konflikt umgehen würden. Dies war insofern von
Bedeutung, als sie über lange Jahre hin als die erfolgreichsten in Europa
galten, die mit ihren Arbeitskämpfen auch gesellschaftspolitische Akzente
gesetzt hatten, indem sie z.b. wiederholt die italienische Industrie durch
Arbeitskämpfe gezwungen hatten, auch im unterentwickelten Süden des
Landes zu investieren.

Nach unserer Anreise mit der Bahn – für Automobil-Betriebsräte zumindest damals noch ungewöhnlich – hatten wir zunächst mit Vertretern
der Stadt Turin eine Begegnung im Rathaus der Stadt vereinbart; Parlamentskollegen von mir hatten dies ermöglicht. Der sozialistische Bürgermeister, der einen überaus kompetenten Eindruck machte, erläuterte uns
die Situation der norditalienischen Metropole. Es war erschreckend zu
hören, wie eine solche Millionenstadt von dem Wohl und Wehe eines einzelnen Industrieimperiums, dem FIAT-Konzern, abhängig ist. Der Bürgermeister machte anhand von Zahlen deutlich, wie viele Arbeitsplätze die
gewaltige Mechanisierungswelle in den FIAT-Fabriken seit Beginn der 80er
Jahre gekostet hatte. Zur Zeit habe man in der Stadt über 13% Arbeitslose
und noch erheblich mehr Kurzarbeiter. Viele Süditaliener, die früher ständig für Zuzug sorgten, blieben nicht nur aus, sondern waren durch den
Arbeitsplatzabbau gezwungen, in ihre Heimat zurückzukehren, wo es natürlich auch kaum Arbeit gab. Vor allem das Problem der Jugendarbeitslo-
sigkeit entwickele sich, so der Bürgermeister, immer mehr zu einer Bedrohung für die Stadt – ein Problem, das sie nicht allein lösen könne. Insofern
habe man unter Rückgriff auf EG-Mittel Aus- und Weiterbildungskonzep-
te entwickelt. Für mich als Abgeordneten des Europa-Parlaments war es
erstaunlich, über welch weitreichende Kenntnisse die gesamte Palette der
EG-Programme die Verantwortlichen dieser Stadt verfügten, etwas, was
man deutschen Kommunalverwaltungen bei ähnlichen Problemen nur em-
pfehlen kann.

Der Nachmittag dieses Tages blieb einer Stadtrundfahrt vorbehalten.
Wir gewannen den Eindruck, dass Turin trotz aller dargestellten Schwierigkeiten eine moderne und lebensbejahende Stadt war. An den Gebäuden,
Palästen, Straßen und Plätzen wurde deutlich, wie sehr Vergangenheit und
Gegenwart in dieser Stadt verschmolzen sind. Das Straßennetz ist großzügig, die Arkaden, die die Hauptstraßen im Zentrum miteinander verbin-
den, sehenswert und besonders fielen die zahlreichen Park- und Grünanlagen und die mit Bäumen bestandenen Alleen und Straßen dieser von der
Automobilindustrie dominierten Großstadt auf.

Bei der Begegnung mit den italienischen Gewerkschaften zeigten sich einmal mehr die Vorteile der in Deutschland durchgesetzten Einheitsgewerkschaft. Die Gespräche gestalteten sich schon deshalb schwierig, weil die italienischen Kollegen im ausgewogenen Verhältnis der verschiedenen Richtungsgewerkschaften vertreten sein sollten. Von den drei Dachverbänden, die bei Fiat Mitglieder hatten, waren jeweils zwei Vertreter anwesend. Allein das zu organisieren, war schon ein schwieriges Unterfangen, zumal darauf geachtet werden musste, dass jeder die gleiche Redezeit erhielt. Trotz dieser Schwierigkeiten war die Begegnung produktiv; es gab Übereinstimmung in der Beurteilung einer zwingend erforderlichen europäischen Zusammenarbeit der Gewerkschaften, natürlich auch oder gerade in der Automobilindustrie.

Im Gegensatz zu unseren Haustarifverträgen gab es bei Fiat ausschließlich nationale Tarifverträge, die zentral in Rom abgeschlossen wurden. Dies machte den Kollegen vor Ort das Leben oft schwer. Auf unsere Fragen, was mit den Beschäftigten, die durch die neue Technik ihre Beschäftigung verloren hatten, passiert sei, antworteten die italienischen Kollegen ausweichend. Betriebsbezogene Regelungen, wie sie unserer Haustarifvertrag ermöglichte, waren bis dato in Italien nicht üblich. Der größte Teil der durch die Rationalisierung Freigestellten war entlassen worden. Neue Formen der Arbeitsorganisation seien in der Diskussion, einschließlich Nachtarbeit – auch für Frauen, wobei uns dies nicht nur als eine gewerkschaftliche Forderung verkauft, sondern auch noch mit dem Gleichberechtigungsargument gerechtfertigt wurde.

Anlässlich einer Werksbesichtigung bei Mirafiori wurde uns der Machtverlust der italienischen Gewerkschaften bei Fiat deutlich. Wir hatten den Eindruck, dass die hauptamtlichen Kollegen nur mit uns als Besuchergruppe in den Betrieb durften. Sie wurden vom betrieblichen Management sehr unterkühlt behandelt. Mirafiori ist eine gewaltige Fabrikanlage, die einem Vergleich mit Wolfsburg ohne weiteres standhält. Und wir sahen überall neue Technologie, gezielt an den Schwerpunkten der Fertigung eingesetzt: Der gesamte Rohbau war roboterisiert, in der Motoren- und Getriebefertigung existierten verkettete Anlagen mit modernsten Transportsystemen und computergesteuerten führerlosen Transportwagen. Auch die Lackiererei wurde mit einem hohen Anteil an Robotern betrieben.

In einem abschließenden Gespräch brachten Vertreter des Managements uns gegenüber ihre Sorgen über eine mangelhafte Zusammenarbeit der europäischen Autoindustrie zum Ausdruck. Dies gipfelte in der Forderung an die Gewerkschafter, eine solche Zusammenarbeit zu unterstützen. Wie ernst ihnen eine wirkliche Einbeziehung von Arbeitnehmervertretern in die Entscheidungen über die Entwicklungsrichtung der europäischen Automobilindustrie war, konnten wir nicht überprüfen. Die Art und Weise, wie sie mit den Arbeitnehmervertretern im eigenen Betrieb umgingen, ließ Zweifel an der Aufrichtigkeit dieser Forderungen aufkommen. Für die Mitglieder des Kasseler Betriebsausschusses bedeuteten der Besuch in Turin und die Gespräche sowohl mit den italienischen Kollegen wie mit dem Management von Fiat erlebnisreiche Tage mit Erkenntnissen, die ihr Selbstbewusstsein stärkten. Einmal mehr erwies sich der Weg des »Über-den-Zaun-schauens« zur Einordnung der eigenen Situation als der richtige.

Auswirkungen des Neoliberalismus
Brasilien 1987

Die erste Hälfte des Jahres 1987 war bestimmt von einer Reihe wichtiger Wahlen in Deutschland. Bereits im Januar fanden Bundestagswahlen und im April Landtagswahlen in Hessen statt. Im März hatten unsere Betriebsratswahlen und zum ersten Mal am gleichen Termin auch die Aufsichtsratswahlen stattgefunden. Die IG Metall hat beide Wahlen erneut bravourös gewonnen. Wahlen in einem solch großen Konzern wie VW waren stets mit einem hohen Organisationsaufwand verbunden. Bereits Ende 1986 waren die Listen der Bewerber aufzustellen, die aufgrund vieler Vorwahlen in den einzelnen Fabrikhallen zustande kamen. Nach der Wahl musste zwingend die Konstituierung der Gremien erfolgen, was bei uns mit viel Öffentlichkeit und Beteiligung der Medien verbunden war, ging es doch noch immer darum, den Menschen im Land die Aufgaben der Betriebsverfassungsorgane deutlich zu machen.

Eine neue Wahlperiode bedeutete aber auch immer Rückblick und Neuorientierung. Eine der zentralen Erkenntnisse unserer Arbeit der letzten Jahre war neben der Ausweitung der Kontrolle der Betriebsräte im eigenen Konzern die Bedeutung des sich entwickelnden neuen Europa gewesen. Es existierte leider noch immer die Sorge vieler nationaler Gewerkschaften vor möglichen syndikalistischen Entwicklungen in den Großkonzernen.

In meiner Eigenschaft als Abgeordneter des Europäischen Parlaments nahm ich im Juni an einem Kongress des Europäischen Metallarbeiter Bundes (EMB) in Sevilla teil. Hier sollte erstmals offen über eine mögliche grenzüberschreitende Gewerkschaftsarbeit diskutiert werden. Ich versuchte in vielen Einzelgesprächen mit den Delegierten der europäischen Metallgewerkschaften für die Einrichtung europäischer Betriebsräte zu werben. Der geplante »Europäische Binnenmarkt« würde zu einer erheblichen Konzentration in den verschiedensten Branchen führen, Kooperationen und Zusammenschlüsse waren bereits voll im Gange. Eine der zwingend notwendigen gewerkschaftlichen Strategien musste als Ziel die Zusammenarbeit sowohl der betrieblichen als auch außerbetrieblichen Ebene haben. Dies war unter anderem auch Beschlusslage meiner Volkswa-gen-Kollegen als Resultat der Entwicklungen im eigenen Konzern. Er-freulich war, dass es gelang, auf diesem Kongress einen solchen Beschluss zu erwirken.

Das zweite Halbjahr brachte dann doch noch wieder eine weite Reise: Das Europäische Parlament hatte mich aufgefordert, für einen erkrankten Kollegen als einer der Stellvertreter in der Parlamentsdelegation EP-Bra-silianisches Parlament an einer Informationsreise nach Brasilien teilzu-nehmen. Für mich war klar, wenn ich schon in São Paulo war, würde ich auch die VW-Fabriken in San Bernardo besuchen. Nach Rücksprache mit meinen Kollegen im Gesamtbetriebsrat wurden entsprechende Gesprächs-termine vereinbart.

Fast zum gleichen Zeitpunkt sollte unserem Arbeitsdirektor, Karl-Heinz Briam, eine Professur an einer Privathochschule in São Paulo verliehen werden. Ich erhielt die Gelegenheit, an der bei der Verleihung üblichen akademischen Feier teilzunehmen. Karl-Heinz Briam erhielt diesen Titel, der mit späteren Gastvorlesungen verbunden war, wegen seines unermüd-lichen Einsatzes für die Einführung einer Personalkonzeption an den VW-Standorten dieser Welt, die den Idealen der deutschen Mitbestimmung, also auch der Beteiligung der Arbeitnehmervertretungen an Konzernent-scheidungen entsprach oder ihr zumindest ähnlich war. Die Gastprofessur war also alles andere als eine der in Europa oft üblichen Gefälligkeitsver-leihungen, die man z.b. als Dank für eine größere Mittelvergabe an eine Universität durch gezielte Aufträge erteilt. Ich war auch ein wenig stolz, dass ein Mann der Mitbestimmung eine solche Anerkennung erhielt.

Von meinen Kollegen aus dem Europäischen Parlament hatte ich mich verabschiedet und absolvierte zusammen mit Karl-Heinz Briam in den folgenden Tagen das Programm für vom Konzern kommende Besucher. Neben den üblichen Präsentationen kam es zu einer Zusammenkunft mit dem Vorstand der neu gegründeten »Autolatina«, einer von VW und Ford gemeinsam gebildeten Holding-Gesellschaft. Wolfgang Sauer, der bishe-rige Präsident der brasilianischen VW-Gesellschaft, war auch in der Hol-ding der erste Mann geblieben. Er stellte uns die Vertreter von Ford vor, die einen äußerst fachkundigen Eindruck vermittelten. Alles in allem ver-mittelte man uns während dieser Veranstaltung das Gefühl, es seien die Dinge im Unternehmen gut gerichtet und es gäbe nur Grund für eitel Freu-de und Sonnenschein. Diese Ansicht wurde allerdings bei weiteren Ge-sprächen während der nächsten Tage von keinem der VW-Manager ge-teilt. Es gab eine einheitliche Front der Deutschen und der Brasilianer gegen diesen Zusammenschluss, den sie für strategisch falsch hielten –

mit Ausnahme von Herrn Sauer, der zumindest offiziell diesen Schritt verteidigte. Ich weiß allerdings aus späteren Begegnungen, dass auch er ähnliche Vorbehalte hatte wie die anderen. Sie bestanden vor allem darin, dass Englisch als offizielle Geschäftssprache eingeführt wurde, nur weil dies die Ford-Leute so wünschten. Eine völlig übertriebene Geste des VW-Vorstandsvorsitzenden Carl Hahn gegenüber den Amerikanern, so war die einhellige Meinung, und ein Affront gegen die portugiesisch sprechenden Brasilianer, aber auch gegen die deutschen Vertreter im Management, die alle extra Portugiesisch gelernt hatten.

Die Ablehnung des Konstrukts von »Autolatina« entsprang aber nicht nur dem durch die Entscheidung über die Geschäftssprache zum Ausdruck ausgelösten Gefühl, kulturell in den Hintergrund gerückt zu werden, sie hatten durchaus sachliche Gründe. VW hatte nachgewiesenermaßen die besseren und moderneren Produkte. Deutsche Diplomaten, die ich in diesen Tagen in großer Zahl traf, ließen durchblicken, dass sie die strategische Option von VW bei diesem Schritt für »Irrsinn« hielten, denn VW sei inzwischen in Brasilien ein nationaler Faktor, vergleichbar mit der nationalen Fluggesellschaft »Varig«, nur Ford könne von dieser Zusammenarbeit profitieren.

Auch die Gewerkschaftskollegen, mit denen ich in diesen Tagen zusammentraf, hatten die schlimmsten Befürchtungen. Ford war als rigoroses Unternehmen gegenüber seinen Mitarbeitern bekannt. Viele der Befürchtungen sind zwar später nicht eingetroffen, aber der Einfluss der deutschen Betriebsräte ist in all den Jahren danach auf ein Minimum zurückgegangen. Mit der Begründung, es sei ja keine VW-eigene Gesellschaft mehr, fand man immer wieder einen Anlass, an uns übermittelte Forderungen unserer brasilianischen Kollegen zu umgehen.

Seit meinem ersten Besuch in Brasilien waren inzwischen immerhin mehr als zehn Jahre vergangen. Was hatte sich seitdem verändert? Wenn ich mich sarkastisch ausdrücken wollte, dann war mein erster Eindruck, dass man noch zu Anfang der 70er Jahre die Polizei gegen streikende Arbeiter brauchte, während man sie nun eher benötigte, um die fertigen Autos, die zum Abtransport zu den Händlern bereitstanden, zu schützen. Es gab nicht nur die Diebstähle von einzelnen fertigen Fahrzeugen auf dem Werksgelände, sondern es wurden immer wieder ganze Transporte abgefangen, die dann auf Nimmerwiedersehen in diesem großen Land verschwanden. Aber es blieb nicht mehr nur bei Raub und Diebstahl. Inzwischen bedrohte die gewachsene Kriminalität – Sachverständige sprachen von Armutskriminalität – auch Leib und Leben insbesondere der Reichen. Letztere lebten in streng bewachten Hochhäusern. Hubschrauber holten die Herren zum Feierabend aus der Fabrik ab und flogen sie auf die Dächer der Gebäude, in denen sie wohnten. Wie anders noch vor zehn Jahren: Damals wohnten die Reichen – wie die Großgrundbesitzer Europas – auf herrlichen Haziendas, sozusagen in »Gottes freier Natur«. Von der Aufbruchstimmung, die ich während meiner ersten Reise nach Brasilien gespürt hatte, war nicht mehr viel übrig geblieben. Viele der damaligen Vorhaben waren entweder nie ernsthaft betrieben worden oder aber gescheitert. Statt der geplanten großen Siedlungsbauten gab es nun zig weitere Elendsquartiere, Favelas genannt; der Armengürtel um São Paulo hatte sich gigantisch ausgeweitet. Auf der anderen Seite mussten die Besitzenden als Preis ihres Reichtums die ständige Bedrohung hinnehmen. Noch vor zehn Jahren war es selbstverständlich, dass man als Besucher durch die Straßen São Paulos promenierte, jetzt wurden wir ständig von zwei Bodygards begleitet, die jeden unserer Schritte überwachten. Die Kriminalitätsrate war dramatisch angestiegen. Dies sollte eigentlich ein Lehrbeispiel für all jene konservativen Gesellschaftspolitiker und neoliberalen Wirtschaftsführer auch in Europa sein, die das bestehende Sozialsystem immer wieder gern in Frage stellen. Dass soziale Sicherheit eben nicht nur eine Sache der Humanität und sozialer Gerechtigkeit ist, kann in Ländern wie Brasilien besichtigt werden. Auch den Reichen wird die Konsequenz einer solchen Politik auf oder vor die eigenen Füße fallen. Was nutzt ihnen also all ihr Reichtum, wenn sie ihn nicht genießen können, könnte man argumentieren, wenn sie denn Argumenten zugänglich wären.

Den dramatischen Veränderungen im Land begegneten wir auch am nächsten Tag bei einem Abstecher an die Küste nach Santos. In Caracu, einem wunderschönen kleinen Ort etwas oberhalb von Santos, in einem kleinen Hotel, in dem wir zum Essen eingekehrt waren, erzählte man uns von einem Überfall gerade auf dieses Hotel einige Wochen vorher, wobei eine gut organisierte Bande die Gäste um Schmuck und Barschaft erleichtert hatten.

Nachdem wir in Caracu auch etwas ausgespannt hatten, waren wir der Empfehlung von Freunden gefolgt, die immer wieder gerade von dieser Ecke Brasiliens geschwärmt hatten, und nach Salvador Bahia gereist. Wovon die Freunde allerdings nicht gesprochen hatten, war das mörderische Klima, feucht und schwül, das uns dort erwartete, und der Modergeruch, der in vielen Teilen der Stadt in der Luft hing. Ich habe meine Zweifel, ob er allein durch das Klima verursacht war, wenn ich an die vielen Menschen denke – vor allem Alte –, die auf riesigen Müllbergen nach etwas Essbarem suchten. Trotzdem habe ich Salvador Bahia auch als eine Stadt mit enorm vielen historisch interessanten Gebäuden aus der portugiesischen

Kolonialvergangenheit in Erinnerung. Salvador war eine der ersten befestigten Städte der Portugiesen nach der Kolonisierung Brasiliens, sie war fast 200 Jahre Hauptstadt und wurde erst 1763 durch Rio abgelöst. In ihrem Baustil eine typisch portugiesische Stadt, mit Ober- und Unterstadt, wobei durch Überbauungen vieles verwischt wurde. Ein 70 Meter hoher elektrischer Aufzug zwischen Unter- und Oberstadt erinnert stark an Lissabon. Und es gab Kirchen über Kirchen in der Stadt, wobei ich den Eindruck hatte, dass den Naturreligionen Afrikas ein großer Raum eingeräumt war. Das hing sicherlich damit zusammen, dass die überwiegend schwarze Bevölkerung, Nachfahren ehemaliger aus Afrika verschleppter Sklaven, noch immer das Stadtbild und Sitten und Gebräuche bestimmten.

Auf der Rückreise verbrachten wir noch einen Zwischenaufenthalt in Rio, und von dort aus flogen wir zurück nach Deutschland. Nach unserer Rückkehr habe ich wiederholt dem VW-Vorstand die Bedenken und Vorbehalte, die ich in Brasilien gegen die neue Gesellschaft »Autolatina« gehört hatte, vorgetragen und vor allem auf das völlig ablehnende Verhalten des dortigen VW-Managements hingewiesen. Dies konnte und durfte den Wolfsburgern doch nicht gleichgültig sein! Aber es war bereits alles zu spät, die Verträge waren längst unter Dach und Fach. Günther Hartwich, Vorstandsmitglied für die Produktion, der als Vertreter von VW im Aufsichtsrat der neuen Gesellschaft saß, war zwar offen dafür, die eine oder andere Anregung mitzunehmen, aber Grundsätzliches zu ändern, dazu war man zu dem Zeitpunkt nicht mehr bereit. Die Ford-Leute waren zu jener Zeit finanziell die erfolgreicheren, und VW hoffte, daran partizipieren zu können und vor allem wieder Gewinn zu machen. Dass dies gerade in Brasilien auch nötig war, war kaum zu bestreiten, hatte doch der Konzern in den letzten Jahren erhebliche Mittel zum Ausgleich transferieren müssen. Inzwischen hatte sich die Ertragslage des Konzerns dramatisch verschlechtert, so dass es so nicht weitergehen konnte.

Ein neuer Konkurrent am Weltmarkt
Korea – Japan

Im internationalen Wettbewerb war inzwischen die Konkurrenz erheblich gewachsen. Es drängten nicht nur ständig neue japanische Produkte auf den Weltmarkt, es bestand erstmals sogar die Gefahr, dass aus den japanisch-amerikanischen Kooperationen via USA zusätzlich Fahrzeuge nach Europa exportiert würden. Zu all dem kamen nun auch noch die Koreaner, die mit kleineren Modellen ebenfalls auf den Weltmarkt drängten.

In Deutschland hatte VW mit seiner Entscheidung, im Werk Hannover einen Leichttransporter von Toyota zu produzieren, einen völlig neuen Weg beschritten. Eine nicht unumstrittene Entscheidung, vor allem auch bei den europäischen Händlern, hatte man doch über Jahre gegen die japanischen Einfuhren Stimmung gemacht. Ich erinnere mich in diesem Zusammenhang, also beim Nachdenken über Vorurteile und »Stimmung machen«, an eine spätere Begegnung mit Herrn Shoichiro Toyoda, dem Präsidenten der Toyota Motors Corporation. Er erzählte mir lächelnd von seiner ersten Begegnung mit Volkswagen, von seinem ersten Besuch in Wolfsburg Anfang der 50er Jahre, und wie er sich dabei gefühlt habe; worüber er nicht sprach, war, wie man ihn behandelt hatte. Seine Bemerkungen über die nun begonnene Zusammenarbeit mit Volkswagen waren von der Gewissheit und Genugtuung geprägt, dass diese nun auf der Basis eines Toyota-Modells ablaufe.

Die Begründung von Carl Hahn für die Kooperation mit Toyota, man wolle vor allem von den Japanern lernen, zwang die Betriebsräte dazu, sich sehr schnell mit ihren japanischen Kollegen in Verbindung zu setzen. Es ging dabei sowohl um Fertigungszeiten als auch um die Art der Fertigung, wussten wir doch aus eigener Anschauung um die völlig anderen logistischen Abläufe in den japanischen Fabriken. Eine Begegnung mit den Betriebsgewerkschaften Toyotas lag in beiderseitigem Interesse, wollte man nicht zum Spielball einiger wild gewordener Manager werden. Hinzu kam die feste Absicht der Hannoveraner Belegschaft zu beweisen, dass man – ebenso wie die Japaner – präzise und schnell Autos fertigen konnte, sofern man die gleichen technischen Bedingungen wie in Japan hätte. Und genau wegen der Bedingungen wurden mehrere Mannschaften aus Hannover nach Japan geschickt – mit Unterstützung und Beteiligung des Betriebsrats.

Der Gesamtbetriebsausschuss entschied nach längerer Diskussion, Verbindung zu den Toyota-Betriebsgewerkschaften aufzunehmen. Nach den ersten Kontakten kam es sehr schnell zu einer Terminabsprache. Bereits im Mai 1988 sollte der Besuch in Japan stattfinden. Interessant war, dass Carl Hahn nicht nur zu dieser Reise drängte, sondern plötzlich als weiteres Reiseziel Korea anregte. Erstmals reiste eine nur aus Betriebsräten zusammengesetzte Delegation im Mai über Seoul/Korea nach Japan. Für den inneren Zusammenhalt des Gesamtbetriebsausschusses war dies gut und für unsere Gespräche ebenfalls, wie die nächsten Tage zeigen sollten.

Noch ein weiter Weg für die Gewerkschaften (Korea 1988)

Wir flogen am Morgen des 24. Mai von Hannover nach Amsterdam, dann weiter mit der KLM, der Holländischen Fluglinie, mit Zwischenlandung in Anchorage Ortszeit 13.50 Uhr, immer in den Tag hinein, Landung in Seoul um 16.20 Uhr, wegen der Zeitverschiebung bereits am 25. Mai. Dieser gewaltige Zeitunterschied bereitete uns allen erhebliche Probleme. Das Hotel »Lotte«, in dem wir untergebracht waren, war mehr als eine feine Herberge, eher schon Teil eines großes Einkaufszentrums modernsten Zuschnitts mit riesigen Einkaufspassagen, sozusagen eine Stadt für sich. Man erzählte sich, ein in Japan reich gewordener Koreaner sei der Erbauer, der zudem ein großer Verehrer Goethes sei, daher auch der in Korea schon etwas seltsame Name des Hotels. Nach unserer Ankunft brauchten wir erst einmal eine Verschnaufpause, denn die Strapazen der Reise hatten uns schon zu schaffen gemacht. Außerdem sollte es gleich am nächsten Morgen weiter in den Süden des Landes gehen, nach Ulsan, in die Fabriken von Hyundai, einen der drei großen Automobilproduzenten im Land.

Aber am nächsten Morgen kam alles anders als geplant, ein Streik bei Hyundai machte einen Besuch in der Fabrik unmöglich. Wir packten die Gelegenheit beim Schopfe und machten uns auf eine ausgedehnte Entdeckungstour quer durch Seoul, der Hauptstadt des Landes und Austragungsort der Olympischen Spiele, die kurz bevorstanden. Seoul, von bewaldeten Hügeln auf der einen, und dem großen Han-Fluss auf der anderen Seite umgeben, war nicht nur eine interessante, weil ungewöhnliche Stadt, sondern auch eine ausgesprochen angenehme. Architektonisch reizvolle und gut erhaltene geschichtsträchtige Baudenkmäler wechselten sich ab mit

Die südkoreanische Hauptstadt Seoul

modernsten Bauten der Gegenwart. Und wir sahen herrliche Parkanlagen, in denen sich ungewöhnlich viele junge Menschen aufhielten. Von Rebellion oder Aufbegehren der Jugend spürten wir nichts. Militär und Polizei hielten sich bewusst im Hintergrund. Man wollte kurz vor Eröffnung der Olympischen Spiele auf keinen Fall erneute Unruhen provozieren, wie sie Monate zuvor noch an der Tagesordnung gewesen waren. Die Militärregierung war inzwischen zwar durch eine zivile ersetzt worden, aber immer noch eingesetzt von den Militärs. Nach deren Aussagen befand sich das Land auf dem Weg zur Demokratie, was aber noch ein langer Weg werden sollte. Ohne den Streik bei Hyundai wäre uns die Stadtrundfahrt in Seoul entgangen –wofür Arbeitskämpfe doch auch gut sein können!

Am nächsten Morgen ging dann alles wieder in geordneten Bahnen weiter. Wir trafen zunächst zu einem Gespräch mit Winfried Schneider-Deders, dem Vertreter der Friedrich-Ebert-Stiftung, zusammen, danach mit Herrn Dr. Bulch von der Deutschen Botschaft, ein weiterer Gesprächspartner war der koreanische Sozialwissenschaftler Dr. Yong dae Jung. Sie stellten uns ihre Einschätzung der politischen Situation in Korea vor; übereinstimmend gingen alle davon aus, dass sich seit dem Sommer '87 langsam ein Demokratisierungsprozess in Korea durchzusetzen beginne. Begünstigt werde diese Entwicklung durch die bevorstehende Olympiade, die der neue Präsident, der zwar noch aus dem alten Militärregime stamme, nicht gefährdet sehen möchte. Deswegen halte sich die Regierung aus vielen Dingen derzeit heraus. Man sprach von einer neuen Bewegung, die von den Studenten auf die Straßen der Stadt getragen würde. Weite Teile der Bevölkerung hätten die Bestrebungen der Studenten unterstützt. Aber auch die Arbeiterschaft in diesem sich immer mehr industrialisierenden Land war bei den ersten, die diese neue Bewegung mittrugen. Vom Süden ausgehend, nach den bestehenden Gesetzen noch illegal, kam es in den Betrieben inzwischen massenweise zu Konflikten, in deren Folge neue Gewerkschaften gegründet wurden, die sich von den staatlich reglementierten absetzten.

Nachdem sich die Regierungen anfänglich sowohl in der Wirtschaft als auch in den politischen Bereichen geweigert hatten, dieser neuen Situation Rechnung zu tragen, gab es inzwischen sogar Verhandlungen mit Vertreterinnen und Vertretern solcher Bewegungen, anstatt sie wie bisher mit staatlichen Repressionen zu bekämpfen. Eine völlig neue Erfahrung auch für die Industrie: Man musste sich nun mit den Gewerkschaften einigen. Bisher hatte man im Zweifelsfall noch immer das Militär vorgeschickt. Und auch die Tatsache, dass es im letzten Jahr zu zwei Lohnabschlüssen zwischen Gewerkschaften und Unternehmern gekommen war, zeigte etwas von der neuen Bewegung. Allerdings wurde auch vor zu viel Euphorie gewarnt. Noch immer würden die Entscheidungen im Land von einer Handvoll Menschen gefällt. Und noch immer seien die Arbeitnehmer und ihre Gewerkschaften ohne jeglichen parlamentarischen Einfluss. Man erwarte erst nach der Olympiade eine Klärung der Machtverhältnisse in diesem Land. Den Gewerkschaften bescheinigten unsere Gesprächspartner eine immer stärker werdende Bedeutung, weil die industrielle Entwicklung des Landes ständig nach oben gehe.

Nach diesen Gesprächen kam es zu einer ersten Werksbesichtigung. Ein Besuch bei Kia-Motors stand auf unserem Programm. Kia war einer der drei koreanischen Autohersteller, der sowohl mit den Japanern (Mazda) als auch den Amerikanern (Ford) in Kooperationen verbunden war. Ein zweiter koreanischer Hersteller, Daewo, arbeitete mit General Motors zusammen und der dritte Konzern, die Firma Hyundai, hatte noch keinen Kooperationspartner. Während unserer Werksbesichtigung bei Kia stellten wir fest, dass an den dort gefertigten Autos sowohl der Name Kia als auch Ford als Markenzeichen angebracht wurde. Die Pkws mit dem Label Ford waren bereits für den Export in die USA vorgesehen.

Die von uns gewünschten Gespräche mit der Betriebsgewerkschaft sorgten bei der Geschäftsleitung für erhebliche Aufregung. Ich glaube noch

Das Eingangsportal des südkoreanischen Automobilherstellers KIA

heute, dass wir ausschließlich als VW-Aufsichtsräte angekündigt waren und unsere Wünsche, auch mit den Gewerkschaftern zu sprechen, die Konzernvertreter zunächst ziemlich verwirrten. Wir wurden auf jeden Fall mit einer ungewöhnlichen Hochachtung behandelt, was nicht zuletzt durch eine Einladung zum Abendessen durch das Top-Management von Kia zum Ausdruck kam. Dies war vorher so nicht vorgesehen gewesen.

In der Kia-Fabrik wurde ständig an sechs Tagen in der Woche gearbeitet, wenn es die Absatzlage erforderte, auch am Sonntag. Die Fertigungstiefe lag etwa bei 25%, das Arbeitstempo war etwa so hoch wie bei uns. Die technischen Anlagen waren zeitgemäß und überwiegend importiert. Voller Selbstbewusstsein sagten uns die Koreaner, dass sie große Anstrengungen in der Forschung und Entwicklung unternehmen würden, um ihre Defizite auch auf diesem Gebiet auszugleichen. Der Verdienst der Beschäftigten lag umgerechnet zwischen DM 1.000,- und 1.300,-. Weil ein Kaufkraftvergleich schwierig vorzunehmen ist, soll eine andere Aussage diese Einkommenshöhe bewerten helfen: Keiner der Beschäftigten war in der Lage, sich von seinem Verdiensten ein Fahrzeug zu kaufen; und Automobilarbeiter und die Beschäftigten im Schiffsbau zählen zu der Arbeitnehmergruppe mit den höchsten Einkommen im Lande. Weibliche Beschäftigte in der Produktion gab es nicht, die Frauen spielten noch immer eine völlig untergeordnete Rolle in diesem Land.

Ein erneuter Versuch von uns, doch noch mit Vertretern der Betriebsgewerkschaft zu einem Gespräch zusammenzukommen, wurde wegen der »angespannten Lage im Land« wiederum als unmöglich bezeichnet. Wir hätten nur die Chance gehabt, einen handfesten Skandal zu verursachen, wahrscheinlich, ohne damit ein anderes Resultat zu erzielen. Stattdessen entschlossen wir uns, den Versuch zu unternehmen, dem sehr jungen Management unsere Erfahrungen mit der deutschen Mitbestimmung nahe zu bringen.

Den letzten Tag unseres Aufenthaltes in Korea nutzten wir, um noch etwas von Land und Leuten kennen zu lernen. Im Hinterland von Seoul sahen wir Ansiedlungen, die ebenso sauber wirkten wie die Stadt selbst. Überall gab es bunte Hausdächer in den verschiedensten Farben. Die Häuser waren in Massivbauweise errichtet, mit schön geschwungenen und mit Skulpturen verzierten Dächern. Der Reisanbau rund um die in hügeliger Landschaft liegenden Dörfer war terrassenförmig angelegt. Die Bewässerung erfolgte mit raffinierten Schöpfsystemen in Paternosterart. In einem auf unserem Wege liegenden Museumsdorf erhielten wir einen Einblick in die Geschichte des Landes. Baudenkmäler, kulturelle Darstellungen und Zeugnisse eines schon frühen handwerklichen Könnens, z.b. beim Herstellen von Papier, zeigten, dass dieses Volk schon früh eine hohe Kulturstufe erreicht hatte. Dies war zweifellos die andere Seite eines inzwischen zur Industrienation herangereiften Staates, der, wenn er seine Probleme ordnen konnte, eine gute Zukunft versprach.

Als Fazit unseres Besuches hielten wir fest: Die europäischen Gewerkschaften müssen sich um die weitere Entwicklung unserer Kollegen in Korea kümmern. Die koreanischen Gewerkschaften würden noch einen weiten Weg zurücklegen müssen, um aus der Bevormundung durch den Staat herauszukommen. Wenn Sozialdumping am Weltmarkt vermieden werden sollte, brauchten sie aber unsere Unterstützung. Auch der politische Druck auf Korea muss verstärkt werden. Wer am Weltmarkt den Freihandelsschutz genießen will, muss seine eigenen Grenzen für Importe öffnen. Bislang hat Korea seinen Binnenmarkt weitestgehend abgeschottet. Das gleiche gilt für die weitere Entwicklung der Demokratie, sie muss ständig erneut eingefordert werden.

Ende der Expansion in Sichtweite (Japan 1988)

Am nächsten Morgen flogen wir weiter nach Japan. Am Flughafen in Osaka wurden wir von den japanischen VW-Repräsentanten erwartet. Nach einem Besuch in Kyoto ging es weiter durch dicht besiedeltes Gebiet in Richtung Toyota-Stadt. Erst spät am Abend erreichten wir unser Ziel, die Gewerkschaftsschule der Toyota-Betriebsgewerkschaft. Sie lag außerhalb von Toyota-Stadt in einer wunderschönen Landschaft, neben großen Sport- und Freizeitanlagen. Alles war – so weit man schauen konnte – von Toyota geprägt. Wir hatten die Möglichkeit, »japanisch« oder »europäisch« zu wohnen, d.h., entweder auf einer Matte auf dem Fußboden oder auf einer niedrigen Liege zu schlafen.

Der nächste Tag begann mit einem Frühstück auf japanisch: Ein Topf mit kochendem Wasser auf einem kleinen Spirituskocher, mehrere kleine Schalen für Gewürze und Sojatunken, Glasnudeln, Gemüse, Ei – dies alles musste man sich selbst im kochenden Wasser zubereiten. Reichlich exotisch, aber sehr schmackhaft. Nach dem Frühstück ging es zur ersten Begegnung in die Zentrale der »All Toyota Workers Union«, die mitten im Werksgelände neben den Fabriken lag. Eine völlig andere Atmosphäre als Jahre zuvor! Eine fast schon freundschaftliche Begegnung, die sich durch eine verblüffende Offenheit in der Darstellung der eigenen Situation auszeichnete.

Die Strukturen der Führung der Betriebsgewerkschaft glichen nicht nur denen des Toyota-Managements, man machte auch keinen Hehl daraus, dass ein Durchlaufen der Stationen innerhalb der Gewerkschaftsführung für die spätere Karriere vieler junger Manager förderlich sein könne. Noch immer stand nur das »Wohl und Wehe« der eigenen Firma im Mittelpunkt des Denkens der Betriebsgewerkschaftler. Sie verwiesen erneut auf den nun schon seit Jahrzehnten haltenden Pakt zwischen der Betriebsgewerkschaft und dem Management, auf die lebenslange Beschäftigungsgarantie, auf die Fürsorge für die ganze Familie: Wohnen, Kindergarten, Schule, Universität, alles war durch die Firma geregelt. Und doch waren erstmals Töne zu hören, die neu waren. Es schien, als hätten die erstmaligen Absatzschwierigkeiten der japanischen Autoindustrie im Vorjahr den früheren, unerschütterlichen Glauben an eine stetige Expansion ins Wanken gebracht. Die drohende Gefahr durch die ständigen Auslandsinvestitionen Toyotas vor allem in den USA machte ihnen zu schaffen. Die bisher täglich Tausenden von Autos, die, in Japan gebaut, in die USA exportiert wurden, brauchte man nun nicht mehr, man fertigte sie inzwischen in den USA.

So tauchte das Gespenst der Überkapazität erstmals auch in Japan auf, zusammen mit dem Gespenst der drohenden Arbeitslosigkeit. Sogar der bisherige lebenslange Beschäftigungspakt war in den Medien in Frage gestellt worden. Diejenigen, die zuvor nie etwas davon wissen wollten, redeten plötzlich von internationaler Zusammenarbeit und Ähnlichem. Ihre Frage nach der weiteren Entwicklung der Europäischen Gemeinschaft sprach für sich. Wir boten ihnen unsere Zusammenarbeit an und vereinbarten den Termin eines Gegenbesuchs in der Bundesrepublik.

Im Anschluss an diese erste Gesprächsrunde besichtigten wir ein Siedlungsprojekt, eine der neuen Errungenschaften der Toyota-Gewerkschaft mitten in der Stadt. In einer ruhigen Wohngegend waren ungewöhnlich komfortable Ein- und Zweifamilienhäuser mit für japanische Verhältnisse großzügig bemessenem Wohnraum entstanden, allerdings zu einem hohen Preis, der für die Arbeiter in der Fabrik wohl kaum erschwinglich war. Danach erfolgten zwei weitere Fabrikbesichtigungen. Sowohl in dem Motorenwerk »Kamigo-Plant« als auch in der Fertigungsmontage von »Takarga-Plant«, wo der »Corolla« gebaut wurde, war unser Augenmerk besonders auf die Arbeitsorganisation und die Logistik gerichtet. Hier seien uns die Japaner deutlich überlegen – so eine der neuen Standardformulierungen in Europa und auch bei VW. Was wir da sahen, war schon beeindruckend. Eigenständige Arbeitsgruppen arbeiteten mit großem Erfolg, nicht nur ökonomisch, sondern auch zur Zufriedenheit der Beschäftigten. Das war zumindest das Ergebnis unserer Gespräche und Befragungen von Betroffenen. Anders war das schon mit dem logistischen System, der Materialbeschaffung und der Bereitstellung direkt an die Bänder durch die Zulieferer von draußen. Natürlich war die Präzision, genau auf die Minute und ohne eigene Kapitalbindung jegliches Zubehör am richtigen Ort zu haben, faszinierend. Aber dies ging eindeutig zu Lasten der Zulieferer oder vielmehr deren Beschäftigten, die weit schlechter bezahlt wurden als die Toyota-Stammbelegschaften und selbst ihr Arbeitstempo war noch erheblich höher als bei den Toyota-Leuten.

Danach kam es zu einer ersten Begegnung mit dem deutschen »Hilux-Projektteam« bei einem gemeinsamen Mittagessen und am Nachmittag überraschend zu einer Einladung durch Herrn Toyoda, den Präsidenten von Toyota, ins Gästehaus des Konzerns, ganz in der Nähe der Toyota eigenen Freizeitanlagen mitten im Grünen. Eine imponierende Anlage, ein imponierendes Gebäude, ein imponierender Herr und vor allem eine geschickte Regie. Ich wurde den Eindruck nicht los, dass Carl Hahns Geist unter uns weilte. Man war sichtlich bemüht, uns für das Gemeinschaftsprojekt »Hilux« oder »Taro«, wie das gleiche Fahrzeug mit dem VW-Zeichen hieß, günstig einzustimmen. Wir philosophierten mit Herrn Toyoda über die Rolle Japans in der Weltwirtschaft und wir machten auch kein Hehl aus unserer ablehnenden Position zu möglichen weiteren Steigerungen japanischer Exporte in die Europäische Gemeinschaft. Die Gefahr von Einfuhrbeschränkungen für japanische Autos in die EG sei bei einer Beibehaltung der Einfuhrerschwernisse europäischer Importe nach Japan keine Utopie mehr. Forderungen unsererseits nach weiteren Einfuhrerleichterungen für europäische Autos nach Japan wurden von ihm mit Unverständnis beantwortet. Er verwahrte sich gegen den Vorwurf der Importbeschränkungen in Japan. Trotz dieser »Kontroversen« war es eine höfliche, freundliche Begegnung, aber eben doch zwei verschiedene Welten. Am Abend waren wir auf Einladung der Toyota-Gewerkschaftsführung zu Gast in der nahe gelegenen Stadt Nagoya. In angenehmer Atmosphäre, mit japanischer Kost und diversen Getränken wurde die beginnende Freundschaft zwischen uns besiegelt.

Der Vormittag des folgendes Tages war für einen Besuch in der Fabrik »Tahara-Plant« reserviert, in der der »Hilux« gefertigt wurde und wo wir auch eine Reihe weiterer deutscher Kollegen aus Hannover treffen sollten. Die Fabrik lag fast am Meer. Sie war speziell für diesen Kleintransporter errichtet worden. Uns wurde ein herzlicher Empfang durch das Werksmanagement bereitet und natürlich auch durch die dort anwesenden Hannoverschen Kollegen. In einer Präsentation wurden uns alle Fertigungsdaten präsentiert, wobei die Maßgenauigkeit der Fahrzeugteile besonders von unseren Hannoverschen Kollegen gelobt wurde. Auch die eine oder andere Bemerkung der japanischen Manager, mit dem Lächeln vorgetragen, lohnt festgehalten zu werden:»Der Unterschied zwischen dem Management von Toyota und VW besteht in Folgendem: Bei Toyota dauern die Entscheidungsprozesse zwar erheblich länger als bei VW, aber dann stehen alle dahinter!« Oder:»Probleme bei uns werden zwischen Management, Planern und Arbeitern ausdiskutiert und gelöst, und erst danach wird entschieden!« Eine in Japan schon seit längerem übliche Praxis und Vorgehensweise, die bei Volkswagen erst zu Beginn der 90er Jahre ernsthaft in Angriff genommen werden sollte.

Die Gespräche mit den Hannoverschen Kollegen waren natürlich etwas enthusiastisch, für die meisten von ihnen waren die Eindrücke in Japan einfach überwältigend. Gerhard Mogwitz, der Betriebsratsvorsitzende von Hannover, nahm die Möglichkeit wahr, noch mit seinen Kollegen über Probleme der Unterbringung und Ähnliches zu diskutieren. In gutem Einvernehmen verabschiedeten wir uns und fuhren zurück nach Toyota-Stadt. Zum Abendessen ins Gästehaus von Toyota hatte der Vorstand geladen, im Vergleich zu unserem Besuch von vor zehn Jahren eine großzügige Geste, war die Zusammenarbeit doch ernsthafter gemeint, als wir es bisher vermutet hatten. Die unvermeidlichen Reden waren dann auch mehr von Emotionen als nur der üblichen sprichwörtlichen asiatischen Höflichkeit geprägt.

Am nächsten Morgen verabschiedeten wir uns von unseren Kollegen der Toyota-Betriebsgewerkschaft. In einem letzten Gedankenaustausch wurden noch einmal unsere Eindrücke des Besuchs, aber auch unsere weitere Zusammenarbeit besprochen. Der ständige Austausch von Informationen sollte als erster Schritt erfolgen, und der Termin eines Besuchs in Deutschland wurde endgültig fest vereinbart. Nachdem wir mit dem Hochgeschwindigkeitszug nach Tokio gefahren waren, stand als nächster Punkt ein Abendessen mit dem Sozialattaché der Deutschen Botschaft in unserem Hotel »Okura« auf dem Programm, in dem wir schon 1979 gewohnt hatten. Der Kollege Tzeniek stellte sich als Vertreter der »Herz-Jesu-Fraktion« in der CDU vor. Norbert Blüm hatte die bis dato gepflegte Praxis, die Sozialattachés aus den Gewerkschaften zu besetzen, geändert und mit Leuten aus seinem Ministerium ausgetauscht. Herr Tzerniek war erst frisch in Japan und verlegte sich mehr auf Fragen nach unseren Reiseeindrücken, als dass wir von ihm Informationen erhalten hätten.

Mit zwei weiteren Gesprächspartnern – Bernd Reddies von der Friedrich-Ebert-Stiftung und Prof. Iwaho Maeshima, einen Sozialwissenschaftler, der uns bereits während unseres ersten Japan-Aufenthaltes begleitet hatte und insofern mit großem Hallo begrüßt wurde – waren wir am nächsten Morgen verabredet. Prof. Maeshima war ein ausgezeichneter Kenner japanischen Lebens und konnte es vor allem Vertretern anderer Kulturkreise sehr gut vermitteln. Er war mit einer Deutschen verheiratet und hatte lange in Deutschland gelebt. Im Rahmen seiner Tätigkeit an der Universität von Tokio hatte er Kontakte zu der Gesamthochschule Kassel. Bernd Reddies war ebenfalls ein ausgesprochener Kenner der japanischen Szene. Ihre Informationen über die politische Lage entsprachen dem Bild, das wir uns in diesen Tagen selbst gemacht hatten.

Zum Mittagessen waren wir mit dem Vorsitzenden der japanischen Autogewerkschaft, dem Kollegen Tokomuto, verabredet. Zu meinem Erstaunen kam er auf mich zu und begrüßte mich besonders herzlich. Wie sich herausstellte, war er einige Jahre zuvor mit einer japanischen Gewerkschaftsdelegation in Deutschland gewesen und hatte auch das Volkswagenwerk Kassel besucht. Dort hatte ich in einem Vortrag die Situation der europäischen Autoindustrie – inklusive der von VW in Deutschland – dargestellt und mit den japanischen Kollegen diskutiert. Nun hatte er Gelegenheit sich zu revanchieren. In einem längeren Gespräch wurden die Probleme der ungleichen Handelsbilanz Europa-Japan sowie unsere unterschiedlichen Sozialsysteme erörtert. Von unserer Seite wurde die Notwendigkeit eines fairen Welthandels mit offenen Märkten unter vergleichbaren Rahmenbedingungen herausgestellt und in diesem Zusammenhang auch auf die hohe Arbeitslosigkeit in Europa hingewiesen. Beide Seiten unterstrichen zum Abschluss die erforderliche Verstärkung der internationalen Zusammenarbeit und die zwingende Notwendigkeit eines politischen Engagements der Gewerkschaften.

Danach hatten wir dann ganze vier Stunden Zeit, um in Tokio persönliche Dinge zu erledigen. Vor allem die Kollegen, die das erste Mal dabei waren, konnten einem leid tun. Wir fuhren mit der U-Bahn in die Ginseh,

Lebendiges Tokio

die Hauptstraße Tokios, und nahmen die Möglichkeit wahr, zumindest noch ein paar Geschenke einzukaufen. Das Ganze wurde durch das feucht heiße Klima noch erschwert. Zu verdanken hatten wir diesen »Wahnsinn« unserem Gesamtbetriebsratsvorsitzendem, einem gebürtigen Schwaben, der nicht nur zäh und sparsam war, sondern auch in seiner Zeiteinteilung alles ziemlich knapp bemessen hatte. Aber er hatte – wie so oft – Recht behalten: Trotz unserer Zeitknappheit war dieser Japan-Aufenthalt zwingend notwendig gewesen. Nach fast zehn Jahren hatten wir uns erneut ein realistisches Bild der japanischen Automobilindustrie und der politischen Lage in Japan verschaffen können.

Die politische Situation Japans war von Stillstand gekennzeichnet. Noch immer die gleiche Liberale Partei, die alles andere als liberal war, und der die Skandale ihrer führenden Leute in den letzten Jahren scheinbar nichts anhaben konnten. Es sollten noch einige Jahre ins Land gehen, bis sie aus der Macht gedrängt werden konnte. Im Jahr 1988 war die Opposition in sich zerstritten und in ihrer Wirkung unbedeutend. Es gab zwei sozialistische Parteien und eine Studentenschaft, die nach Aussagen von Experten völlig unpolitisch war. Die Hoffnung vieler Oppositioneller ruhte auf den japanischen Gewerkschaften, die mit ihrem neu geschaffenen Dachverband »Rengo« als die eigentliche Opposition angesehen wurde.

Veränderungen konnten wir gleichwohl feststellen. Die These, die man uns bisher immer vermitteln wollte – alle Japaner sind gleich, egal ob Manager oder Arbeitnehmer – war doch erheblich ins Wanken geraten, wenn sie denn ja gestimmt hat. Auf der einen Seite hatten riesige Bodenspekulationen einer Reihe von Japanern enorme Reichtümer beschert, auf der anderen Seite waren Hausbau oder die Bildung von Eigentum für die Normalsterblichen kaum zu realisieren, zumindest nicht in den großen Städten. Die Familien-Ideologie war einem zunehmenden Individualismus gewichen. Und wir stellten fest, dass auch die Japaner immer mehr Geld in kurzlebigen Gütern angelegten, zum Beispiel in großen Autos. Das Sozialsystem des Landes war trotz einiger Reformen genau so schlecht wie vor zehn Jahren: eine immer älter werdende Gesellschaft, deren politische Führung keine erkennbaren Lösungen für die sich daraus ergebenden Probleme anzubieten hatte. Und die erstmals aufgetretenen Wirtschaftsschwierigkeiten im Jahr zuvor hatten die Japaner sichtlich verunsichert. Aber anstelle zusammenzurücken – wie das dem gern gehegten Vorurteil über die japanische Mentalität entsprochen hätte –, machte sich Ellbogenmentalität breit. Japan schien sich immer mehr zu einem Musterland des Kapitalismus zu entwickeln.

Eine der positiven Erscheinungen war das sichtbar gewachsene Bewusstsein der zentralen japanischen Gewerkschaftsfunktionäre. Es gab eine zunehmende Tendenz, sich neben den traditionellen Betriebsgewerkschaften stärker in den zentralen landesweiten Gewerkschaftsbünden zu engagieren, was sicherlich damit zusammenhing, dass der bisher kaum vorhandene Einfluss der Betriebsgewerkschaften auf die Politik des Landes im Zusammenhang mit den wirtschaftlichen Schwierigkeiten Japans besonders deutlich wurde. Wir hatten den Eindruck, dass es ernsthafte Überlegungen gab, über den neuen Dachverband »Rengo« einen größeren Einfluss auf die japanische Parteien-Landschaft zu erreichen.

Von dem unbändigen Optimismus früherer Jahre war bei den japanischen Autobauern wenig geblieben. Auf die Frage, die wir vor etwa zehn Jahren stellten, ob wohl das japanische System der Betriebsfamilie auch eine Sicherung für die Zukunft beinhalte, wurde damals geantwortet: »Wenn es dem Betrieb gut geht, dann geht es auch uns gut« und »In Japan geht es immer aufwärts«. Von alledem war nicht mehr viel zu hören, man war vorsichtiger geworden. Zwar wurde noch immer das Senioritätsprinzip hochgehalten, nach dem die Jahre in einem Betrieb das soziale Umfeld der Beschäftigten bestimmten. Aber inzwischen hatte sich auch unter Japans Autobauern, zumindest unter den Beschäftigten, die Angst vor einer unsicheren Zukunft breitgemacht, auch deshalb, weil man nicht wusste, wie die Internationalisierungswelle der japanischen Autoindustrie sich auf den eigenen Automärkten auswirken würde. Große Kooperationen in den USA, Gemeinschaftsprojekte mit Ford, General Motors und Chrysler, neue Fabriken auf der grünen Wiese, zusätzlich riesige Kapazitäten zum Bau von immer mehr Autos und nun auch ähnliche Entwicklungen in Europa, zum Beispiel die Produktion von Nissan in England, schafften zunehmende Unruhe.

Die Sorge um zukünftig leerstehende Fabriken in Japan, die bisher ausschließlich für den Export gearbeitet hatten, war überall wahrzunehmen. Eine ungewöhnliche Offenheit sowohl in den Gesprächen mit den Gewerkschaften als auch mit dem Management, zeigte die aus der Notwendigkeit gewachsene Bereitschaft, sich immer mehr international zu öffnen. Der Wunsch, gemeinsam mit den Europäern Druck auf die Südkoreaner auszuüben, sie zum Einhalten der GATT-Regeln zu zwingen, zeigte, dass auch in Japan die Bäume nicht in den Himmel wachsen. Sorge bereitet den Japanern zudem das Vorhaben der Europäer, einen »Europäischen Binnenmarkt« zu schaffen. »Bringt er ein Abschotten der Europäer?«, lautete die am häufigste gestellte Frage. »Internationale Zusammenarbeit« war das am häufigsten gehörte Wort der Japaner während dieses Besuchs.

Aber nicht nur das Management drängte auf eine zunehmende Internationalisierung, auch die Gewerkschaften wollen eine bessere Zusammenarbeit, vor allem mit den europäischen Gewerkschaftsbünden bzw. den Betriebsräten in den Firmen, die Kooperationen mit den Japanern eingehen. Eine Entwicklung, die zweifellos auch der Interessenlage der europäischen Gewerkschaften bzw. der Betriebsräte entsprach. Nur eine verstärkte internationale Zusammenarbeit kann zukünftig verhindern, dass Entscheidungen im Management ohne Rücksicht auf die Belange der jeweiligen Belegschaften gefällt werden.

Eine der Schlussfolgerungen unserer Reise nach Südkorea und Japan war: Der von uns seit langem angestrebte und bis dato immer noch nicht erreichte »Europäische Betriebsrat« wird nicht ausreichen. Was wir brauchen, ist eine weltweite Zusammenarbeit, wenn wir als Arbeitnehmervertreter und Gewerkschafter nur einigermaßen mithalten wollten.

Europäische Begegnungen
Jugoslawien – Frankreich – Portugal – CSSR

Verfallserscheinungen in Jugoslawien (Sarajevo 1988)

Kaum zurück in Deutschland, hatte uns der Alltag schon eingeholt. Unser betrieblicher Alltag, das waren einmal mehr personelle Veränderungen im Unternehmen, die diesmal allerdings die Mitbestimmungsorgane besonders berührten. Bereits im Januar hatten wir Reimar Birkwald verabschiedet. Reimar war erst in späten Jahren Bezirksleiter der IG Metall in Hannover geworden und damit zuständig für den Tarifbezirk VW. Er hatte, wie kaum ein anderer vor ihm, die Tariflandschaft bei Volkswagen geprägt. Als nächstes stand der Wechsel des Arbeitsdirektors an: Karl-Heinz Briam, dessen 65. Geburtstag wir im März gefeiert hatten, wollte in der zweiten Hälfte des Jahres aus dem Unternehmen ausscheiden. Sein Nachfolger, Dr. Posth, war bereits durch den Aufsichtsrat bestellt. Der Gesamtbetriebsausschuss hatte aus diesem Anlass eine letzte gemeinsame Reise mit Karl-Heinz Briam schon seit längerer Zeit geplant. Der längst überfällige Besuch in Sarajevo im Frühsommer 1988 sollte auch die letzte Reise des Gesamtbetriebsausschusses nach Jugoslawien werden, bevor dieses Land zerbrach. Wir hatten den Besuch immer wieder verschoben, weil vermeintlich wichtigere Aufgaben Vorrang hatten. Dabei veränderte sich gerade dieses Land zusehends. Aber nur, wenn man auch bereit war, genauer hinzuschauen, konnte man die Veränderungen bemerken.

Jugoslawien war schon seit geraumer Zeit vom stetigen Verfall gezeichnet, der spätestens mit dem Tode Titos begonnen hatte. Stagnation und Rückgang überall, und dies nicht nur ökonomisch, auch von der früheren inneren Substanz des Landes war nicht mehr viel übriggeblieben. Das Land, das wegen seiner Arbeiterselbstverwaltung einmal beliebter Anlaufplatz aller Linken Europas, die glaubten auf der Suche nach Wirtschaftsmodellen fündig geworden zu sein, gewesen war, hatte inzwischen total abgewirtschaftet. Jetzt waren die Nord-Europäer mit ihren Erfahrungen gefragt. Die Frage nach der Übernahme der deutschen Mitbestimmung in der VW-Fabrik in Vogosca stand plötzlich im Mittelpunkt.

Gerade dieser Besuch sollte genutzt werden, um diesem Ziel näher zu kommen, zumindest war dies die Meinung einer Reihe unserer jugoslawischen Freunde. Aber noch immer waren die alten Machtstrukturen intakt, noch immer war es die Partei, die im Hintergrund auch den Arbeiterrat gängelte, noch immer war der Zentralismus stärker als alles Wollen vor Ort und noch immer war das Verständnis von Gewerkschaftsarbeit, dass man als Stabilitätsfaktor dem kommunistischen Staat zu dienen hatte. Dazu gehörte Jugendarbeit, kulturelle Aufgaben, leistungssteigernde Motivation der Belegschaft – und damit hatte es sich. Zu verteilen im Arbeiterrat gab es schon lange nichts mehr.

Wir wurden, wie immer in Jugoslawien, wie Staatsgäste empfangen und wohnten in dem noch relativ neuen Holiday Inn in Sarajewo, das zur letzten Winterolympiade gebaut worden war. Zum Abendessen trafen wir uns mit unseren jugoslawischen Freunden in einem der landestypischen Lokale in der nahe gelegenen Altstadt. Die Gespräche an diesem Abend gingen um die Veränderungen im Ostblock und deren Auswirkungen auf Jugoslawien, noch klang alles verhältnismäßig optimistisch.

Am nächsten Morgen ging es hinaus in die Fabrik nach Vogosca, zur TAS. Bei einer Präsentation durch das Management wurden die ganzen Probleme des Landes sichtbar: Eine hohe Auslandsverschuldung und vor allem der daraus resultierende Devisenmangel, bedrohte gerade Fertigungsstätten wie die TAS, eine Montagefabrik mit niedriger Fertigungstiefe, die fast alles, was zum Zusammenbau benötigt wurde, einführen musste. Die TAS versuchte, durch den Export von Golf-Fahrzeugen, sich selbst zu helfen. Die Regierung experimentierte mit einer neuen Wirtschaftspolitik: Lohnstopp und Festpreise für die Grundnahrungsmittel wie bisher, aber alles andere, z.B. auch die Mieten, sollte nach und nach frei gegeben werden. Der Vorstand der TAS mit einem Jugoslawen an der Spitze (VW hatte nur 49% Geschäftsanteile) schien all dem wenig zu trauen. Seine Forderung an uns war die Erhöhung der eigenen Fertigungstiefe und die Übernahme von Lohnaufträgen für die deutschen VW-Standorte – Motoren, Motorenteile, Lichtmaschinen, Sitzefertigung, um nur einiges zu nennen. Man wollte so aus der staatlichen Abhängigkeit der Devisenbewirtschaftung herauskommen und selber Devisen erwirtschaften. Die vorgetragene Forderung war dem Unternehmen von staatlichen Stellen empfohlen worden. Interessant bei diesem Gespräch war für mich die offizielle Erwähnung der guten Zusammenarbeit mit dem Werk Kassel, und hier besonders mit dem Betriebsrat.

In einem anschließenden Gespräch mit dem Arbeiterrat wurde uns sehr offen dessen inzwischen fast bedeutungslose Rolle dargestellt. Erstmals eine auch offen geübte Kritik an der jugoslawischen Politik und damit an der kommunistischen Partei. Forderungen nach einer eigenständigen Gewerkschaftspolitik wurden laut, und hierbei wurde unsere Hilfe und Unterstützung eingefordert, die Möglichkeit von vorbereiteten Schulungsmaßnahmen in Deutschland ernsthaft erörtert.

Nach dem Mittagessen statteten wir der deutschen Siedlung in Vogosca einen Besuch ab. Auch hier ein freundlicher Empfang durch die Familienangehörigen der deutschen Vertragsangestellten. Aber trotz netter Atmosphäre bei Würstchen, Kaffee und Bier – die Unsicherheiten über die politische Lage trübten auch hier die Stimmung. Am Nachmittag dann der unvermeidliche Besuch in der TAS-Dachgesellschaft, der »UNIS«. In zwei neuen Bürotürmen, die nach langer Bauzeit endlich fertiggestellt waren, fand eine Präsentation durch den Vorsitzenden der Holding statt, so als sei die Welt noch völlig in Ordnung. Die anwesenden Vertreter der Stadt Sarajevo waren allerdings weniger optimistisch. Sie berichteten erstmals vom aufkeimenden Nationalismus und von separatistischen Bestrebungen im Land. Sie sollten mit ihren Befürchtungen leider Recht behalten.

Am frühen Abend machten wir dann doch noch einen Bummel durch die wunderschöne Altstadt Sarajewos. Der Basar und die Moschee erinnerten an die Osmanische Zeit. Wir kamen vorbei an den vielen offenen Verkaufsständen und kleinen Läden, die noch immer den Hauch des Orient verbreiteten. Unsere Stadtführerin, Frau Ksenija Filipovic aus dem Vorzimmer des VW-Werkleiters, erklärte uns begeistert die Geschichte dieser Stadt, die auch oder gerade eine moslemische war. Sie schwärmte von der multikulturellen Bevölkerung, von ihrer Toleranz und Mitmenschlichkeit. Leider wurde sie nur wenige Jahre später eines anderen belehrt.

Neue Fertigung, alte Sozialbeziehungen bei Peugeot (Sochaux/Elsass 1988)

Der für den 1. Oktober 1988 geplante Wechsel in der Funktion des Arbeitsdirektors verlief weniger reibungslos als geplant. Karl-Heinz Briam schied schon Mitte des Jahres verärgert aus. Sein designierter Nachfolger war bereits im Hause, formell noch ohne Ressort, aber die Karrieristen wechselten bereits die Farben. Es bestätigte sich erneut, dass das Einführen eines Nachfolgers durch den Amtsinhaber graue Theorie ist. Der Wechsel im Vorstandsbereich Personal ging wie immer bei solchen Veränderungen nicht ganz ohne Reibungsverlust vonstatten, aber zunächst zumindest ging noch alles seinen gewohnten Gang.

Ein seit längerem bestehender Kontakt des Kasseler Betriebsrats zur französischen CFTD in Mülhausen führte zu einer Einladung und zu einem Besuch in die Zentrale von Peugeot, eine der großen französischen Autofirmen. Wer von uns wusste schon, dass die Zentrale dieses großen französischen Autobauers im Elsass, genau in Sochaux/Montbeliard war? Dass eine solche Fahrt mit dem Besuch des Europäischen Parlaments in Straßburg verbunden werden würde, verstand sich von selbst. In Absprache mit dem Arbeitsdirektor und dem Gesamtbetriebsrat reiste der Betriebsausschuss des Kasseler Betriebsrats in das Elsass. Dieser Besuch war zugleich die Fortsetzung und Ergänzung unserer bisherigen Kontakte und Informationsreisen zu Renault in Frankreich und zu Fiat in Italien.

In Sochaux/Montbeliard fanden wir eine Fabrikanlage vor, die einen Vergleich mit anderen bedeutenden europäischen Autoherstellern nicht zu scheuen brauchte. Die Fabrik befand sich zu jenem Zeitpunkt in einem tiefgreifenden Umstrukturierungsprozess: Eine völlig neue Fertigung in neuen großen Gebäuden, auf mehreren Etagen, daneben noch alte Strukturen. Das Ganze machte einen ausgezeichneten Eindruck. Aber uns interessierten diesmal weniger die Fertigungsanlagen. Wir wollten vor allem in Gesprächen mit Management und Gewerkschaften die Sozialbeziehung bei Peugeot erörtern. Hier wurden wir enttäuscht, es herrschte noch immer das alte französische patriarchalische System vor, hier Management und dort Gewerkschafter, man war nicht einmal zu einem gemeinsamen Gespräch mit uns bereit.

Im Vergleich zu unserem deutschen Betriebsrätesystem waren die Einflussmöglichkeiten der Kollegen von der CFDT zum Beispiel bei der laufenden Umstrukturierung der Fabrik und bei der Gestaltung neuer Arbeitsplätze deutlich geringer, um nicht zu sagen gleich Null. Noch immer konnten sie nur unter Androhung von Streik Einfluss ausüben, und wie oft lässt sich angesichts der komplizierten Umstrukturierungsprobleme schon zum Streik mobilisieren? Angesichts dieser unterschiedlichen Voraussetzungen betrieblicher Aktivitäten und angesichts der Unfähigkeit eines Miteinanders im eigenen Konzern waren die von den französischen Kollegen vorgetragenen Appelle für mehr Gemeinsamkeit zwischen den Herstellern und den Gewerkschaften in Europa wenig überzeugend. Auch ihre Forderung an die europäische Politik zu mehr koordiniertem Vorgehen gegen die japanischen Importe fand zwar offene Ohren, aber wir waren uns nicht sicher, wie weit die Gemeinsamkeit wohl ging.

Auf der Rückreise fand dann der geplante Besuch im Europäischen Parlament in Straßburg statt. Ich hatte eine Reihe von Gesprächen mit Abgeordneten der verschiedenen Fraktionen organisiert. Dabei wurden Themen, wie eine europäische Verkehrspolitik, Forschung und Außenwirtschaft, aber auch die Umweltpolitik im Zusammenhang mit dem Automobil ebenso diskutiert wie die Forderung meiner Betriebsratskollegen nach einer europäischen Betriebsräte-Richtlinie. Dies war zweifellos eine absolute Bereicherung und ein weiterer Baustein für das Selbstbewusstsein der Kasseler Betriebsräte. Europäische Politik und wirtschaftliche Zusammenhänge in größeren Dimensionen zu erkennen, gehört heute zweifellos zum notwendigen Rüstzeug von Betriebsräten, vor allem in multinationalen Konzernen. Die Erkenntnisse auch dieser Reise bestätigten noch einmal die zwingende Notwendigkeit, zumindest »Europäische Betriebsräte« verbindlich zu etablieren.

Der Wechsel im Vorstandsressort Personal sollte sich – allerdings nicht unerwartet – lähmend auf unsere bisherigen internationalen Aktivitäten auswirken. Begegnungen waren im neuen Jahr zunächst einmal nicht angesagt. Mir persönlich kam das nicht ganz ungelegen, fand doch im Juni 1989 die dritte Direktwahl zum Europäischen Parlament statt, zu der ich erneut kandidierte.

Wenn wir auch in diesem Jahr nicht selbst unterwegs waren, so sorgte doch unsere ständig gewachsene Zahl von Freunden aus aller Welt für einen regen Gesprächskontakt. Im Mai des Jahres hatten wir den Besuch unserer japanischen Kollegen von der Toyota-Betriebsgewerkschaft in Wolfsburg. Und in Kassel waren unsere jugoslawischen Freunde aus Vogosca zu Gast. Aufgrund des Europa-Wahlkampfes konnte ich an den Gesprächen nur sporadisch teilnehmen. Um so erfreuter war ich über das Engagement der jugoslawischen Kollegen, die in ihrer Begleitung eine Folkloregruppe hatten, die es sich nicht nehmen ließ, in einer großen Wahlveranstaltung für mich Wahlkampf zu machen. Ob dies zu meinem Wahlerfolg beigetragen hat, weiß ich nicht. Auf jeden Fall wurde meine Partei in Hessen mit mir als Spitzenkandidaten stärkste politische Kraft. Meinem erneuten Einzug in das Europäische Parlament stand somit nichts mehr im Wege.

Feuerwehr als Imagewerbung (Lixa/Portugal 1989)

Die VW-Werkfeuerwehren rangierten immer wieder Fahrzeuge aus, die länger als ein Jahrzehnt in Betrieb waren. In diesem Jahr war es nun bei der Kasseler Werkfeuerwehr so weit. Eines ihrer Fahrzeuge sollte durch die Vermittlung von Manuel Campos, einem portugiesischen Kollegen aus der Vorstandsverwaltung der IG Metall in Frankfurt, als Spende an die

Feuerwehren nach »Lixa«, einer Kleinstadt in den Norden Portugals überführt werden. Anlass war ein Jubiläumsfest der dortigen Feuerwehren. Die
Feuerwehr aus dem südhessischen Mörfelden, die seit Jahren eine Partner-
schaft mit den »Bombeiros«, der Feuerwehr in der Stadt Lixa, unterhielt,
sollte die Überführung des Fahrzeugs übernehmen, und ich wurde von der
VW-Zentrale in Wolfsburg gebeten, in meiner Eigenschaft als Europa-
abgeordneter und VW-Kollege die Übergabe zu übernehmen.

Ich flog in Begleitung meiner Frau und zwei weiterer VW-Kollegen,
der Herren Lindner und Baumgarten aus Wolfsburg, die in unterschiedlichen Funktionen für die Werkfeuerwehren zuständig waren, nach Porto.
Bereits auf dem Flughafen wurden wir von dem besonders herzlichen
Empfang durch die Vertreter der Stadt und ihrer Feuerwehr überrascht.
Man fuhr uns mit Pkws in das 60 Kilometer entfernte Lixa. Noch am gleichen Abend kam es zu einer ersten Begegnung mit den Verantwortlichen
des Festes, und mir wurde erstmals klar, welche Bedeutung die Feuerwehren in Portugal hatten. Sie waren nicht nur für den Brandschutz zuständig,
sondern das gesamte Rettungswesen war unter dem Dach der Feuerwehren angesiedelt. Sie waren eine vielschichtige gesellschaftliche Einrichtung, die sich in der Bevölkerung einer hohen Wertschätzung erfreute. An
diesem Abend trafen wir auch den Bürgermeister von Mörfelden, der mit
seiner Frau ebenfalls zu diesem Fest eingeladen war, und alle bekamen
einen ersten großartigen Eindruck von der Gastfreundschaft der Portugiesen – fast jeder wollte mit einem Aqua Dente anstoßen.

Am nächsten Morgen begannen die Festlichkeiten mit einem Marsch
der örtlichen Feuerwehr zum Friedhof zur Totenehrung. Angeführt wurde
der Zug von der gesamten kommunalen Prominenz, gefolgt von den Eh-
rengästen und Teilen der Bevölkerung. Danach wurde der Fuhrpark der
Feuerwehr von Lixa besichtigt: Es glänzte und flimmerte in allen Schat-
tierungen, alles war auf Hochglanz poliert. Schon am frühen Sonntagmor-
gen waren große Menschenmassen aus der nahen und fernen Umgebung
auf dem Wege in die Stadt. Die örtliche Feuerwehrkapelle zog lautstark
von Haus zu Haus. Sie spielten auch vor unserem Hotel, und wir wurden
aufgefordert, mitzumachen. Mangels Können blieb uns nur das Trommeln,
es war ein höllischer Spaß. In der Kirche der Stadt, die fast die Größe einer
Kathedrale hatte, zelebrierte der Bischof von Porto die Messe. Danach
wurden die Feuerwehrfahrzeuge gesegnet. Inzwischen waren die Menschen
zu Tausenden links und rechts der Straße unterwegs.

Gegen Mittag nahmen die örtlichen Bombeiroeinheiten von Lixa in
voller Festmontur Aufstellung. Ein Staatssekretär sollte die Parade abneh-
men, der aber aus unerklärlichen Gründen nicht rechtzeitig gekommen

Übergabe des Feuerwehrautos an die Feuerwehr von Lira

war. Nach einigem Hin und Her übernahm eine regierungsamtliche Vertreterin die Sache, und sie machte es bravourös. Sie war kaum fertig, da tauchte der Herr Staatssekretär doch noch auf und – wir trauten unseren Augen kaum – das Ganze wurde noch einmal wiederholt. Wegen dieser sozusagen doppelten Parade begann nun mit Verzögerung der Festzug. Wir hatten den Eindruck, dass ganz Portugal unterwegs war: farbenprächtige alte und neuere Fahrzeuge aller Art, Oldtimer aus der Frühzeit der Feuerwehren fuhren vorbei. Daneben mit allen Farben geschmückte Fußgruppen, junge und alte Menschen mit Transparenten und Fahnen, aus denen oft hervorging, woher sie kamen, und dazwischen die Musikzüge – ein ohrenbetäubender Lärm.

Wir hatten Order, uns nach dem Vorbeimarsch in der Aula der Schule zum Mittagessen einzufinden. Es war fast unglaublich, aber die Masse der Teilnehmer erhielt ein warmes Mittagessen. Danach traf man sich im Festsaal der Stadt zur feierlichen Sitzung. Hier gab es nicht nur eine Flut von Auszeichnungen und Ehrungen für verdiente Feuerwehrmänner, auch die unvermeidlichen Reden wurden gehalten. Wir waren im Vorfeld um ein Grußwort gebeten worden und hatten uns darauf verständigt, dass ich dies für unsere kleine Delegation übernehmen würde. Alle Redner mussten auf der Bühne Platz nehmen, ich saß zwischen dem Bischof von Porto und einem General, der wohl in dieser Gegend stationiert war, und weiteren Offiziellen, unter ihnen auch der zu spät gekommene Staatssekretär. In meinem Grußwort nutzte ich die Gelegenheit, nicht nur Volkswagen zu repräsentieren, sondern auch den europäischen Gedanken zu propagieren. Dem Beifall nach zu urteilen, muss mein Dolmetscher sehr gut gewesen sein. Manuel Campos, der dies übernommen hatte, war mit uns in seine Heimat gereist und hatte uns die ganzen Tage bereits mit Rat und Tat zur Seite gestanden.

Nach einer Verschnaufpause ging es erneut in den Festtrubel der Stadt. Der Höhepunkt des Abends war zweifellos das Feuerwerk. Es begann mit einem bei uns kaum bekannten Auftakt: Einige junge Männer steckten unter einem hölzernen Gestell, einer sogenannten hölzernen Kuh, die vollständig mit Krachern, Kanonenschlägen und Raketen bestückt war. Sie liefen Feuer speiend mit diesem Gestell durch die Straßen der Stadt, alle Zuschauer waren ständig auf der Flucht. Erst jetzt wurde uns bewusst, warum man uns auf den Balkon eines Hauses gebracht hatte. Meine erste Reaktion war: Bei uns zu Hause wären sie alle als potenzielle Brandstifter festgenommen worden. Aber es erwies sich als harmloser, als man hätte befürchten können: Unter dem Beifall der Menschen stieg Rakete um Rakete in den nächtlichen Himmel und niemand wurde ernstlich verletzt.

Zum Abschluss des Abends trafen wir uns alle, Einheimische und die Freunde aus Mörfelden, zum unvermeidlichen Absacker im Restaurant unseres gemeinsamen Hotels. Die Feuerwehrkapelle von Lixa spielte mit Karl Lindner als Trommler zum letzten Gefecht. Wir erhielten alle noch einen Orden überreicht, und Herr Baumgarten bekam einen glänzenden Helm für die Werkfeuerwehr. Das einzige, was speziell mich ärgerte: Wir fuhren erneut nicht mit einem VW-Produkt. Der Vertrieb in Wolfsburg hatte sich als unfähig erwiesen, über den Generalimporteur in Lissabon ein Fahrzeug zur Verfügung zu stellen. Davon einmal abgesehen, hatten wir nicht nur ein interessantes, vergnügliches Wochenende erlebt, sondern eine sehr gute Image-Werbung für Volkswagen gemacht – mehr, als das viele teure Hochglanzbroschüren zusammen können. Und wir konnten durch unsere Beteiligung als Deutsche an dieser Veranstaltung in Portugal auch für das friedliche Zusammenleben der Völker Europas werben.

Das Jahr 1989 sollte vor allem für uns Deutsche noch ein besonderes Jahr werden: Wir hatten zwar immer gehofft, dass es durch Michail Gorbatschow in der UdSSR auch zu Verbesserungen in der DDR kommen würde. Aber was dann kam, überraschte uns alle. Der Fall der Berliner Mauer am 9. November 1989 veränderte nicht nur Deutschland, er veränderte Europa und war der Beginn der Auflösung der UdSSR. Der Zusammenbruch des Kommunismus und das, was er hinterließ, sollte uns in den nächsten Jahren noch erheblich beschäftigen.

Auch für die Betriebsratsgremien bei Volkswagen brachte das Jahr 1989 richtungsweisende Änderungen. Im November fand nach langer Vorbereitungszeit die entscheidende Sitzung aller Gesamtbetriebsräte in der VW-AG statt. Delegierte von SEAT, der Brüsseler Fabrik, von Audi und den deutschen Volkswagenwerken beschlossen die Bildung eines »Europäischen Konzernbetriebsrates«. Es sollten unverzüglich Verhandlungen mit dem Vorstand der VW-AG aufgenommen werden. Dr. Posth, der neue Arbeitsdirektor, signalisierte noch während der laufenden Sitzung, dass der VW-Vorstand bereit sei, auch ohne den noch fehlenden Rechtsrahmen eine Vereinbarung mit dem Gesamtbetriebsrat abzuschließen.

Gleich zu Beginn des Jahres 1990 hatte der Internationale Metallarbeiter Bund zu einer internationalen Tagung nach Barcelona eingeladen. Anlass dieser Tagung war die ständig an Schärfe zunehmende öffentliche Diskussion um das Auto als Umweltverschmutzer Nr. 1 und die leider bisher mehr als mangelhafte Reaktion der Hersteller. Wenn schon die Autoindustrie darauf nicht reagierte, wollten es die zuständigen Gewerkschaften auf jeden Fall tun. Dabei ging es sowohl um fehlende Produktantworten auf die inzwischen weltweite Diskussion um kleinere sparsamere Au-

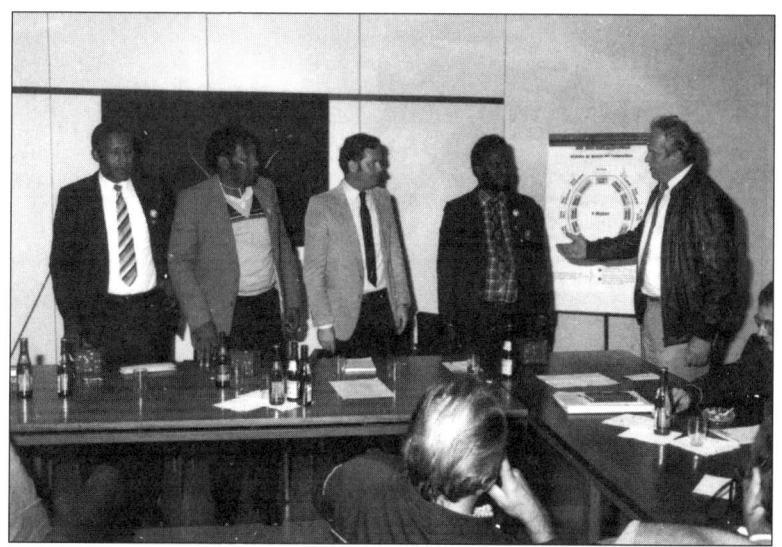

Südafrikanische Kollegen (mit John Gomomo) bei uns in Deutschland

tos, als auch um Antworten auf die drängenden Verkehrsfragen der Ballungszentren der großen Städte. Die zunehmende Ökologie- und Verkehrsdiskussion barg die Gefahr von gesetzlichen Restriktionen mit negativen Auswirkungen auf die Arbeitsplätze. Deshalb sah sich der IMB veranlasst, das Thema auf einer breiteren Basis zu diskutieren. Eingeladen waren aber nicht nur die Europäer. Dieses Thema betraf die Beschäftigten der Automobilindustrie weltweit gleichermaßen. Aber nicht nur das Thema war interessant, eine solche Veranstaltung war auch eine Stätte der Begegnung: Japaner, Brasilianer, Argentinier, Amerikaner, John Gomomo mit seinen südafrikanischen Kollegen – überall traf man Bekannte, Freunde, völlig anders als früher! Ein weitaus besserer und verständlicherer Dialog fand statt. Die ständigen Begegnungen begannen sich bereits auszuzahlen.

Letzte Kontakte vor dem Bürgerkrieg (Jugoslawien 1990)

Was sich bereits zu Beginn der Amtszeit des neuen Arbeitsdirektors abzeichnete, bestätigte sich im Laufe des Jahres: Ein vorsichtiges Taktieren, wenn es um Fragen unserer bisherigen Auslandsaktivitäten ging. Für dieses Jahr zumindest war erstmals Stillstand angesagt. Diejenigen im VW-

Vorstand, denen schon seit langem die ganze Richtung nicht schmeckte, hatten zunächst einmal den neuen Mann verunsichert. Wir hätten zwar sofort die Konfrontation suchen können, entschlossen uns aber zu einer Politik des längeren Atems. In der zweiten Hälfte des Jahres drängte ich dann doch darauf, den längst überfälligen Besuch des Kasseler Betriebsrats nach Vogosca durchführen zu können. In der dortigen Fabrik standen umfangreiche Änderungen an, ausgelöst durch die politischen Umwälzungen im gesamten Land. Das deutsche Betriebsrätesystem zu übernehmen war seit geraumer Zeit im Gespräch, und wir Kasseler hatten es übernommen, bei der Einführung zu helfen.

Ende September flog eine Kasseler Delegation erneut nach Jugoslawien. Es sollte die letzte Reise in das bisherige Staatsgebilde Jugoslawien werden. Das Auseinanderbrechen des Landes zeichnete sich bereits überall ab, Autonomiebestrebungen fast aller bisherigen Teilstaaten sorgten für zunehmende Unruhe. Wahlen im November des Jahres sollten zur Klärung der Situation beitragen. Noch war es die offizielle Politik des Westens, für die Erhaltung des bisherigen Gesamtstaates Jugoslawien zu werben.

Nach unserer Ankunft hörten wir überall völlig neue Töne: Einführung des Mehrparteiensystems, Einführung der Marktwirtschaft, ein neues Gesellschaftsrecht, die TAS sollte in eine GmbH umgewandelt werden. Bei den Betroffenen gab es Irritationen über Irritationen, und zwar sowohl beim Management als auch bei den Gewerkschaften. Gerade die letzteren waren plötzlich in einer völlig neuen Rolle, daher konfrontierten sie uns mit Fragen über Fragen. In der Fabrik hatte der Wechsel bereits stattgefunden, erstmals gab es einen deutschen Generaldirektor, Herrn Leissner, den einige von uns aus seiner früheren Wolfsburger Tätigkeit kannten. Er erläuterte die schwierige Lage der TAS. Nun ging es nicht mehr vorrangig um wirtschaftliche Probleme, niemand wusste die politische Zukunft des Landes einzuschätzen. In einem neuen Vertrag zwischen der jugoslawischen Holding UNIS und VW hatte Volkswagen 51% der Gesellschafteranteile an der TAS übernommen. In dem Vertrag war der Arbeiterrat bereits nicht mehr zwingend vorgeschrieben. Aussagen jugoslawischer Manager, die wir in früheren Begegnungen noch als stramme Kommunisten kennengelernt hatten, ließen uns aufhorchen: Die Gewerkschaften seien bei dem Neuaufbau des Landes nur hinderlich, man brauche sie nicht.

Dies war erfreulicherweise nicht die Position Leissners. Er forderte uns im Gegenteil auf, der Betriebsgewerkschaft bei ihrer neuen Rolle zu helfen. Er sicherte seine volle Unterstützung für alle hierzu notwendigen Maßnahmen zu. Genauso vehement kämpfte er um die Verlagerung von Arbeit aus deutschen Standorten, vor allem um Fertigungen, die nach seiner Meinung in Deutschland nicht mehr rentabel genug hergestellt werden könnten. In einem sich anschließenden Gespräch mit unseren Gewerkschaftskollegen wurden präzise gemeinsame weitere Schritte vereinbart. Noch in diesem Jahr sollte die erste Schulungsveranstaltung in Vogosca stattfinden, und sie fand auch statt – fast auf den allerletzten Drücker im November des Jahres, mit Unterstützung und Beteiligung der IG Metall Kassel.

Für den Abend gab es eine Einladung der Geschäftsleitung, gemeinsam mit einer Abordnung der betrieblichen Gewerkschaft, zum Abendessen in die ehemalige Sommerresidenz Titos am Fuße des Berges Igman, der später im Bürgerkrieg zu fragwürdigem Ruhm gelangen sollte. Der nächste Tag begann genauso ungewöhnlich. Wir folgten einer Einladung des Präsidenten des Regionalparlaments Bosnien-Herzegowina nach Sarajevo. Nach der Begrüßung im Parlamentsgebäude durch den Präsidenten, Herrn Karavdic, hielt er eine bemerkenswerte Rede. Mit dem Blick auf die anstehenden Wahlen zum Landesparlament am 18. November gab der Präsident seiner Hoffnung Ausdruck, dass nach der begonnenen radikalen Umstellung des Wirtschaftssystems auf Marktwirtschaft und Einführung des Mehrparteiensystems Jugoslawien als einheitlicher Staat mit sozialer Gerechtigkeit dastehen werde. Nun gelte es, durch freie und geheime Wahlen die Grundlagen zu festigen, um schnell in die Europäische Wirtschaftsunion einzutreten. Gerade in Bosnien, wo die Reformen schon weitgehend abgeschlossen seien, werde sich der Prozess der guten technischen und wirtschaftlichen Zusammenarbeit mit den Partnern der EG beschleunigen. Hieran bestehe ein hohes Interesse. An einem Wahlsieg der bisherigen kommunistischen Partei über die Nationalisten ließ er keinen Zweifel. Wir wissen inzwischen aus der Geschichte, wie sehr er sich irrte. Danach ergriff ich das Wort und bedankte mich für die Möglichkeit zu diesem Gespräch. Ich stellte die seit vielen Jahren erfolgreiche Zusammenarbeit zwischen Volkswagen und der UNIS heraus. Dabei habe sich sowohl geschäftliches als auch menschliches Vertrauen entwickelt. Dies zeige auch die positive Haltung des Volkswagen-Vorstandes zu weiteren Investitionen in Vogosca. Die politische Entwicklung Jugoslawiens würde im Westen, in der EG, mit großer Aufmerksamkeit verfolgt. Sowohl die Wahlreform als auch die Einführung der Marktwirtschaft seien sicherlich ein Schritt in die richtige Richtung. Ich warnte jedoch vor dem Glauben, dass die Marktwirtschaft an sich schon sozial sei. Westeuropa bzw. die Bundesrepublik Deutschland haben nahezu 30 Jahre dazu gebraucht, sie erst dazu zu machen. Ich schloss meine Ausführungen mit den besten Wünschen für dieses Land und für die Stadt Sarajevo und gab meiner Überzeugung Ausdruck, dass Jugoslawien als vereinigter Staat bestehen bleibe. Auch hier irrte ich mich gewaltig und musste später wie viele andere fassungslos den Exitus der Stadt Sarajevo und des Staates Jugoslawien erleben.

Am Nachmittag, bei einem Besuch in der Zentrale der UNIS, der Holding, zu der die TAS gehörte, überwogen gleichfalls völlig neue Töne. Von der beabsichtigten Schließung unrentabler Betriebe oder auch von Sozialplänen sprach man. In Vorbereitung seien Branchen- und Firmentarifverträge, die man mit den Gewerkschaften abzuschließen gedenke. Die wirtschaftliche Entscheidung sei aber zukünftig ausschließlich Sache des Managements. Daneben solle ein neu einzurichtender Verwaltungsausschuss beratend tätig sein. Ungeklärt blieb die Frage nach der zukünftigen Rolle des Arbeiterrates. Nach den Vorstellungen unserer Gesprächspartner sollte kein Gewerkschafter dem neuen Verwaltungsausschuss angehören. Auch hier, ähnlich wie in der TAS, waren besonders die uns aus früheren Begegnungen bekannten strammen Kommunisten die großen Anti-Gewerkschafter.

Natürlich konnten wir das nicht unwidersprochen hinnehmen. Gerade bei einem Neuanfang habe man nur Erfolg, wenn die Beschäftigten in den Betrieben an der Einführung neuer Formen des Wirtschaftens beteiligt würden. »Der Kollege Mihr warnte deutlich vor sonst neuem sozialen Sprengstoff«, vermerkte später das Protokoll. Die beiden Bürotürme der UNIS, in denen die Gespräche stattfanden und in denen man sich schon auf eine kapitalistische Zukunft eingerichtet hatte, verwandelten sich während des Bürgerkrieges sehr schnell in zerschossene Ruinen. Am späten Nachmittag, nach dem Gespräch, nutzten wir die Gelegenheit und besuchten noch einmal die olympischen Sportstätten. Auch hier bereits überall sichtbarer Verfall. Die ständige Finanzknappheit des Staates zeigte ihre Wirkung.

Wir flogen zurück nach Deutschland in der Hoffnung, dass Menschen, die nun schon 40 Jahre in einem Staat zusammengelebt hatten, nicht aufeinander schießen würden. Leider behielten jene recht, die mir wiederholt sagten: »Es gibt Krieg!«

Wir haben trotz allem unser Versprechen gegenüber der Betriebsgewerkschaft eingehalten. Ende des Jahres wurde noch eine erste Schulungsveranstaltung in Vogosca anberaumt. In Absprache mit der IG Metall flogen der Kasseler IGM-Bevollmächtigte Alfred Hofmann, der VW-IGM-Vertrauenskörperleiter Erwin Meißner und Robert Hofstätter vom Kasseler Betriebsausschuss nach Sarajevo. Es war tatsächlich die allerletzte Möglichkeit und der allerletzte Kontakt vor dem Chaos des Bürgerkrieges. Die Fabrik wurde geschlossen, viele der in ihr arbeitenden Menschen in alle

Winde verstreut. In letzter Minute gelang es Herrn Leissner noch mit einer Gruppe Deutscher, der sich auch einige Jugoslawen anschlossen, herauszukommen – mit der festen Absicht, die Fabrik wieder anlaufen zu lassen, wenn der Bürgerkrieg vorbei war. Die Zerstörung der Fabrik war allerdings derart, dass dies auch für Insider unmöglich schien, und doch – das zeigen immer wieder Entwicklungen in dieser Welt – man sollte nie »Nie« sagen! Ich will das am Beispiel Südafrikas unterstreichen: Noch im gleichen Jahr hatte ich Gelegenheit, Nelson Mandela im Straßburger Parlament zu hören und zu sehen. Er kam als der designierte Staatspräsident eines neuen Südafrika. Wer hätte das vor einem halben Jahrzehnt auch nur zu glauben gewagt?

Der Rest des Jahres flog nur so dahin! Noch im Oktober befand ich mich im Auftrag meiner Fraktion auf einer Vortragsreise für die Friedrich Ebert Stiftung in der Türkei. Thema war die Westeuropäische Union und ihr Verhältnis zu den Gewerkschaften. Veranstalter war der Türkische Jung-Unternehmerverband und die Universität von Istanbul. Wegen der seltsamen Mischung der Einladenden war ich schon etwas mißtrauisch. Wegen meiner Doppelfunktion sei ich, so sagte man mir, nicht nur ein erwünschter, sondern auch ein besonders interessanter Gesprächspartner. Spätestens in der Diskussion wurde sichtbar: Es ging vor allem um die Arbeitgeber-Arbeitnehmer-Beziehungen bei VW. Der Umweg über Europa hatte eher etwas mit ihrem gestörten Verhältnis zu den eigenen Gewerkschaften zu tun, die es nötig gemacht hatten, einen Gesprächspartner aus dem Europäischen Parlament zu wählen. Auf die weitere Entwicklung der Sozialbeziehungen oder gar auf die Demokratiebewegung in der Türkei hatte diese Reise leider nur wenig Einfluss.

Hilfe bei der Umstrukturierung bei Skoda (Tschechoslowakei 1991)

Gleich zu Beginn des neuen Jahres fand erstmals eine Sitzung des Interimsausschusses des noch zu gründenden »Europäischen Betriebsrats« von Volkswagen in Barcelona statt. Diese Sitzung diente der Vorbereitung der ersten Vollversammlung, die ebenfalls im Sommer in Barcelona stattfinden sollte. Dies war auch eine der Antworten aus den Erkenntnissen unserer Reisen. Es war der Versuch, auf die ständig zunehmende Expansion des VW-Konzerns in Europa angemessen zu reagieren und dies trotz eines noch immer fehlenden europäischen Rechtsrahmens, der allerdings seit geraumer Zeit in Form einer »Richtlinie der EU« in der öffentlichen Diskussion war. Diese erste Sitzung außerhalb Wolfsburgs fand ein ungewöhnliches Presseecho. Das ZDF drehte eine ausführliche Reportage, die später bei der öffentlichen Diskussion um eine europaweite Richtlinie für europäische Betriebsräte immer wieder gesendet wurde.

Wie richtig gerade dieser Schritt sein sollte, beweist nicht zuletzt die ungebrochene Expansionslust des VW-Vorstandes. Nach dem Zusammenbruch des früheren Ostblocks und der Neubildung souveräner Staaten ging der Weg in den Osten Europas. Wer wollte dabei schon fehlen? Einer der führenden Autohersteller im gesamten früheren Ostblock, die Skoda-Auto-Fabriken in der Tschechoslowakei waren der Wunschpartner von Volkswagen. Dies war auch der Grund unseres Besuchs in der damaligen CSSR, bei Skoda.

Der Gesamtbetriebsausschuss flog noch im Februar nach Prag und von dort ging es mit PKW's weiter nach Mlada Boleslav, dem Sitz der Firmengruppe. Es war unser erster offizieller Besuch, nachdem Volkswagen als Partner für Skoda inzwischen feststand. Dort befand sich alles im Umbruch. Es gab nicht nur eine hohe Erwartungshaltung in der tschechischen Öffentlichkeit, sie war auch besonders hoch bei unseren dortigen Gewerkschaftskollegen im Betrieb, hatten sie sich doch in aller Öffentlichkeit für ein Zusammengehen gerade mit Volkswagen ausgesprochen. Einer ihrer wichtigsten Gründe für ihre Haltung sei das intakte sozialpolitische Klima bei Volkswagen, aber natürlich auch unsere guten Haustarifverträge. Die Erwartungshaltung an unseren Besuch war dementsprechend.

Es erwies sich dann auch als äußerst problematisch, ihnen erklären zu müssen, dass durch die veränderten Besitzverhältnisse, vor allem aber durch die Einführung der marktwirtschaftlichen Abläufe, oder im Klartext gesprochen, aufgrund des kapitalistischen Wirtschaftens, sich auch ihre Rolle völlig verändern würde. Dass viele der sozialen Leistungen der Firma – angefangen bei den bisher von den Betriebsgewerkschaften verwalteten Freizeiteinrichtungen bis hin zum Wohnungsbestand, der Erholungsverschickung, um nur einige Bereiche zu nennen – nicht mehr in der bisherigen Form weiterbestehen bleiben sollten, wollten sie nicht verstehen. Die Aussagen des neuen Managements, dass dies alles ein immenser Kostenfaktor sei und nur finanziert werden könne, wenn entsprechende Gewinne erwirtschaftet würden, waren für unsere tschechoslowakischen Kollegen völlig neue Töne. Einige bereits angeschobene Privatisierungsvorhaben, zum Beispiel der Versuch, die ersten Werkswohnungen zum Verkauf anzubieten, schafften erheblichen sozialen Sprengstoff. Unsere Reise war daher alles andere als ein Vergnügen, aber es wäre unfair gewesen, den Kollegen nicht die Wahrheit zu sagen.

Die sich an die Gespräche anschließende Besichtigung der Produktionsstätten, aber auch der sozialen Einrichtungen bis zum Skoda-Museum in der Stadt, zeigten die lange Tradition des Autobauens bei Skoda. Trotz aller Problematik verliefen unsere Gespräche in einer freundschaftlichen Atmosphäre, nicht nur in der Fabrik, sondern auch bei einem Besuch in der Zentrale der Metallgewerkschaft in Prag. Bei einem Besuch im tschechischen Sozialministerium überraschte uns der Minister mit Insiderkenntnissen über die deutsche Mitbestimmung. Seine Erklärung, er könne sich für die Tschechei ähnliches vorstellen, ließ einige Erwartungen zu, die aber leider nie umgesetzt wurden.

Vor unserer Abreise am nächsten Morgen boten wir unseren Kollegen aus Mlada Boleslav bei der zwangsläufigen Umstrukturierung ihrer gewerkschaftlichen Strukturen unsere Hilfe an. Das Angebot beinhaltete auch Schulungen für ihre Funktionäre in Deutschland. Eine zukünftige Teilnahme an den Sitzungen des Europa-Betriebsrates wurde ebenfalls in Aussicht gestellt. Wir nahmen aber auch ihre Aufforderung entgegen, uns für eine völlige Übernahme Skodas durch Volkswagen einzusetzen.

Nach unserem Rückflug nach Braunschweig kam es noch am gleichen Tag auf Bitten des VW-Finanzvorstands Ullsperger, der für das Investment Skoda verantwortlich war, zu einer Sondersitzung des Gesamtbetriebsrats. Es ging um die Gesamtfinanzierung des Skoda-Projekts. Wir hatten offensichtlich mit einer Reihe gezielter Fragen an das Management von Skoda über das Ausmaß des benötigten Finanzvolumens für die notwendige technische Umstrukturierung der Fabrik die Herren in Wolfsburg total nervös gemacht. Darüber hinaus gab es eine Forderung der Arbeitnehmerbank im Aufsichtsrat, dass es für eine eventuelle Ausweitung des VW-Engagements bei Skoda nur eine Zustimmung geben würde, wenn noch erhebliche Sicherheiten in den Vertrag mit Skoda oder besser, mit der tschechischen Regierung, eingebaut würden. Wir Betriebsräte erreichten an diesem Samstagmittag, dass Sicherheiten in die Verträge geschrieben wurden, die es Volkswagen möglich machen würden, bei einem Scheitern des Investments wieder aus dem Vertrag herauszukommen. Dies war kein Misstrauen gegenüber unseren tschechischen Kollegen, sondern die Forderung nach einer Sicherheitsgarantie für Tausende deutscher Arbeitsplätze, die nicht durch eine solch ungewöhnlich hohe Investitionssumme in Gefahr geraten durften.

Schlanke Produktion in Vollendung
Japan 1991

Das neue Jahr begann mit einer weiteren Überraschung. Es sollte erneut nach Japan gehen. Dr. Posth, der neue Arbeitsdirektor, schien der festen Überzeugung zu sein, dass wir in der Vergangenheit bei unseren Besuchen zu wenig japanische Fabriken von innen gesehen hätten, nicht anders war der massenhaft vorgesehene Besuch von Autofabriken auf dieser geplanten Reise zu erklären. Anderseits war die Übernahme japanischer Begriffswelten in der eigenen Fertigung derart voran geschritten, dass man fast nichts anderes mehr hörte als das weiter oben schon erwähnte Vokabular. Die Studie des MIT über »Die zweite Revolution in der Autoindustrie«, so der deutsche Buchtitel, gehörte inzwischen zur Pflichtlektüre der Manager. Lean Production oder Schlanke Produktion waren die Worte des Jahres. Aber noch immer klaffte eine große Lücke zwischen Theorie und Praxis. Die Ergebnisse ließen zu wünschen übrig. Man wollte uns wohl deshalb noch einmal japanische Fertigungsabläufe präsentieren. Da schon seit längerem ein Gegenbesuch unsererseits bei den Toyota-Workers überfällig war, kam uns die Einladung gerade recht.

Im April war es so weit, erneut sollte es wieder über die europäische Grenze hinausgehen, zunächst nach Japan und von dort weiter nach China. Zu meinem größten Bedauern war ich zum ersten Mal den Strapazen einer solchen Reise nicht gewachsen. Wegen gesundheitlicher Schwierigkeiten konnte ich an dem zweiten Teil der Reise nicht teilnehmen. Gegenüber unserer letzten gemeinsamen Reise hatte es erhebliche personelle Veränderungen gegeben. Auf unserer Seite erlebte ich bereits den dritten Gesamtbetriebsratsvorsitzenden. Walter Hiller war zum Niedersächsischen Sozialminister berufen worden, ihm war Klaus Volkert gefolgt, der auf dieser Reise erstmals unsere Position zu vertreten hatte. Auf der Seite des VW-Vorstands war erstmals Dr. Posth mit weiteren Herren seines Stabes vertreten. Wir waren diesmal zwölf Personen, eine relativ große Gruppe. Unser Flugzeug landete an einem Sonntagnachmittag in Tokio/Narita. Von dort ging es direkt in die Stadtmitte zu unserem Hotel »Okura«, das einige von uns bereits von früheren Japan-Aufenthalten kannten.

Auf der Fahrt in die Stadt war ich erneut von dieser großen Metropole beeindruckt: Mehrstöckige Straßen mit einer riesigen Verkehrsdichte, links und rechts davon gigantische Häuserschluchten. Eine deutliche Zunahme von Hochhausbauten, trotz der Erdbebengefahr, unter der Tokio immer steht. Wir fuhren auf breiten gepflegten Straßen vorbei am Kaiserpalast. Gegenüber der US-Botschaft, in einer verhältnismäßig ruhigen Wohngegend, lag das Hotel.

Am nächsten Morgen flogen wir von Tokio aus nach Yamaguchi in den Süden der Hauptinsel Hokkaido, vorbei am Fudschijama, bei herrlich klarer Sicht. Nach der Landung fuhren wir mit einem gecharterten Bus nach Hofu in die erste Mazda-Fabrik. Ein Standort, der vor allem wegen der Art seiner Fertigung ausgewählt worden war. »Schlanke Fertigung«, »Schlanke Produktion«, das waren ja inzwischen die Zauberworte auch in Europa geworden. Und hier gab es sie nun in Vollendung zu sehen: die »nackte« Montage, vorab noch ein Presswerk und eine Lackiererei – alle anderen Teile wurden von den Zulieferern aus der näheren Umgebung herbeigeschafft. Für das Auge gab es schon einige interessante Sachen, z.b. im Presswerk Ruhezonen mit künstlich geschaffener Natur. Dasselbe auch an und um die Bänder. »Leider fehle ihnen nur die Zeit, dies zu genießen«, lautete die Übersetzung unseres Dolmetschers auf unsere Fragen an die Beschäftigten.

Es herrschte ein relativ hohes Arbeitstempo an den nur wenigen manuellen Arbeitsplätzen. Investitionen in neue Fertigungstechniken seien derzeit nicht geplant und wenn, dann nur noch so viel wie nötig. Gruppenarbeit sei überall selbstverständlich. Die Produktivität in dieser Fabrik war natürlich erheblich höher als bei uns, vor allem wegen der bedeutend niedrigeren Fertigungstiefe. In der Diskussion mit dem Management hatte man allerdings den Eindruck, dass insbesondere die Einkaufspolitik bei Mazda auf Kosten der Zulieferer erheblich zu dem guten Ergebnis beitrug.

Mit einem der bekannten japanischen Superexpresszüge ging es weiter nach Kyoto. Wir übernachteten im selben Hotel wie einige Jahre vorher. Am nächsten Morgen gab es einen Blitzbesuch in einer Mitsubishi-Fabrik ganz in der Nähe von Kyoto, mit Fertigungsanlagen, die vor allem wegen ihrer Sauberkeit bestachen. Gegen Mittag ging es weiter mit einem Superexpress nach Nagoya und von dort nach Toyota-Stadt. Die Verantwortlichen von Toyota schleppten uns nach der Begrüßung zunächst in ihr neues großes Automobilmuseum zu einer Präsentation. Ein imponierendes Bauwerk. In seiner Dimension gibt es nichts Vergleichbares in Europa. Die anschließenden Gespräche waren sehr oberflächlich und hatten bei weitem nicht die Herzlichkeit früherer Begegnungen. Vielleicht lag es aber auch an meinem schlechten Allgemeinbefinden, dass ich die oberflächliche Schwätzerei nicht mehr hören konnte. Das Klima hatte sich im Vergleich zu unserem letzten Besuch erheblich verschlechtert. War es die Enttäuschung der Japaner über das gemeinsame Investment in Hannover? Die einmal geplanten Zahlen waren nie erreicht worden. Fühlte man sich von VW hintergangen? Auch unsere Gewerkschaftskollegen blieben bei unseren separaten Gesprächen weit hinter ihren Aussagen früherer Begegnungen zurück. Wichtige neue Erkenntnisse waren auch von ihnen nicht zu erwarten. Das Klima war nicht besonders angenehm, ich bezweifle, dass es allein mit meinem angeschlagenenen Gesundheitszustand zu tun gehabt hat. Am gemeinsamen Abendessen, wo bekanntlich überall gern große Reden gehalten werden, war ich nicht mehr beteiligt, sondern gönnte mir etwas Ruhe im Hotel.

Der folgende Tag war geprägt von einem sehr frühen Besuch in einer Fabrik von »Nippon Denson«, einem der großen Zulieferer der japanischen Automobilindustrie, vergleichbar etwa mit Bosch bei uns. Auch hier das übliche Ritual und doch war vieles anders, z.B. die Antwort auf eine Frage von uns, wie viele Aktienanteile von Denson wohl Toyota gehörten, da wir vernommen hätten, dass über 70% der gesamten Fertigung von Nippon Denson für Toyota sei. Einer der führenden Herren der Firma erklärte sehr offen, die gegenseitige Abhängigkeit sei so groß, dass es auf die Besitzverhältnisse nicht mehr ankomme. Man habe aber eine Zusammenarbeit entwickelt, die die sonst üblichen Schwierigkeiten beim Anlauf eines neuen Autos nicht mehr auftreten ließen. Entwicklungsingenieure von Nippon Denson sitzen bei Toyota mit in den Entscheidungsgremien bei der Entwicklung eines neuen Autotyps. Dass dies das Vertrauen schafft, das man für eine solche Zusammenarbeit braucht, versteht sich von selbst. Dies war zweifellos eine der positiven Erkenntnisse unserer Reise, die wir gern mit nach Hause nahmen, denn hiervon konnte Volkswagen nur lernen.

Von Nippon Denson ging es mit dem Bus weiter nach Toyohashi, wo Volkswagen dabei war, ein eigenes Vertriebszentrum aufzubauen. Der sich seit langem abzeichnende Bruch mit dem japanischen Generalimporteur Yanase zwang Volkswagen mehr oder weniger zu einer solchen Überlegung. In diesem direkt am Meer gelegenen Gelände gab es rundherum massenweise Fabrikhallen. Mercedes hatte ebenfalls in der Nähe eine Auslieferungshalle gebaut. Die Toyota-Fabrik Tahara-Plant, der wir einige Jahre vorher einen Besuch abgestattet hatten, in der der Pritschenwagen Hilux – in Japan als Taro am Markt – gefertigt wurde, lag ebenfalls ganz in der Nähe. Das VW-Auslieferungszentrum stand kurz vor der Fertigstellung.

Unsere deutschen Kollegen, die für den Anlauf hier beschäftigt waren, klagten über die mangelnde Qualität der gerade aus Deutschland importierten Autos. Leider handele es sich hierbei nicht nur um Transportschäden. Es wurden gemeinsame Schritte beraten, dieses abzustellen.

Nach einem gemeinsamen Mittagessen mit unseren deutschen Kollegen in einem kleinen Hotel, ganz in der Nähe gelegen, verabschiedeten wir uns. Es ging weiter zum Bahnhof der nahe gelegenen nächsten Stadt, und erneut mit einem der schnellen Züge in Richtung Tokio. Hier war leider für mich die Reise zu Ende. Ich hatte mich entschlossen, mit drei anderen Teilnehmern, für die es vorher so geplant war, die Rückreise nach Deutschland anzutreten. Wir verabschiedeten uns auf dem Flughafen Narita von der Gruppe und flogen in Richtung Frankfurt zurück. Anhand der späteren Berichte der Kollegen, die den zweiten Teil der Reise erlebt hatten, an ihren begeisterten Erzählungen konnte ich feststellen, dass dieser Besuch in China noch einmal ein einschneidendes Erlebnis gewesen war, ein Erlebnis von ungeheuren Informationswert für alle zukünftig anstehenden Entscheidungen in den Gremien der Mitbestimmung und dies nicht zuletzt vor dem Hintergrund des weiteren Engagements von VW in China.

»Im Interesse der arbeitenden Menschen«
Der Europäische Konzernbetriebsrat (1992)

Bereits im Juni des Jahres fand die von mir angekündigte Vollkonferenz des »Europäischen Betriebsrates« von Volkswagen in Barcelona statt. Noch immer gab es zwar keine offizielle Vereinbarung mit dem VW-Vorstand, aber trotzdem nahmen Delegierte aus allen europäischen VW- und Audi-Standorten teil. In einer ausgezeichneten Gesamtdarstellung erhielten wir durch einen Vertreter der Wolfsburger Konzernleitung einen Überblick über die Planungs- und Investitionsaktivitäten des Konzerns mit ihren Auswirkungen auf die einzelnen Standorte und Marken. Die spanischen Kollegen erklärten am Ende der Tagung, eine solche Information sei ihnen bisher stets verweigert worden. In den internen Beratungen, ohne Vertreter der Konzernleitung, wurde eine gemeinsame Abwehrfront gegen die Einführung des Samstags als Regelarbeitstag beschlossen, die auch, trotz massiver Versuche bei Seat, lange gehalten hat. Das Unternehmen wurde in einer Resolution erneut aufgefordert, endlich mit dem Konzernbetriebsrat die längst überfällige Betriebsvereinbarung über die Bildung des hier tagenden »Europäischen Betriebsrates« abzuschließen. Mit der Absicht, ein besseres Informationssystem innerhalb des Europäischen Betriebsrates aufzubauen, ging die Tagung zu Ende.

Im September kam es auf meine Einladung hin zu einem Besuch des Gesamtbetriebsrats im Europäischen Parlament in Straßburg. Als weitere Teilnehmer waren auch einige Herren der Konzern-Personalleitung dabei. Anlass war nicht zuletzt eine zumindest abwertende Haltung der Konzernspitze, wenn es um die Einschätzung der Wirkung des Parlaments auf den europäischen Einigungsprozeß ging. Auf Grund einer geschickten Regie meiner Mitarbeiter kam es zu interessanten Begegnungen und Gesprächen. Einige meiner Parlamentskollegen brillierten mit Beiträgen aus ihrem politischen Tagesgeschäft derart, dass meine VW-Kollegen aus dem Staunen nicht mehr herauskamen. Noch immer kursierten ja die bekannten Vorurteile – vor allem in Deutschland – »Was macht denn eigentlich dieses Parlament und was hat es zu sagen?« Um so dankbarer war ich Günther Topmann, dem Verkehrsexperten, und Detlev Samland, der Industriepolitik in Verbindung mit Haushaltsaktivitäten des Parlaments erläuterte, oder Kurt Fittinghoff, der die Umweltprobleme Europas auf den Punkt brachte und gerade Autobauer zum Nachdenken zwang. In weiteren Gesprächen mit Sozialpolitikern – dem CDU-Kollegen Elmar Brock und Leyla Onur von der SPD – wurde übereinstimmend die zwingend notwendige »Euro-Richtlinie für Europa-Betriebsräte« diskutiert. Die Anwesenheit im Elsass wurde für einen weiteren Besuch in Sochaux bei Peugeot genutzt. Die Fabriken in dem Vorort Montbeliards waren durch Umstrukturierungen auf den neuesten Stand gebracht und auch für Volkswagen-Leute sehenswert. Die politischen Gespräche mit dem Management und den Kollegen von der CFTD waren allerdings genauso unbefriedigend wie die, die wir Monate zuvor während eines Besuchs des Kasseler Betriebsausschusses geführt hatten.

Für mich war es das letzte Jahr in meinen Funktionen bei Volkswagen. Ich hatte bereits alle Gremien im Betrieb und auch die IG Metall informiert, dass ich im Mai 1992 alle Betriebsratsfunktionen niederlegen würde. Auf das neue Jahr wartete ich also mit gemischten Gefühlen. Was die internationale Arbeit anbetraf, hatte man mir allerdings bereits signalisiert, dass ich noch einmal an einer für Juli 1992 geplanten Nordamerika-Reise des Gesamtbetriebsrats teilnehmen sollte. Ich gehörte ja noch dem Aufsichtsrat der VW AG an und sollte auf Bitten der IG Metall zur turnusmäßig anstehenden Aufsichtsrats-Wahl 1992 noch einmal als Spitzenkandidat für das Werk Kassel kandidieren. Die Vertrauensleute hatten dies erneut mit einem großen Vertrauensbeweis Ende November bestätigt, obwohl sie wussten, dass ich als Betriebsratsvorsitzender im Mai zurücktreten würde.

Das Jahr 1992 begann dann wider Erwarten besonders erfreulich: Der VW-Vorstand erklärte sich endlich bereit, mit dem Konzernbetriebsrat eine Betriebsvereinbarung über die Bildung eines Europäischen Konzernbetriebsrates abzuschließen. Auf meine Anregung hin fand die Unterzeichnung der Vereinbarung im Pressezentrum des Europäischen Parlaments in Brüssel statt. Eine von mir in Abstimmung mit dem Parlamentspräsidenten herausgegebene Pressemitteilung gibt am besten das Geschehen wieder: »Im Vorgriff auf die unumgängliche Verabschiedung der EG-Richtlinie ›Europäische Betriebsräte‹ durch den Ministerrat wird heute, am 7. Februar 1992, in Brüssel erstmals in der Automobilindustrie eine Vereinbarung mit rechtsverbindlichem Charakter unterzeichnet. Es ist kein Zufall, dass hierfür das Parlament in Brüssel ausgewählt wurde. Das Europäische Parlament hat mit großer Mehrheit dem Richtlinienentwurf ›Europäische Betriebsräte‹ zugestimmt. Wir unterstreichen mit der Bereitstel-

Vertragsunterzeichnung zur Gründung des Euro-Betriebsrats bei VW

lung sämtlicher Infrastrukturen wie Räumen und Dolmetschern unsere
Verbundenheit mit diesem Schritt im Interesse der arbeitenden Menschen
in Europa. Allen Kritikern in Europa zum Trotz wird mit diesem heutigen
Vertragsakt eine rechtsverbindliche und einklagbare Vereinbarung getroffen, die erste auf europäischer Ebene, noch bevor eine Europäische Richtlinie erlassen wird. Mit der Unterzeichnung dieser ersten europäischen
Betriebsvereinbarung von Konzernvorstand und Konzernbetriebsrat der
Volkswagen AG wird ein deutliches Zeichen für Europa gesetzt, und unsere parlamentarisch-politische Arbeit zur Einrichtung Europäischer Betriebsräte von einem ersten praktischen Erfolg gekrönt. Das Europäische Parlament kann sich nur wünschen, dass viele solcher rechtsverbindlichen Vereinbarungen, noch bevor sie Gesetz werden, abgeschlossen werden, um
damit unsere Haltung zu unterstützen.«

Und tatsächlich: Nach diesem VW-Schritt kam es in den nächsten Monaten zu einer Häufung von ähnlichen, freiwilligen Zusammenschlüssen
im Vorgriff auf eine zukünftige Richtlinie. Die Anwesenheit von Franz
Steinkühler als Präsidenten des Internationalen Metallarbeiterbundes un-
terstrich die Bedeutung dieses Schrittes für die weitere Diskussion um

eine »Europäische Richtlinie«. Steinkühler lobte ausdrücklich den VW-Vorstand für diesen mutigen Schritt. Volkswagen akzeptiere mit dem Vertragswerk seine moralische Verpflichtung gegenüber den Arbeitnehmern des Konzerns und zeige eine konsequente, europäische Dimension unternehmerischen Denkens. Der für den VW-Vorstand unterzeichnende Personalvorstand Dr. Martin Posth erklärte wörtlich: »Die enormen Herausforderungen des internationalen Wettbewerbs verlangen ein gemeinsames Verständnis und eine koordinierte Antwort der europäischen VW-Standorte.« Gerhard Mogwitz, der erste Präsident des VW-Europa-Betriebsrates, bezeichnete dieses Vertragswerk als einen Meilenstein in der Geschichte der Arbeitnehmervertretung und der Arbeitsbeziehungen bei Volkswagen.

Es war zweifellos auch ein Höhepunkt unserer fast zwei Jahrzehnte andauernden internationalen Arbeit für ein Zusammenwirken der Arbeitnehmervertretungen in diesem Konzern, wenn auch zunächst nur in Europa. Diese Veranstaltung in Brüssel, die in Wolfsburg in dieser Form einfach nicht möglich gewesen wäre, fand ein breites europaweites Presseecho. Eine Reihe europäischer Fernsehanstalten brachte die Vertragsunterzeichnung in ihren Nachrichtenprogrammen.

Bis zur Verabschiedung einer »Europäischen Richtlinie« Ende 1994 wurde Volkswagen stets als einer der Vorreiter genannt. Dies war eine zusätzliche, positive Image-Werbung für den Konzern – und dies europaweit!

Die für Ende März vorgesehenen Wahlmännerwahlen für den Aufsichtsrat fanden kurioserweise dann doch nicht statt. Die Bewerbergruppen in den Volkswagen-Werken arrangierten sich in der Verteilung der Wahlmännermandate nach den Ergebnissen der vorangegangenen Aufsichtsratswahl, so dass es Ende April zu einer Wahldelegiertenversammlung dieser nominierten Wahlmänner in Wolfsburg kam, wobei die IG Metall auf Grund ihrer Stärke erneut alle Sitze der Arbeitnehmerbank im Aufsichtsrat bekam und ich damit ebenfalls erneut für weitere fünf Jahre in den Aufsichtsrat gewählt wurde.

Anfang Mai war es dann so weit: Nach zwanzig Jahren legte ich den Vorsitz des Kasseler Betriebsrates nieder. Von meinen Kollegen im Gesamtbetriebsrat wurde ich gebeten, für eine gewisse Zeit zumindest noch an den Sitzungen des Euro-Betriebsrates teilzunehmen. Ebenso war in Kassel vereinbart, dass ich für die laufende Wahlperiode bis Mai 1994 Mitglied des örtlichen Betriebsrates ohne besondere Funktionen bleiben würde.

Gruppenarbeit und Eigenverantwortung
USA Juni 1992

Ich will nun über die für mich letzte großen Reise im Kreise meiner Kollegen des Gesamtbetriebsrates berichten, die uns im Juni 1992 zu einer interessanten Tour quer durch die USA führen sollte. Zunehmende Kooperationen zwischen japanischen Firmen und den großen Drei – der US-Autobauer General-Motors, Ford und Chrysler –, aber auch völlig neue, ausschließlich japanische Investments auf der grünen Wiese, hatten in Europa erneut für Unruhe gesorgt. Noch immer geisterte die Sorge durchs Land, ob nicht doch noch aus den USA, aus der japanisch-amerikanischen Produktion Einfuhren in die EG zu erwarten seien. Mit einer relativ großen Reisegruppe aus Mitgliedern des Gesamtbetriebsausschusses und Vertretern des zentralen Personalwesens, insgesamt 16 Personen, erneut unter der Leitung des Gesamtbetriebsratsvorsitzenden Klaus Volkert und Dr. Martin Posth, des Arbeitsdirektors, trafen wir uns zum Abflug in Frankfurt a.m. Erfreulicherweise war unter den Teilnehmern auch Gerhard Mogwitz, der Vorsitzende des Europäischen VW-Betriebsrates, der in Kürze ebenfalls aus Altersgründen ausscheiden würde.

Die erste Station unserer Reise war Boston. Wir wollten erneut Bostons renommierte »Harvard University« zum Ausgangspunkt unserer Exkursionen machen. Nach einem ruhigen Flug, nur etwas mehr als sechs Stunden, landeten wir erneut in der in so vielem europäisch anmutende Stadt. Am folgenden Morgen stand als erstes der Besuch des »Massachusetts Institute of Technology« (MIT) auf dem Programm. Wir hatten uns für dieses Mal vorgenommen, vorab renommierte Vertreter der Wissenschaft, die sich in der US-Autoindustrie auskannten, zu treffen. Professor Daniel Roos (Director for International Vehicle Program) erklärte uns die neuesten Erkenntnisse zu der inzwischen weltbekannt gewordenen »MIT-Studie«. Seit der ersten Veröffentlichung der Studie hätten sich die Relationen bereits erheblich verändert. Die Qualitätslücke zu den Japanern beginne sich zu schließen, den Europäern seien bedeutende Fortschritte in der Produktentwicklung gelungen. Die Einführung von »Lean-Production« sei inzwischen weltweit erklärte Absicht der gesamten Automobilindustrie. Das MIT sei dabei, eine neue Studie auf den Weg zu bringen und wolle dafür VW als Partner für Europa gewinnen.

In einer weiteren Gesprächsrunde war Richard Burt, der ehemalige US-Botschafter in Deutschland und während der Präsidentschaft Reagans einer seiner engsten Berater, unser Gesprächspartner. Er war uns als Kenner der amerikanischen und europäischen Sozialbeziehungen angekündigt worden. Leider war er alles andere als das, sondern nach meiner Auffassung nichts anderes als einer der letzten Kalten Krieger, übriggeblieben aus der Reagan-Ära, der noch immer die Hochrüstung propagierte und gar nicht daran dachte, die riesige Staatsverschuldung der USA als deren Folge zur Kenntnis zu nehmen. Ein sarkastischer, mit sich unzufriedener Mensch, der fast spürbar seiner früheren Einflusssphäre nachtrauerte. Seine Bemerkungen über die Europäer, speziell über die EG, waren alles andere als freundlich. Vor allem deren Politik gegenüber Russland fand nur seine vernichtende Kritik. Aber auch für die Kandidaten der laufenden amerikanischen Präsidentenwahl hatte er nur abwertende Bemerkungen übrig, eine alles in allem unerfreuliche Begegnung.

Am Nachmittag besuchten wir Harvard, eine immer wieder faszinierende Universitätsanlage. Professor Charles Heckscher, Soziologe, erläuterte den dramatischen Rückgang der amerikanischen Gewerkschaftsbewegung, deren Organisationsgrad in den 50er Jahren noch 40% betragen habe, derzeit seien es noch ganze 16%. Die Ursachen seien vor allem in dem Rückgang der Massenproduktion zu suchen. Man habe zu lange nur den »Produktionswerker« gesehen und sich viel zu spät dem Dienstleistungsbereich zugewandt, der sich durch eine ständige Zunahme der »White-Collar-Workers« – einem amerikanischen Begriff für Angestellte – auszeichnete. Unsere Hinweise auf die gerade zu Beginn der Reagan-Ära massive Anti-Gewerkschaftspolitik blieben unbeantwortet oder wurden von ihm – so meine Lesart – bewusst nicht aufgegriffen. Seine Lösungsansätze waren teilweise im individualistischem Klein-Klein angesiedelt, dies hätte zwar eine individuelle Vertretung Einzelner besser ermöglicht, aber eine machtvolle Gewerkschaftsbewegung als Gegenmacht gegen die riesige Lobby der amerikanischen Industrie kam in seinem Denken nicht vor.

Für mich war es bereits der vierte Aufenthalt in den USA und ich hatte in den nächsten Tagen zum ersten Mal Gelegenheit, mit einem Bus Hunderte von Meilen quer durch das Land zu fahren. Wir begannen unsere Tour bei schönstem Sonnenschein und erreichten nach nur einer Stunde unsere nächste Station Marysville, eine Kleinstadt in Ohio, die das Glück hatte, die Zentrale der Honda-Aktivitäten in den USA in ihren Mauern zu beherbergen. Dies war der Beginn einer ganzen Reihe von Fabrikbesuchen in den USA. Ziel dieser Reise war unter anderem, die verschiedenen Formen der japanisch-amerikanischen Kooperationen, aber auch nur rein japanische oder rein amerikanische Autofabriken kennenzulernen. Die Honda-Fabrik in Marysville war eine der ersten rein japanischen Investitionen auf der grünen Wiese zu Anfang der 80er Jahre gewesen. Honda war und ist der wohl konsequenteste japanische Automobilhersteller mit einer festen Verankerung in den USA. Fast alle Zubehör-Teile für den in den USA gebauten Honda-Accord wurden ausschließlich in den USA gefertigt.

In dieser Fabrik hatte Honda es geschafft, die Gewerkschaften vor der Tür zu lassen. Einer der Manager betonte bei der Begrüßung, das innerbetriebliche Klima sei so gut, dass die Belegschaft keine Gewerkschaftsvertretung brauche und sie auch nicht wolle. Wir wussten von der UAW, dass Honda ganz massiv auf die Belegschaft eingewirkt hatte, um die Gewerkschaften nach der Errichtung der Fabrik herauszuhalten. Honda hatte aber nicht nur das erreicht. Sie hatten auch das ganze Szenario alter kapitalistischer Ausbeutungsmethoden im Betrieb eingeführt. Der Krankenstand betrug nur 1,6%, die Folge gezahlter Anwesenheitsprämien und eines Durchschnittsalters der Belegschaft von ganzen 35 Jahren. 15 Tage Jahresurlaub, der in zwei Blöcken über Weihnachten und im Sommer festgelegt war – daneben gab es nichts. Qualifizierung fand nur außerhalb der Arbeitszeit statt. Der Lärmschutz z.B. an den Pressen war mehr als mangelhaft – vieles war deutlich schlechter, als wir es in vergleichbaren Honda-Fabriken in Japan gesehen hatten. Alles in allem eine unerfreuliche Erscheinung.

Bei sengender Hitze fuhren wir weiter, quer durch Ohio, nordwärts in Richtung des Staates Michigan. Hin und wieder verließen wir den riesigen Highway, um uns kleine ländliche Ansiedlungen anzuschauen, teilweise sehr ansehliche Wohnsiedlungen, fast Dörfer europäischen Zuschnitts. Dann ging es weiter nach Norden, vorbei an Toledo, entlang dem Erie-See, nach Detroit. Einige Meilen nördlich der Metropole hatten wir in Birmingham Quartier gemacht – einer gemütlichen Kleinstadt. Nach der Qualität seiner Gebäude und der ebenfalls relativ kleinen, gemütlichen Hotels zu urteilen, eine der Wohnsiedlungen für Detroit. Durch ein ungewöhnliches Erlebnis behielten wir gerade diesen Ort besonders in Erinnerung. Wir waren am frühen Abend angekommen und wollten einfach mal ungezwungen in irgendeinem kleinen Lokal des Ortes zu Abend essen. Wir zogen also in kleinen Gruppen los. In einer der Seitenstraßen fanden wir, was wir suchten, bei drückender Hitze im Schatten draußen sitzend, bei einem kühlen Getränk, endlich etwas Behaglichkeit. Der Spaß dauerte allerdings nicht allzu lange. Plötzlich heulten Sirenen. Es war ein komisches Geheule, es hörte sich an, als würden die Sirenen mit der Handkurbel bedient; Polizeifahrzeuge überall, eine seltsame unheimliche Atmosphäre. Die Wolken am Himmel jagten wahnsinnig schnell dahin, es gab ein diffuses Licht, uns wurde immer mulmiger. Wir hatten unser Essen bestellt und beobachteten, wie sich die anderen Gäste benahmen. Es sah so aus, als ginge sie dies alles nichts an. Irgend jemand von uns fragte die Bedienung nach der Ursache des Polizeiaufgebots und der Sirenen. Uns wurde sehr ruhig geantwortet, es seien mehrere Hurricans gemeldet, und einer bewege sich auf die Stadt zu. Man habe für solche Fälle nicht nur das Restaurant im Hause, sondern auch einen Schutzraum im Keller. Plötzlich brachen alle Gäste auf, wir schlossen uns blitzschnell an und waren im Nu in den Räumen des Restaurants. Wie aus Kübeln schoss das Wasser aus den tiefhängenden Wolken, Blitz und Donner in einem, die Straßen standen zentimeterhoch unter Wasser. Wir hatten ziemliche Furcht und beäugten heimlich die Fluchtmöglichkeiten in den Keller. Dieser diente sonst, so sagte man uns, Jugendveranstaltungen und war demgemäß groß genug. Später fuhren wir dann dennoch in kleinen Gruppen mit dem Taxi in unser nur wenige hundert Meter entfernt liegendes Hotel, das wir sonst trockenen Fußes nie erreicht hätten. Auf diesen Schreck genehmigten wir uns noch einen Absacker, in gemütlicher Runde und um eine Erfahrung reicher. Das brauchten wir auch, um wieder zur Ruhe zu kommen.

Am nächsten Morgen ging es nach Auborn Hills, dem nicht allzu weit entfernt liegenden Hauptquartier von Volkswagen in Nordamerika. Hier war im Vergleich zu unserem letzten Besuch nicht nur ein neues Gebäude angemietet worden, sondern es gab auch eine neue Führungsmannschaft, die neue Töne anschlug. Es wurde zunächst die Schließung der Fabrik in Westmoreland begründet; die nunmehr geplante Belieferung Nordamerikas von Mexico aus wurde als der richtige und zukunftsweisende Schritt dargestellt. Die aus Deutschland kommenden VW-Produkte wurden ausnahmslos wegen erheblicher Qualitätsmängel kritisiert. Man hoffe auf Besserung bei Einführung des neuen Golfs, der aber noch immer auf sich warten ließe. Wir erhielten, wie so oft in den USA, alle möglichen Konkurrenzmodelle zum Fahren angeboten, offenbar als Anregung oder auch als Kritik an den Produktentscheidungen in Deutschland. Bei dem Besuch eines Großhändlers, der wie selbstverständlich außer Volkswagen noch andere Firmen in seinem Programm hatte, gab es die gleichen Klagen: mangelnde Qualität und schlechte Lieferbereitschaft durch den Konzern. Ein sehr selbstbewusster Mann, dessen Aussagen wir vor allem an die Wolfsburger Verantwortlichen weitergeben wollten. In einem abschließenden Gespräch mit dem Vorstand der »VW of America« wurde noch einmal die möglichst schnelle Einführung des neuen Golf angemahnt.

Bei all den realistischen Tönen in diesen Tagen, besonders im Vergleich zu unserem letzten Besuch, fehlten noch immer die eigenen Konzepte, die den Willen erkennen ließen, dass man in den USA wieder Fuß fassen wollte. Allein der Hinweis auf die zukünftige kostengünstigere Mexico-Fertigung für die USA bzw. der Hinweis auf eine in den nächsten Wochen anstehende Konzerntagung in dem ganz in der Nähe liegenden Dearborn, mit der sichtbaren Hoffnung auf große, weise Beschlüsse des Konzernvorstandes, waren uns zu wenig und zu dünn.

Am Nachmittag verabschiedeten wir uns, es ging weiter in Richtung Michigansee. Unser Ziel war Chicago. Erneut eine sehr interessante Strecke: Weinfelder in der südwestlichen Ecke Michigans, kaum zu glauben. Wir durchquerten große Waldgebiete und auch ein kurzes Stück des Staates Indiana, um in den Staat Illinois zu gelangen. Je mehr wir uns Chicago näherten, desto deutlicher kamen große Industrieansiedlungen und riesige Stahlwerke an den Ufern des Michigansees in den Blick. Im gebührenden Abstand zur Millionenstadt übernachteten wir in einem riesigen Holiday Inn. Wir wollten am nächsten Morgen eine ganz in der Nähe liegende Fordfabrik besichtigen, die wegen ihrer hohen Produktivität von sich reden gemacht hatte. An einem Seitenarm des Michigan-Sees wurden wir erst nach langem Suchen »fündig«. Ein uralter Laden aus dem Jahre 1914, natürlich im Laufe der Jahre immer wieder modernisiert, erwartete uns. Rohbau, Lakkiererei und Montagen waren dort angesiedelt, Motoren, Getriebe und Pressteile kamen von anderen Standorten. Die in den USA am meisten verkauften Ford-Modelle »Taurus« und »Mercury« wurden hier gefertigt. Es war schon erstaunlich, dass in einer solchen alten Fabrik überhaupt noch Qualität produziert wurde, und was für eine. Eine sehr gute, wie wir uns schnell überzeugen konnten.

Der Zustand der Fabrik ist schnell beschrieben: Die Mechanisierung war gleich Null, die Fertigung überwiegend von Hand, man fühlte sich in die 60er und 70er Jahre zurückversetzt. Am schlimmsten war die Lackiererei: mit Seifenwasser getränkte Teppiche zwischen den Spritzkabinen, von Schutzmasken war nichts zu sehen, das Durchschnittsalter der Belegschaft betrug 47 Jahre. Der Betrieb war gewerkschaftlich gut organisiert. Das Werksmanagement legte großen Wert auf die Feststellung, dass alle entscheidenden Fragen der Fabrikentwicklung mit der UAW regelmäßig diskutiert würden. Der Umgang des Werksmanagements untereinander war sehr entspannt und kollegial. Der Werkleiter gab allerdings zu, dass die Fabrik, zumindest im Rohbau, Investitionen benötige. Bei uns verfestigte

Beeindruckendes Chicago

sich der Eindruck, dass mit dem weiteren Altern der Belegschaft sich letztlich auch die Fabrik als ausgepowert auf der Abschussliste befinden würde, und spätestens mit dem Auslaufen der beiden gut verkäuflichen Modelle würde dieser Zeitpunkt erreicht sein. Was uns allerdings besonders
störte: Ein separates Gespräch mit Vertretern der UAW war in dieser Fabrik nicht möglich.

Gegen Mittag fuhren wir weiter nach Chicago. Welch eine Stadt: Chicago war nicht nur die drittgrößte Stadt der USA; sie war wegen ihres fast
hundert Kilometer langen Seeufers am Lake Michigan mit ihren großen
Parkanlagen eine weit angenehmere Stadt, als ihr Ruf vermuten ließ. Ich
will nicht verschweigen, dass es auch in Chicago große Elendsviertel gab,
insbesondere in den früheren Stadtteilen der europäischen Einwanderer.
Viele der massiv gebauten kleinen Häuser mit den in Europa typischen
kleinen Vorgärten standen leer und waren am Verfallen, scheinbar Speku-
lationsobjekte von Immobilienhaien. Gleich daneben lagen die Ghettos
der schwarzen Bevölkerung. Und trotzdem: Chicago war sein Image »der
großen Schlachthöfe der 20er Jahre« losgeworden, und auch die Verbre-
chersyndikate der 30er Jahre gehören der Vergangenheit an.

Am Sonntag vormittag war unsere Rückreise nach Detroit vorgesehen.
Beim Frühstück im Hotel sahen wir plötzlich ein bekanntes Gesicht und

gleich darauf noch mehrere: Kolleginnen und Kollegen des Umweltausschusses des Europäischen Parlaments auf einer Reise quer durch die USA. Ein Chemiekonzern hatte eingeladen. Man wollte im Mittleren Westen die Wirkung von Pestiziden und Ähnlichem kennenlernen. Einigen meiner Kollegen war die Begegnung sichtlich peinlich, waren sie doch sonst im Parlament als die »großen Saubermänner« immer schnell bei der Hand, einen wie mich als Lobbyisten der Gewerkschaften oder der Autoindustrie in eine Ecke zu stellen. Deshalb war diese Begegnung an einem Sonntag morgen mitten in Chicago schon ein wenig merkwürdig.

Am späten Nachmittag erreichten wir mit Dearborn/Michigan eine der Trabantenstädte im Soge der Metropole Detroit. Unser Hotel lag auf der grünen Wiese, ganz in der Nähe mehrerer großer Einkaufszentren. Nach dem Einchecken trafen wir uns zum Besuch in einem dieser Zentren zum Shopping. Das »Fairlane« war eine Stadt für sich: Hunderte kleiner Läden auf mehreren Etagen mit Restaurants und Kaffeeshops, eine künstliche Welt mit raffinierten Ruhezonen, Grünanlagen mit Bäumen und Springbrunnen, die Illusion einer friedlichen Welt. Aber auch hier wurde man sehr schnell in die Wirklichkeit zurückgeholt. In dem vornehmen Hotel nebenan, in dem wir wohnten, wurde noch in der selben Nacht ein Mann erstochen, angeblich ein Heroinhändler. Helle Aufregung am anderen Morgen: Der Getötete hatte direkt neben einem unserer Kollegen ein Zimmer bewohnt. Am schlimmsten war allerdings das darauffolgende Medienspektakel. Fernsehkameras beäugten den ganzen Tag das Leben und Treiben in diesem Hotel.

Trotz aller Hektik besuchten wir an diesem Tag die gemeinsame Bildungsstätte von UAW und Ford in Dearborn, eine interessante, typisch amerikanische Einrichtung: Dieses Zentrum war aus einem Entwicklungsprozess der industriellen Beziehungen beider Beteiligter hervorgegangen, die Geschäftsführung und Verwaltung waren paritätisch besetzt. Der Umgang der beiden von der UAW und von Ford kommenden Direktoren der Einrichtung war kollegial und fand in einer gemeinsamen selbstbewussten Präsentation ihren Ausdruck. Seit den 70er Jahren hatte man mehrere gemeinsame Programme zu Gesundheit und Arbeitssicherheit, zu Berufsausbildung und Fortbildung entwickelt. In dieser Kontinuität bewegte sich zum Zeitpunkt unseres Besuchs auch das Zentrum. Man war gerade dabei, neue Bildungs- und Trainingsprogramme für gemeinsame, in den Betrieben geplante Vorhaben zu entwickeln, wie zum Beispiel die Steigerung der Qualität oder die Verbesserung der Produktivität. Es ging auch um Qualifizierungsmaßnahmen zur Durchführung neuer Formen der Arbeitsorganisation (Gruppenarbeit).

Die Finanzierung dieses Zentrums war durch einen Tarifvertrag geregelt: Zehn Cent pro geleisteter Arbeitsstunde aus allen amerikanischen Ford-Fabriken wurden zur Finanzierung benutzt. In diesem Zentrum wurden auch getrennte Konferenzen von UAW und Ford abgehalten. Für amerikanische Verhältnisse eine sehr gute Einrichtung, deren Strukturen natürlich nicht auf Deutschland übertragbar sind, da bei uns diese Thematik bereits seit langem durch die Betriebsverfassung geregelt ist.

Am Abend des gleichen Tages folgten wir einer Einladung von Ford und der UAW in dem »Ford-Tower« in Detroit am Ufer des Lake St. Clair, gegenüber der kanadischen Stadt Windsor, einem imponierenden Gebäude, eigentlich ein ganzer Komplex von Bürotürmen. Im unteren Bereich gab es Einkaufsstraßen, Lokale, Restaurants und Ähnliches. Der Empfang fand in der luftigen Höhe des Towers statt, mit einem herrlichen Rundblick auf die abendliche Stadt. Die anfängliche Steifheit verlor sich sehr schnell und es wurde dann doch noch ein ungezwungener Abend.

Ähnlich wie bei früheren USA-Aufenthalten fand unser Besuch auch bei diesem Mal im Vorfeld einer US-Präsidentenwahl statt. Mich erstaunte die ablehnende Haltung gerade der UAW-Leute gegenüber dem Bewerber Clinton. Ich glaube, wir haben sie in ihrer Absicht, den bisherigen Amtsinhaber Bush zu wählen, an diesem Abend doch sehr verunsichert. Der farbige Vorsitzende der Ford-UAW-Betriebsgewerkschaft, dessen Name mir leider entfallen ist, war ein sehr selbstbewusster Mann; und eigentlich strotzte die gesamte Gruppe, die die UAW an diesem Abend repräsentierte, vor Selbstsicherheit. Dies gab uns ein gutes Gefühl bezogen auf die bisher düsteren Prognosen der amerikanischen gewerkschaftlichen Zukunft. Wir verabschiedeten uns in aller Freundschaft.

Am nächsten Morgen stand erneut eine Fabrikbesichtigung auf unserem Programm, diesmal eine Mazda-Fabrik in Flat Rock/Michigan. Hier wurden die Modelle Mazda 626 und Ford-Probe auf der Basis identischer Bodengruppen hergestellt, wieder eine Fabrik bestehend aus Rohbau, Lackiererei und Montage, aber interessanterweise mit einem eigenen Presswerk. Allerdings wurden dort nur die großen Außenteile gefertigt, der Rest kam von Fremdfirmen. Die Produktivität war natürlich aufgrund der niedrigen Fertigungstiefe, wie in den meisten Fabriken, sehr hoch. Die Besonderheit dieser Mazda-Fabrik bestand aber darin, dass die Arbeitnehmer gewerkschaftlich besser organisiert waren als in anderen Fabriken. Der Auftritt des Vorsitzenden der UAW für diesen Betrieb machte deutlich, dass es hier Konflikte zwischen Gewerkschaften und Management gab. Nachdem der Gewerkschaftsvorsitzende zunächst eine positive Position zur Teamarbeit dargelegt hatte, warf er dem Management vor, Teamarbeit auf der Basis von autonomen Entscheidungskompetenzen der Gruppen nicht zu wollen. Teamarbeit werde als einseitiges Machtinstrument des Managements gesehen und nicht als wichtige Grundlage einer Zusammenarbeit im gegenseitigen Vertrauen.

Bereits die Einstellpraxis in dieser Fabrik war bezeichnend, sie vermittelte alles andere als ein Bild der vertrauensvollen Zusammenarbeit. Ohne die Gewerkschaft war bereits bei Anlauf der Fabrik ein zweistufiges Auslesesystem angewandt worden, das man bis heute nicht geändert hatte. Die erste Stufe umfasste einen schriftlichen Test, ein Interview, einen Test für handwerkliche Geschicklichkeit, einen Test zur Wahrnehmung und Umsetzung von Anweisungen und einen Gesundheitstest. Die zweite Stufe bestand aus einer Trainingsphase an einem Simulationsmontageband. So sollte sichergestellt werden, dass man eine olympiareife Mannschaft hatte, in der Schwache und Angeschlagene keine Chance bekamen.

Mit dem Bau der Fabrik war 1985 begonnen worden und man produzierte seit 1988 mit voll ausgelasteter Kapazität. Die insgesamt 3.500 Beschäftigten, von denen auf den Arbeiterbereich rund 2.800 entfielen, waren unter insgesamt 100.000 Bewerbungen ausgesucht worden. Zum Zeitpunkt der Haupteinstellungen betrug das Durchschnittsalter der Belegschaft ca. 28 Jahre, so dass 1992 von ca. 30-32 Jahren auszugehen war. Ein knallhartes System also – und nicht gerade schmeichelhaft für Volkswagen, denn der Personalchef stammte von der »VW of America«. Besonders stolz war das Management darauf, dass man temporär, insbesondere an Freitagen, einen Personalausgleich für Abwesenheit durch täglich befristete Einstellungen geschaffen hatte. Hierfür seien genügend Bewerbungen im Umkreis der Fabrik vorhanden. Eine stille Reservearmee, die den Druck auf die in der Fabrik Beschäftigen natürlich noch verstärkte. Die Beziehung zwischen Betriebsgewerkschaft und Management war ausgesprochen negativ. Gegen Mittag kehrten wir in unser Hotel zurück. Unser Weiterflug nach San Francisco, zu »Numi«, sollte noch am späten Nachmittag ab Detroit stattfinden. Es galt die Koffer zu packen und sich vorzubereiten auf einen Flug quer über den Kontinent an die Westküste der Vereinigten Staaten. Der Flug von Detroit nach San Francisco dauerte immerhin fünf Stunden, vergleichbar einem Flug von Frankfurt bis in die Mitte von Afrika. Wieder die gleiche Faszination wie bei der ersten Reise: San Francisco und die Bay aus der Luft boten erneut ein phantastisches Bild. Und wieder das prickelnde Gefühl bei der Anfahrt vom Flughafen über die mehrspurigen, großen Straßensysteme in die Stadt.

Am nächsten Morgen stand bereits der Besuch bei »Numi« auf dem Programm. Für einige von uns war es das zweite Mal, dass wir uns diese

166

Fabrik anschauen konnten. Diesmal gab es ein weit weniger geheimnisvolles Getue, eher das Gegenteil war der Fall. Dass man sich nunmehr positiv darstellen konnte, spielte ohne Zweifel bei den Verantwortlichen vor Ort eine größere Rolle als bei unserem ersten Besuch. Und »Numi« konnte sich wirklich sehen lassen. »Numi« hatte inzwischen eine Vorbildfunktion und einen hohen Symbolwert für die Erneuerung der US-Autoindustrie. Dies gilt unabhängig von der Tatsache, dass es sich hierbei um ein Joint-Venture handelte, das zu je 50% von Toyota und General Motors betrieben wurde. Die Ursachen für das gewachsene Selbstbewusstsein waren vielfältig. Ein erster entscheidender Schritt war die Wiedereinstellung eines großen Teils der alten Belegschaft der GM-Fabrik, die 1982 nach 20 Jahren wegen niedriger Produktivität, schlechter Qualität und permanenter industrieller Konflikte zwischen UAW und Management geschlossen worden war. Die Wiedereinstellung betraf auch die ehemaligen Repräsentanten der UAW, die vom Personalchef gegen den Willen der beiden Anteilseigner, so sagte man uns, durchgesetzt wurde. Demgegenüber wurde das alte GM-Management nur zum geringeren Teil übernommen.

Das von uns mit dem Personalchef und dem UAW-Vorsitzenden gemeinsam geführte Gespräch vermittelte den Eindruck, dass bei beiden Partnern ein gemeinsames Verständnis über die wirtschaftlichen, sozialen sowie arbeitsorganisatorischen Zielsetzungen von »Numi« existierte. Beide waren stolz auf den Produktivitäts- und Qualitätserfolg von »Numi«, deren wichtigste Garanten die stärkere Einbeziehung der Beschäftigten in die Entscheidungsprozesse der Fabrik und die völlige Abkehr vom alten amerikanischen Managementstil waren. Eine Erkenntnis, die unsere Diskussion im eigenen Konzern beflügeln sollte, gab es doch bei uns noch immer Widerstand gegen die Einführung von Gruppenarbeit – vor allem in den mittleren Führungsebenen, der sich aus der Sorge speiste, Einfluss und Macht zu verlieren.

Ein wenig merkwürdig mutete schon an, dass die Erfolge von »Numi« als amerikanisches Projekt verkauft wurden. Ohne die Japaner wäre dies nicht möglich gewesen, was man allerdings auch unumwunden zugab.

In einem Vertragswerk waren die Zuständigkeiten zwischen der UAW und dem Management eindeutig geregelt: »Das *Management* trägt die exklusive Verantwortung und Zuständigkeit für die Planung, Führung und Steuerung des Unternehmens. Die Jahresziele der Firma sind mit halbjährlichen Geschäftsplänen zu belegen und die Betriebsgewerkschaft ist über die Langfristplanung und die Strategien der Firma rechtzeitig zu informieren. Alle geplanten, größeren, organisatorischen Änderungen sowie anstehende Entscheidungen über Eigen- oder Fremdfertigung, technologische Veränderungen, die Einfluss auf den Beschäftigungsbereich der gewerkschaftlich Organisierten haben, sind rechtzeitig anzuzeigen. In diesem Zusammenhang wird die Firma verpflichtet, alles in ihren Möglichkeiten stehende zu unternehmen, um einen Konsens mit der UAW zu erzielen und keine Änderungen vorzunehmen bzw. Neues einzuführen, die den Bestimmungen des Vertrages zuwider laufen, es sei denn, in beiderseitigem Einvernehmen. Die *UAW* trägt die exklusive Verantwortung für die Einhaltung der Bestimmungen des Tarifvertrages und sie ist ausschließlicher Verhandlungs- und Vertragspartner für die Belegschaft.«

Besonders hervorgehoben werden die Bestimmungen über einen fairen und gerechten Lohn sowie über die Sozialleistungen der Firma. Erstmals in einem Vertragswerk hat die UAW akzeptiert, gemeinsame Ziele mit dem Management eines Unternehmens zu fördern und mit ihnen zusammenzuarbeiten. Besonders werden hier die Anwesenheitsplanung und die Problemlösungen bei der Qualität und der Produktivität genannt. Aber auch für die Beschäftigten wurden neue Freiräume und Entscheidungsebenen vereinbart und festgeschrieben. Gruppenarbeit und die Eigenverantwortung der Arbeitsteams wurden anerkannt und akzeptiert. Eine Reihe uns ja bereits bekannter japanischer Begriffe waren in dem Vertrag zu finden, wie Förderung von KAIZEN, beständige Suche nach Möglichkeiten zur Verbesserung und Erreichung der Qualitätsziele u.ä. Die materiellen Teile des Tarifvertrags waren etwa einen bis ein Dollar fünfzig höher als bei den meisten Firmen, die wir besucht hatten. Unter dem Strich war dieses Vertragswerk für Amerika ein erheblicher Fortschritt, hatte aber mit den Mitbestimmungsrechten des deutschen Systems noch immer wenig zu tun.

Für uns diente dieser Besuch vor allem dazu, die besonders gute Zusammenarbeit zwischen Management und Gewerkschaft in dieser Fabrik zu untersuchen und zu erörtern. Hierbei ist uns deutlich geworden, dass die früheren Misserfolge dieser Fabrik keinesfalls auf das Konto der Beschäftigten gingen. Erst nach dem Austauschen des gesamten früheren GM-Managements verbesserten sich nicht nur die Zusammenarbeit, sondern auch die Produktivitätsergebnisse, sie wurden zu den höchsten in der gesamten amerikanischen Automobilindustrie. Dieses Ergebnis bestätigte erneut unsere eigene bei Volkswagen seit langem praktizierte Zusammenarbeit im Rahmen der deutschen Mitbestimmung.

In Abänderung des Programms fuhren wir von Freemont rechts der Bay in das Nappa Valley. Wir hatten einen herrlichen Tag erwischt und eine beeindruckende Landschaft gesehen. Auf der Rückreise überquerten wir noch einmal die Golden-Gate-Bridge und erlebten erneut den wunderschönen Blick auf San Francisco. Am nächsten Morgen machten wir noch eine reizvolle Tour nach Alcatraz. Es war unser letzter Tag, der Abflug war für 15.00 Uhr geplant.

Die letzte Reise im Kreise meiner Kollegen war zu Ende. Es war aber nicht nur meine letzte gemeinsame Reise mit ihnen gewesen, es war auch das Ende eines überaus erfolgreichen Lebensabschnittes. Natürlich hatten wir uns in all den Jahren verändert: Wir waren zum Schluss nicht mehr nur der gefühlsbetonte Verein der Anfangsjahre, der reformerischen Eifer besaß und nicht nur an internationale Solidarität glaubte, sondern der auch bereit war, ständig erneut um sie streiten. Wir waren zusätzlich zu »Wissenden« geworden. Internationale Zusammenhänge waren für uns durchschaubarer geworden und beeinflussten mehr und mehr unsere Entscheidungen. Vieles in unserer Arbeit wurde nüchterner, aber deswegen nicht weniger erfolgreich.

Aber auch die andere Seite hatte sich verändert. Von einer in den ersten Jahren eher »überwachenden« Beteiligung der Vertreter des Managements entwickelte sich mehr und mehr eine gemeinsame Suche nach Erkenntnis und der daraus resultierenden produktiven Verwertung der Ergebnisse solcher Reisen für die Aufgaben beider Seiten im Konzern. Natürlich war man nie gefeit gegen Anfeindungen, nicht nur im eigenen Land, sondern auch in den Ländern, die die Formen des Miteinander, wie es die deutsche Mitbestimmung nun einmal erfordert und ermöglicht, nicht kannten. Und natürlich begegneten uns in solchen Ländern Vorbehalte, sowohl von Seiten des Management als auch von Seiten der Gewerkschaften.

Es würde der historischen Wahrheit nicht entsprechen, wenn ich verschweigen würde, dass gerade die letzten Reisen von Seiten Volkswagens vor allem ein Ziel hatten: den Betriebsräten die japanische Entwicklung von »Lean Management« und »Toyotismus« schmackhaft zu machen. Umgekehrt muss ich auch sagen, dass sich bei beiden Seiten immer stärker die Erkenntnis durchsetzte, dass nichts einfach übertragbar ist; dass wir Europäer unseren eigenen Weg weitergehen müssen und dass es sich keinesfalls lohnt, das europäische Sozialsystem einer ungewissen Zukunft zu opfern. Ich betone das mit Blick auf den Druck, der von marktradikalen Ideologen ausgeht, die der »Globalisierung« längst den Rang eines Naturgesetzes eingeräumt haben. Sie schrecken auch nicht davor zurück, den historischen Kompromiss der modernen Industriegesellschaft zwischen Kapital und Arbeit aufzukündigen. Dabei geht es ihnen nicht nur darum, die gewerkschaftlichen Fesseln abzustreifen, sie stellen auch ungeniert den Staat als Institution in Frage. Ihre strategische Macht erwächst vor allem aus der Drohung, Produktion und Arbeitsplätze ins Ausland zu verlagern, um Gewerkschaften und Politik in die Knie zu zwingen und um niedrigere

Steuern und noch mehr Subventionen, Sozialabbau und niedrige Löhne durchzusetzen.

Gegen diese Art der Erpressung ist tatsächlich nur das Einfordern von internationaler Solidarität ein Gegenmittel. Dass dies keine Utopie ist, beweisen die Erfolge der Betriebsräte bei Volkswagen. Dazu gehört aber auch der Aufbau einer längst überfälligen, schlagkräftigen, zumindest europaweiten Gewerkschaftsorganisation. Das bisherige nationalstaatliche Klein-Klein fördert geradezu das Ausspielen der Belegschaften in Konzernen mit Betrieben in den verschiedensten Ländern. Und dazu gehört die Weiterentwicklung der »Europäischen Union«, einer europäischen Regierung, die mit demokratischer Legitimation und der notwendigen politischen Gestaltungsmacht ausgestattet werden muss, um das Primat der Politik gegenüber einer entfesselten transnationalen Ökonomie durchzusetzen.

Im August des gleichen Jahres reiste ich noch einmal mit dem Betriebsausschuss des Kasseler Betriebsrats nach Mlada Boleslav und Prag. Die Reise war noch unter meiner Verantwortung geplant und auf den Weg gebracht worden. Eine angenehme Erfahrung, wenn man den eigenen Nachfolger in seiner neuen Verantwortung erlebt und sieht, wie er bemüht ist, den bisherigen Weg in Kontinuität fortzusetzen. Dass sich unser jahrzehntelanges Engagement gelohnt hat, zeigt nicht zuletzt die inzwischen erfolgte Gründung eines Weltbetriebsrats Volkswagen, die 1998 wiederum in Mlada Boleslav im Beisein von Vertretern aus allen VW-Standorten in der Welt erfolgte. Ohne die persönlichen, menschlichen Kontakte wäre das alles nicht möglich gewesen, dazu haben die internationalen Reisen der Arbeitnehmervertreter bei Volkswagen beigetragen.

Betriebsräte in internationalen Konzernen sind heute nur noch in der Lage, ihren Aufgaben gerecht zu werden, wenn sie über den Zaun schauen, wenn sie – ebenso wie das Management in den transnationalen Unternehmen – internationale Erfahrungen sammeln. Und da aufgrund des zeitlich begrenzten Mandats bei Betriebsräten längere Auslandsaufenthalte (wie bei Managern) nicht möglich sind, gibt es dazu nur die Alternative der Besuche und des Reisens. Und dass Reisen bildet, ist nicht nur eine viel zitierte Weisheit, sondern darüber haben wir in all den Jahren durch unsere Aktivitäten und Leistungen in vielen Feldern der Wirtschaft und Politik Rechenschaft abgelegt. Bereits lange bevor der Begriff »Globalisierung« in aller Munde war, haben wir nach Wegen gesucht, den negativen Auswirkungen auf die Beschäftigten entgegenzuwirken. Auch wenn uns nicht alles gelungen ist, was wir angepackt haben, so sollte doch das, was wir erreichen konnten, eine Ermutigung für andere sein, daran weiterzuarbeiten!

»Globalisierung« und die Aufgaben der ArbeitnehmerInnenvertretungen

Zum Abschluss möchte ich darauf eingehen, was mit dem Begriff »Globalisierung« umschrieben wird und es in Beziehung zu den Erfahrungen setzen, die ich als langjähriger Betriebsratsvorsitzender in einem VW-Werk und Mitglied des Gesamtbetriebsrats von VW machen konnte. Was mit »Globalisierung« bezeichnet wird, trifft auf jeden Fall auf die schon lange von den multinationalen Konzernen praktizierte Industriepolitik zu. Ihre Strategien waren schon sehr früh auf totale Internationalisierung ausgerichtet. Das Ziel, Absatzmöglichkeiten, Marktchancen auszunutzen, beflügelte über Jahrzehnte die Vertriebssysteme der Unternehmen. Dabei wurden fast ausschließlich die Geschäfte über den Export abgewickelt. Das bedeutete für die Herstellerländer nicht nur hohe Arbeitsplatzzahlen, sondern auch eine ständige Verbesserung der Lebensbedingungen der Beschäftigten bzw. der Gesamtbevölkerung.

Demgegenüber stagnierte die meist landwirtschaftlich ausgerichtete Wirtschaft der meisten der betroffenen Länder, weil durch ein Überangebot von Agrarprodukten auf dem Weltmarkt ein Warenaustausch weitestgehend ausblieb, mit teilweise katastrophalen Auswirkungen auf die Gesamtbevölkerung dieser Länder.

Sowohl die Forderungen einer fortschrittlichen Politik – ich erinnere in diesem Zusammenhang an die Nord-Süd-Kommission unter dem damaligen Vorsitzenden Willy Brandt, die zur Verbesserung der Lebensbedingungen in jenen Ländern aufrief, in dem arbeitsplatzschaffende industrielle Investitionen gefordert wurden – als auch die Erkenntnis, dass längerfristiger Absatz nur in Ländern mit steigendem Lebensstandard zu erzielen sei, fand jedoch kaum Eingang in die Praxis der multinationalen Konzerne. Bereits Mitte der 70er Jahre begann man, allen voran die Textilindustrie, Produktionsstätten zu verlagern, allerdings vor allem in Länder, die keine besonderen Arbeitsschutzmaßnahmen für die Beschäftigten verlangten, die kaum soziale Sicherungssysteme für ihre Bürger kannten, ganz zu schweigen von Umweltauflagen oder Ähnlichem. Alles lief im Stil frühkapitalistischer Ausbeutung. Es gab auch keine Hemmungen, den jeweiligen Standort von heute auf morgen zu wechseln, wenn sich neue und bessere Pfründe auftaten.

Es setzte eine Entwicklung ein, die die europäische Politik zwang, gegenzusteuern. Das Welthandels-Textilabkommen zum Beispiel, immer wieder von den Marktfetischisten als Handelshemmnis angeprangert, enthält eine soziale Komponente mit Auflagen für das Produzieren in den sogenannten Lohnbilligländern. Es reguliert den Reimport und macht durch das Herstellen von Öffentlichkeit das Ganze auch transparenter.

Aber nicht nur die Politik, sondern vor allem die Gewerkschaften waren auf den Plan gerufen, in den Konzernzentralen z.b. in England, Frankreich, Deutschland ihren Einfluss endlich geltend zu machen.

Aber das alles war nur der Anfang. Sehr schnell errichteten nun immer mehr der bisherigen Exporteure Produktionsstätten an allen Ecken der Welt. Niedrige Erstehungskosten, weniger aufwändige Investitionen und billigere Löhne und Sozialleistungen bescherten horrende Gewinne, viel mehr, als man bisher über den Export erlöst hatte. Wer wollte da schon vor der Tür bleiben? Noch wurde das Ganze nicht als Waffe gegen die europäischen Standorte genutzt, noch ging es um Marktzugang, darum, beteiligt zu sein, sogar manchmal auch um eine Art Entwicklungshilfe. Aber ganze Branchen teilten sich bereits die Welt nach ihren Einflusszonen auf. Die Entscheidungszentren verblieben, wo sie bisher waren. Sie konzentrierten sich immer mehr auf drei Bereiche: die USA, Japan und Europa, die sogenannte Triade.

Die Volkswagen-Entwicklung zum Multi ist natürlich ebensowenig frei von dem Ansinnen, möglichst viele und gute Erträge zu machen, wie vergleichbare andere Konzerne auch. Eines allerdings kann man Volkswagen nicht unterstellen: Die Konzempolitik war nie ausgerichtet nur auf Billiglohnländer oder gar darauf, mit möglichst primitiven Produktionsformen die Menschen auszubeuten. Vielleicht lag dies ganz einfach daran, dass man wusste, Autos sind nur absetzbar, wenn eine gewisse Kaufkraft in einem Land vorhanden ist. Der Gedanke an einen Reimport nach Europa war in den Anfangsjahren noch völlig fremd. Vielleicht lag es aber auch an der Form des Unternehmens. Eine bis heute wenn auch nur noch geringe staatliche Beteiligung, aber von Anbeginn die Besonderheit, als quasi öffentliches Unternehmen zu gelten, zwang die jeweiligen Vorstände, bei ihrer Unternehmenspolitik zumindest die Grundregeln menschlichen Anstands einzuhalten.

Bei meinem Eintritt in das Unternehmen gab es bereits ausländische Produktionsstätten: in Brasilien seit 1953, in Südafrika seit 1956, zwischendurch die Errichtung einer großen Vertriebsgesellschaft in den USA,

Betriebsräte haben immer auch ein politisches Mandat!

in Mexico seit 1964, Audi wurde dazu gekauft im Jahr 1965, in Brüssel seit 1971 und in Jugoslawien seit 1972. Bei den meisten der Auslandsaktivitäten waren die inländischen Fabriken kaum negativ berührt worden, eher das Gegenteil war der Fall, man musste Komponenten an diese Standorte liefern.

Das sollte sich in den 70er Jahren ändern. Mit der Übernahme der Brüsseler Fabrik, vor allem aber mit den Plänen ihres Ausbaus, wurde erstmals der 1972 neu gebildete Gesamtbetriebsrat mit diesen Fragen konfrontiert. Erste Kontakte mit den belgischen Gewerkschaften waren der eigentliche Beginn der internationalen Gewerkschaftsarbeit bei Volkswagen. Und doch dauerte es immerhin noch bis 1976, dass man von einer gezielten Politik der Arbeitnehmerseite auf die Unternehmenspolitik des Konzerns sprechen konnte. Auslöser war die Entscheidung des Aufsichtsrats, mit den Stimmen der Arbeitnehmerbank, in den USA eine Produktionsstätte zu errichten. In wochenlangem Ringen war uns die Entscheidung wahrlich nicht leichtgefallen. Ich habe davon in diesem Buch berichtet. In einem Abkommen mit dem VW-Vorstand hatten wir die Lieferung von Komponenten in die USA sowie die verbindliche Zusage, auf keinen Fall Reimporte nach Europa zuzulassen, als eine Voraussetzung für unsere Zustimmung erreicht. Welch ein Einschnitt dies trotz allem war, wird daran deutlich, dass bis zu diesem Zeitpunkt etwa ein Drittel der gesamten in Deutschland gefertigten Autos in die USA gingen. Eine Entscheidung also von gewaltiger Tragweite.

Die Sorge vor der Schließung ganzer Fabriken geisterte plötzlich durch die deutschen Medien und hinterließ natürlich auch bei unseren Kolleginnen und Kollegen ihre Spuren. Die Angst unter den Beschäftigten ging um, vor allem in Emden, wo bisher der gesamte Export in die USA umgeschlagen wurde. Die Sorgen waren mehr als berechtigt. Nur durch ein geschlossenes Zusammenstehen der Betriebsräte aller Werke gelang es, den Vorstand dazu zu bewegen, Ausgleichsfertigungen nach Emden zu verlagern. Vereinbarungen über Investitionen konnten ebenfalls erreicht werden.

Die Dimension unserer Entscheidung mit ihrer Wirkung auf die Beschäftigten wurde ab sofort Maßstab für unsere weitere Arbeitnehmerpolitik im Konzern. Jegliches Expansionsengagement von Volkswagen weltweit wurde ab sofort weit im Vorfeld von Entscheidungen auf seine Auswirkungen überprüft. Wir beließen es nicht bei theoretischen Vorträgen, sondern wir suchten den Kontakt zu unseren Kollegen an allen Standorten dieser Welt, ich habe das in den vorherigen Kapiteln ausführlich beschrieben. Wir hatten begriffen: Entscheidungen auf Konzernebene hatten ihre Auswirkungen auf die meisten Standorte gleichermaßen, wenn auch häufig erst mit Zeitverzug. Dabei ging es sowohl um Modellentscheidungen, um die Fragen, wo wird und wie was gefertigt. Neue Fertigungstechnologien wurden an einem Standort begonnen mit dem Ziel, sie später weltweit innerhalb des Konzerns durchzusetzen. Es galt vor allem, deren Wirkungen auf die Beschäftigten rechtzeitig zu erkennen.

Geradezu klassische Beispiele waren in den 80er Jahren Projekte wie die Halle 54 in Wolfsburg, die Räder- und Wellenfertigung in Kassel oder Anfang der 90er Jahre die neue Seat-Fabrik in Martorell. Im Zusammenhang mit solch einschneidend neuen Fertigungstechnologien wurde jeweils versucht, völlig neue Formen der Arbeitsorganisation umzusetzen, mit teilweise dramatischen Auswirkungen auf die Beschäftigten. Der Versuch, in Spanien den Samstag als Regelarbeitstag zu vereinbaren, sei hier nur als ein Beispiel erwähnt. Investitionsentscheidungen der Konzernzentralen sind eben nicht immer nur große transnationale Entscheidungen, sondern haben ihre Wirkung oft auch nach innen, in bestehende Strukturen.

Natürlich war der Einstieg bei Seat eine solche transnationale Entscheidung. Die Schließung der Fabrik in der Zona Franca war bereits beschlossene Sache und Bestandteil der Verträge, und nur ein ungewöhnlicher Verkaufsboom Ende der 80er Jahre verzögerte den Verlauf. In typischer VW-Gigantomanie wurde dann eine Fabrik in Martorell gebaut, deren Auslastung von Insidern von Anfang an in Frage gestellt wurde. Trotz aller Bedenken muss jedoch eingeräumt werden, dass der Einstieg bei Seat die

VW- und Audi-Verkäufe in Spanien erheblich belebt und über eine Reihe von Jahren mit dafür gesorgt hat, dass die Warenströme im Konzern mehr als ausgeglichen verliefen.

Viele der positiven Entwicklungen waren nur möglich dank der guten Zusammenarbeit der Gewerkschaftsvertreter im Europäischen Betriebsrat. Das Nicht-Gegeneinander-Ausspielen-Können der Arbeitnehmergremien zwang von Anfang an den VW-Konzernvorstand zu einer offenen Informationspolitik, auch gegenüber den Arbeitnehmervertretern der Tochtergesellschaften. Um zumindest im Rahmen der Europäischen Union einen ständigen Gegenpol gegen Konzernwillkür entwickeln zu können, müssen wir weitergehende rechtliche Regelungen durchsetzen, z.b. europaweit geltende Rahmentarifverträge.

Die industriepolitischen Entscheidungen vieler Konzerne orientieren sich inzwischen bereits auf Länder außerhalb der EU. Im ehemaligen Ostblock werden neue Pfründe entdeckt. Hier dürfte sich das wiederholen, was ich weiter oben bereits charakterisiert habe, diesmal jedoch dramatischer in seiner Wirkung: Kaum die Chance des Absatzes in diesen Ländern, dafür ganz massiver Reimport nach Westeuropa, und dies nicht nur bei fertigen Autos, sondern vor allem bei Komponenten, teilweise durchgesetzt mit erpresserischen Methoden des Wettbewerbs innerhalb des gleichen Konzerns.

Hier muss nicht nur erneut die europäische Politik in die Verantwortung. Es gehören sowohl die Produktionsbedingungen als auch die staatlichen Subventionen auf den Prüfstand. Wir dürfen nicht zulassen, dass mit Geldern aus der EU völlig überdimensionierte Produktionsstätten errichtet werden, deren Exportanteile zurück in die EU mit bis zu 70% geplant sind, während die Einkommen der dortigen Beschäftigten deutlich unter dem Existenzminimum liegen. Noch stärker gefordert sind jedoch die Gewerkschaften und vor allem ihre Vertreter in den Aufsichtsräten der betroffenen Unternehmungen. Das industriepolitische Wirken der Konzerne, speziell auch des VW-Konzerns, ist von gravierender Wirkung auf die Arbeits- und Lebensbedingungen der Arbeitnehmer in diesem Land, aber auch in den Ländern, in denen der Konzern Produktionsstätten betreibt. Bei allem Respekt vor den Problemen des Alltags, die sicherlich im Mittelpunkt der Arbeit einer jeden Betriebsrätin und eines jeden Betriebsrats stehen wird, darf jedoch die Gesamtstrategie des Unternehmens von den Arbeitnehmervertretungen nicht aus den Augen verloren werden. Dass ihre Berücksichtigung in der Betriebsratsarbeit letztlich auch den Kolleginnen und Kollegen vor Ort zugute kommt, haben meine Erfahrungen gezeigt.